〔北齊〕魏收撰

點校本
二十四史
修訂本

魏書

第七册
卷一〇五至卷一〇七

中華書局

2018年8月北京第1版　2018年8月北京第1次印刷
ISBN 978-7-101-13362-2

前上十志啓

臣收等啓：昔子長命世偉才，孟堅冠時特秀，憲章前喆，裁勒墳史，紀、傳之間，申以書、志，緒言餘迹，可得而聞。叔峻删緝後劉，紹統削撰季漢，十志實範遷、固，表蓋闕焉。曹氏一代之籍，了無具體；典午終世之筆，罕云周洽。假復事播，四夷盜聽，間有小道俗言，要奇好異，考之雅舊，咸乖實録。自永嘉喪圮，中原淆然，偏僞小書，殆無可取。魏有天下，跨蹤前載，順末克讓，善始令終。陛下極聖窮神，奉天屈己，顧眄百王，指掌萬世，深存有魏撫運之業，永念神州人倫之緒。臣等肅奉明詔，刊著魏籍，編紀次傳，備聞天旨。竊謂志之爲用，網羅遺逸，載紀不可，附傳非宜。理切必在甄明，事重尤應標著，搜獵上下，總括代終，置之衆篇之後，一統天人之迹。褊心末識，輒在於此。是以晚始撰録，彌歷炎涼，採舊增新，今乃斷筆。時移世易，理不刻船，登閣含毫，論敍殊致。河溝往時之切，釋老當今之重，藝文前志可尋，官氏魏代之急，去彼取此，敢率愚心。謹成十志二十卷，請續於傳末，并前例目，合一百三十一卷。臣等妨官秉筆，迄無可採，塵黷旒冕，愯深冰谷。謹啓。

十一月，持節、都督梁州諸軍事、驃騎將軍、梁州刺史、前著作郎、富平縣開國子臣魏收啓

平南將軍、司空司馬修史臣辛元植

冠軍將軍、國子博士修史臣刁柔

陵江將軍、尚書左主客郎中修史臣高孝幹

前西河太守修史臣綦毋懷文

魏書卷一百五之一

天象志一之一第一

夫在天成象，聖人是觀，日月五星，象之著者，變常舛度，徵咎隨焉。然則明晦暈蝕，疾餘犯守，飛流欻起，彗孛不恒，或皇靈降臨，示譴以戒下，或王化有虧，感達於天路。易稱「天垂象，見吉凶」，「觀乎天文，以察時變」；書曰「曆象日月星辰，敬授民時」。是故有國有家者之所祇畏也。百王興廢之驗，萬國禍福之來〔一〕，兆動雖微〔二〕，罔不必至，著於前載，不可得而備舉也。班史以日暈五星之屬列天文志，薄蝕彗孛之比入五行說。七曜一也，而分爲二志，故陸機云學者所疑也。今以在天諸異咸入天象，其應徵符合，隨而條載，無所顯驗則闕之云。

太祖天興五年八月，天鳴。

六年九月，天鳴。

皇始二年十月壬辰，日暈，有佩璚。占曰「兵起」。天興元年九月，烏丸張超收合亡命，聚黨三千餘家，據勃海之南皮，自號征東大將軍、烏丸王，鈔掠諸郡。詔將軍庾岳討之。

天興三年六月庚辰朔，日有蝕之〔二〕。占曰「外國侵，土地分」。五年五月，姚興遣其弟義陽公平率衆四萬來侵平陽，乾壁爲平所陷。

六年四月癸巳朔，日有蝕之。占曰「兵稍出」。十月，太祖詔將軍伊謂率騎二萬北襲高車，大破之。

天賜五年七月戊戌朔，日有蝕之〔三〕。占曰「后死」。六年七月，夫人劉氏薨，後謚爲宣穆皇后。

太宗神瑞二年八月庚辰晦，日有蝕之〔四〕。

世祖始光四年六月癸卯朔，日有蝕之。占曰「諸侯非其人」〔五〕。神䴥元年二月，司空奚斤、監軍侍御史安頡討赫連昌，擒之於安定。其餘衆立昌弟定爲主，走還平涼，斤追之，爲定所擒。將軍丘堆棄甲與守將高涼王禮東走蒲坂，世祖怒，斬堆。

神䴥元年十一月乙未朔，日有蝕之。

太延元年正月己未朔，日有蝕之。

四年十一月丁卯朔，日有蝕之。

太平真君元年四月戊午朔，日有蝕之。

三年八月甲戌晦，日有蝕之〔六〕。

六年六月戊子朔，日有蝕之。占曰「有九族夷滅」。七年正月戊辰，世祖車駕次東雍州。庚午，圍薛永宗營壘。永宗出戰，大敗，六軍乘之，永宗衆潰，斬永宗，男女無少長皆赴汾水而死。

七年六月癸未朔，日有蝕之。占曰「不臣欲殺」。八年三月，河西王沮渠牧犍謀反，伏誅。

十年夏四月丙申朔，日有蝕之。

六月庚寅朔，日有蝕之〔七〕。占曰「將相誅」。十一年六月己亥，誅司徒崔浩。

十一年十二月辛未，日南北有珥。

高宗興安元年十一月己卯，日出赤如血。

二年三月，日暈。

興光元年七月丙申朔，日有蝕之。

和平元年九月庚申朔，日有蝕之。

三年二月壬子朔，日有蝕之。占曰「有白衣之會」。六年五月癸卯，高宗崩。

顯祖皇興元年十月己卯朔，日有蝕之。

二年四月丙子朔，日有蝕之。占曰「將誅」。四年十月，誅濟南王慕容白曜。

十月癸酉朔，日有蝕之。占曰「尊后有憂」。三年，夫人李氏薨，後謚思皇后。

三年十月丁酉朔，日有蝕之〔八〕。

高祖延興元年十二月癸卯，日有蝕之〔九〕。占曰「有兵」。二年正月乙卯，統萬鎮胡民相率北叛，遣寧南將軍、交阯公韓拔等滅之。

三年十二月癸卯朔，日有蝕之。

四年正月癸酉朔，日有蝕之〔一〇〕。占曰「有崩主，天下改服。有大臣死」。五年十二月己丑，征北大將軍城陽王壽薨〔一一〕。六年六月辛未，顯祖崩。

五年正月丁酉，白虹貫日，直珥一〔一二〕。

七月丙寅，日有背珥。

承明元年三月辛卯，日暈五重，有二珥。

太和元年冬十月辛亥朔，日有蝕之。

二年正月辛亥，日暈，東西有珥。

二月乙酉晦，日有蝕之〔一三〕。占曰「有欲反者，近三月，遠三年」。四年正月癸卯，洮陽羌叛，枹罕鎮將討平之。

九月乙巳朔，日有蝕之。占曰「東邦發兵」。四年十月丁未，蘭陵民桓富殺其縣令，與昌慮桓和北連太山羣盜張和顔等，聚黨保五固，推司馬朗之爲主，詔淮陽王尉元等討之。

三年春正月癸丑，日暈，東西有珥，有佩戟一重，北有偃戟四重，後有白氣貫日珥，狀如車輪。京師不見，雍州以聞。

三月癸卯朔，日有蝕之。占曰「大臣誅」。四月，雍州刺史宜都王目辰有罪，賜死。

四年正月辛酉，日東西有珥，北有佩，日暈貫兩珥。

五年正月庚辰，日暈，東西有珥；南北並白氣，長一丈，廣二尺許；北有連環暈。又貫珥内，復有直氣，長三丈許，内黄，中青，外白。暈乍成，散，乃滅。

七月庚申朔，日有蝕之〔一四〕。

七年十二月乙巳朔，日有蝕之。

八年正月戊寅，有白氣貫日。占曰「近臣亂」。十二年三月丁亥，中散梁衆保等謀反，伏誅〔一五〕。

十一年十一月丁亥，日失色。

十二年三月戊戌，白虹貫日。

十三年二月乙亥朔，日十五分蝕八。占曰「有白衣之會」。十一月己未，安豐王猛薨。

十四年二月己巳朔未時，雲氣班駁，日十五分蝕一。占曰「有白衣之會」。九月癸丑，文明太皇太后馮氏崩。

十五年正月癸亥晦，日有蝕之。占曰「王者將兵，天下擾動」。十七年六月丙戌，高祖南伐〔一六〕。

十七年六月庚辰朔，日有蝕之。

十八年五月甲戌朔，日有蝕之。

二十年九月庚寅晦，日有蝕之。

二十三年六月己卯，日中有黑氣〔一七〕。占曰「内有逆謀」。八月癸亥，南徐州刺史沈陵南叛。

十二月甲申，日中有黑氣，大如桃。

世宗景明元年正月辛丑朔，日有蝕之。

七月己亥朔，日有蝕之。

二年四月癸酉，日自午及未再暈，内黄外白。

七月癸巳朔，日有蝕之。

八月戊辰，日赤無光，中有黑子一。

三年正月乙巳，日中有黑氣如鵝子，申、酉復見；又有二黑氣横貫日。

二月辛卯〔一八〕，日中有黑氣，大如鵝子。

七月丁巳朔，日有蝕之。

正始元年十二月丙戌，黑氣貫日。壬子，日有冠珥〔一九〕，内黄外青。占曰「天下喜」。三年正月丁卯，皇子生，大赦天下。

三年二月甲辰，日左右有珥，内赤外黄。辛亥，日暈，外白内黄。

十月乙巳，日赤無光。

十二月乙卯，日暈，内黄外青，東西有珥，北有背。巳時，白虹貫日。

永平元年三月己酉，日南北有珥，外青内黄，暈不匝；西北有直氣，長尺餘；北有白虹貫日。

八月壬子朔，日有蝕之。

二年八月丙午朔，日有蝕之。丁卯旦，日旁有黑氣，形如月，從東南來衝日。如此者一辰，乃滅。

三年二月甲子，日中有黑氣二。

十二月乙未，日交暈，中赤外黃，東西有珥，南北白暈貫日，皆匝。

四年十一月癸卯，日中有黑氣二，大如桃。占曰「天子崩」。延昌四年正月丁巳，世宗昇遐。

十二月壬戌朔，日有蝕之，在牛四度。占曰「其國叛兵發」。延昌二年二月庚辰〔一〇〕，蕭衍郁洲民徐玄明等斬送衍鎮北將軍、青冀二州刺史張稷首，以州內附。

延昌元年二月甲戌至于辛巳，日初出及將没，赤白無光明。

五月己未晦，日十五分蝕九。占曰「大旱，民流千里」。二年春，京師民飢，死者數萬口。

二年閏月辛亥，日中有黑氣。占曰「內有逆謀」。三年十一月丁巳，幽州沙門劉僧紹聚衆反，自號淨居國明法王，州郡捕斬之。

五月甲寅朔，日有蝕之，京師不見，恒州以聞。

三年三月庚申，日交暈，其色內赤黃，外青白；南北有佩，可長二丈許，內赤黃，外青白；西有白暈貫日。又日東有一抱，長二丈許，內赤黃，外青。

肅宗熙平元年三月戊辰朔，日有蝕之。丁丑，日出無光，至于酉時。占曰「兵起」。神龜元年正月，秦州羌反；二月己酉，東益州氐反；七月，河州民却鐵忽聚衆反，自稱水池王。

四月甲辰卯時，日暈帀；西有一背，内赤外黄；南北有珥，内赤外黄；漸滅。

十二月己酉，日暈，北有一抱，内赤外白，兩傍有珥，北有白虹貫日。

神龜元年三月丁丑，白虹貫日。占曰「天下有來臣之衆，不三年」。十一月乙酉〔二一〕，蠕蠕莫緣梁賀侯豆率男女七百口來降。

二年正月辛巳朔，日有蝕之。

正光元年正月乙亥朔，日有蝕之〔二二〕。占曰「有大臣亡」。七月丙子，殺太傅、領太尉、清河王懌。

二年五月丁酉，日有蝕之〔二三〕，夏州以聞。

三年正月甲寅，日交暈，内赤外青，有白虹貫暈；外有直氣，長二丈許，内赤外青。

五月壬辰朔，日有蝕之。占曰「秦邦不臣」。五年六月，秦州城人莫折大提據城反，自稱秦王。

十月己巳，太史奏自入月已來〔二四〕，黄埃掩日，日出三丈，色赤如赭，無光曜。

十一月己丑朔，日有蝕之。占曰「有小兵，在西北」。四年二月己卯，蠕蠕主阿那瓌率衆犯塞。

四年十一月癸未朔，日有蝕之。

五年閏月乙酉，日暈，内赤外青；南有珥，上有一抱兩背，内赤外青。

三月丁卯，日暈三重，外青内赤。占曰「有謀其主」。孝昌元年正月庚申，徐州刺史元法僧據城反，自稱宋王。

十二月丙申，日暈，南北有珥，上有兩抱一背。

孝昌元年十二月丙戌，白虹刺日不過，虹中有一背。占曰「有臣背其主」，一曰「有反城」。三年九月己卯〔二五〕，東豫州刺史元慶和據城南叛。

三年十一月戊寅辰時，日暈，東面不合，其色内赤外黄；東西有珥，内赤外黄；西北去暈一尺餘，有一背，長二丈餘，廣三尺許，内赤外黄。

莊帝永安二年三月甲戌未時，日暈三重，内黄赤，外青白，暈東西兩處不合，其狀如抱。

五月辛酉，日暈，東西兩處不合。辛未申時，日南有珥；去一尺餘有一背，長三丈許，廣五尺餘，内赤外青。

七月丙寅，直東去日三尺許有一背，長二丈餘，内赤外青。半食頃，從北頭漸滅至半，須臾還如初見，内赤外青，其色分炳。

十月己酉朔，日從地下蝕出，十五分蝕七，虧從西南角起。占曰「西夷欲殺，後有大兵，必西行」。三年四月丁卯，雍州刺史尒朱天光討擒万俟醜奴、蕭寶夤於安定，送京師斬之。

三年五月戊戌辰時，日暈帀，内赤外白，暈内有兩珥；西有白虹貫日；東北有一背，内赤外青；南有一背，内赤外青；東有一抱，内青外赤。京師不見，青州表聞。

六月辛丑〔二六〕，日暈，白虹貫日。

前廢帝普泰元年三月丁亥，日月並赤赭色，天地溷濁。

六月己亥朔，日蝕從西南角起，雲陰不見，定相二州表聞。占曰「主弱，小人持政」。時尒朱世隆兄弟專擅威福。

後廢帝中興二年二月辛丑辰時，日暈，東西不合，其色内赤外青；南北有珥；西北去暈一尺餘有一背，長二丈許，可廣三尺，内赤外青。

十一月，日暈再重〔二七〕；上有背，長三丈餘，内青外赤。

出帝太昌元年五月，日暈再重〔二八〕；上有兩背，一尺許。癸丑午時，日南有珥；去日一尺餘有一背，長三丈許，廣五尺，内赤外青。

十月辛酉朔，日從地下蝕出，虧從西南角起。占曰「有兵大行」。永熙二年正月甲午，齊獻武王自晉陽出討尒朱兆。丁酉，大破之於赤洪嶺，兆遁走自殺。

永熙二年四月己未朔，日有蝕之，在丙，虧從正南起。占曰「君陰謀」。三年五月辛卯，出帝爲斛斯椿等諸佞鬬構，猜於齊獻武王，託討蕭衍，盛暑徵發河南諸州之兵，天下怪惡之。語在斛斯椿傳。

三年四月癸丑，日有蝕之〔二九〕。占曰「有亂殺天子者」。七月丁未，出帝爲斛斯椿等迫脅，遂出於長安。

孝靜元象元年春正月辛酉朔〔三〇〕，日有蝕之。占曰「大臣死」。八月辛卯，司徒公高敖曹戰歿於河陰。六月己丑，日暈一重，有兩珥；上有背，長二丈餘。十一月己巳辰時，日暈，南面不合，東西有珥、背；有白虹，至珥不徹。

二年二月己丑巳時，日暈帀，白虹貫日不徹。

興和二年閏月丁丑朔，日有蝕之。占曰「有小兵」。七月癸巳，元寶炬廣豫二州行臺趙繼宗、南青州刺史崔康寇陽翟，鎮將擊走之。

武定三年冬十一月壬申，日暈兩重，東南角不合；西南、東北有珥；西北有兩重背；

東北、西北有白氣，并有兩珥；中間有一白氣，東西横至珥。十二月乙酉，竟天微有白雲，日暈，東南角不合；西南、東北有珥；西北有一背，去日一尺。

五年正月己亥朔，日有蝕之，從西南角起。占曰「不有崩喪，必有臣亡，天下改服」。丙午，齊獻武王薨。

三月辛丑，日暈帀，西北交暈貫日，并有一珥一抱。

六年七月庚寅朔，日有蝕之，虧從西北角起。

校勘記

〔一〕萬國禍福之來　「來」，原作「未」，據南監本、殿本、局本改。

〔二〕兆動雖微　「動」，原作「勤」，殿本考證云：「『勤』係『動』字之訛。」考證是，今據改。

〔三〕天賜五年七月戊戌朔日有蝕之　按是年七月癸巳朔，非戊戌。彭益林魏書天象志校讀記（下簡稱彭校）舉宋書卷三四五行志五、晉書卷一二天文志中、文獻通考卷二八二象緯考五、通鑑卷一一四晉紀三六並記晉義熙三年七月戊戌日食，義熙三年當魏天賜四年，謂此處「五年」爲「四年」之誤。

〔四〕神瑞二年八月庚辰晦日有蝕之　牛繼清、張林祥魏書諸志時誤補校（下簡稱魏志時誤）云：「按神瑞二年當晉安帝義熙十一年，晉書卷一〇安帝紀、卷一二天文志中載該年『七月辛亥晦，日有蝕之』……無連續兩月晦日日蝕之理，此文之前又不載『七月辛亥』條，疑誤。」劉次沅諸史天象記録考證（下簡稱劉次沅考證）云驗證顯示七月辛亥日食不誤。

〔五〕占曰諸侯非其人　「諸侯」，南監本作「諸住」，北監本、汲本、殿本、局本作「諸佐」。按「諸住」顯訛，據下所述應驗之事，疑作「諸佐」是。

〔六〕三年八月甲戌晦日有蝕之　按太平真君三年八月乙亥朔，無甲戌。彭校舉宋書卷五文帝紀、宋書卷三四五行志五、南史卷二宋文帝紀、通鑑卷一二四宋紀六俱記元嘉十九年（當魏太平真君三年）七月甲戌晦日食，證此處「八月」爲「七月」之誤。

〔七〕六月庚寅朔日有蝕之　彭校云：「是年六月乙未朔，且無庚寅，必有訛誤。時曆太平真君十一年六月庚寅朔，疑是。」劉次沅考證云：「六月無庚寅。七月初一庚寅日食，新疆可見。『七月』誤爲『六月』。」

〔八〕三年十月丁酉朔日有蝕之　魏志時誤舉宋書卷八明帝紀、卷三四五行志五、通鑑卷一三二宋紀一四泰始五年（當魏皇興三年）俱記「十月丁卯朔，日有蝕之」，云：「該年閏，劉宋閏十一月，十月丁卯朔；北魏閏九月丁卯朔，當劉宋十月。此魏書作者抄録宋書時未加辨别」，「『十月丁酉朔』當作『閏九月丁卯朔』」。

〔九〕延興元年十二月癸卯日有蝕之　按是年十二月乙酉朔，癸卯爲十九日，不應有日蝕。魏志時誤云：「是月二十九晦日爲癸丑，疑『癸卯』爲『癸丑』之誤，或涉下文『三年十二月癸卯朔日有蝕之』而竄亂。」劉次沅考證謂是月癸丑晦，驗證顯示並無日食。

〔一〇〕四年正月癸酉朔日有蝕之　按上記三年十二月即上月癸卯朔日食，同一地無連續兩月日蝕之理。劉次沅考證云：「計算表明十二月癸卯日食，大同見食。次年正月癸酉，也有日食，但中國不可見。」本志所記日食，據考證之天文計算，「中國不可見」者尚有不少。疑志據當時曆法推算結果入記，非全是實際觀測記録。下凡本志記日食干支不誤，據天文驗算並無日食或有日食而中國不可見者，俱不出校。

〔一一〕征北大將軍城陽王壽薨　「城陽王壽」，本書卷七上高祖紀上、本志二同月日俱記作「城陽王長壽」。按本書卷一九下有城陽王長壽傳，疑此處脱「長」字，或是雙名單稱。

〔一二〕五年正月丁酉白虹貫日直珥一　按延興五年正月丁卯朔，無丁酉。魏志時誤據宋書卷三四五行志五元徽四年記「正月己酉白虹貫日」，宋元徽四年當北魏延興六年，正月辛卯朔，己酉十九日，「疑魏書作者抄録時誤置，又誤『己酉』爲『丁酉』」。

〔一三〕二月乙酉晦日有蝕之　彭校、魏志時誤俱舉南史卷三宋本紀下順帝昇明二年「三月己酉朔，日有食之」，謂此「二月乙酉晦」爲「三月己酉朔」之誤。又朔閏表推三月戊申朔，己酉初二日。劉次沅考證云：「三月初二己酉日食，中國不可見。」即採朔閏表。按宋元嘉二十二年

（當魏太平真君六年）採用元嘉曆，魏仍用景初曆，南北置閏推朔不盡同。此處「乙酉」疑爲「己酉」之訛，宋曆爲三月朔，魏曆或自是二月晦，「二月」「晦」未必誤。

〔一四〕七月庚申朔日有蝕之　魏志時誤舉南齊書卷一二天文志上、南史卷四齊本紀上、通鑑卷一三五齊紀一俱記建元三年（當魏太和五年）七月己未朔日食，謂此處「庚申」爲「己未」之誤。劉次沅考證云：七月初一己未日食，大同見食。按庚申晚己未一日，疑「庚申朔」本魏曆推朔。

〔一五〕十二年三月丁亥中散梁衆保等謀反伏誅　「十二年」，原作「十年」。按太和十年三月壬辰朔，無丁亥，本書卷七下高祖紀下太和十二年三月丁亥記梁衆保謀反事。太和十二年三月庚辰朔，丁亥初八日。此處「年」上脱「二」字，今據補。

〔一六〕十七年六月丙戌高祖南伐　按本書卷七下高祖紀下，太和十七年六月丙戌「帝將南伐，詔造河橋」、八月己丑「車駕發京師」。本志二太和十七年十二月占驗之辭亦云：「十七年八月己丑，車駕發京師南伐」。疑此處誤以詔造橋梁之日爲南伐之日，或「高祖」下脱「將」字。

〔一七〕二十三年六月己卯日中有黑氣　按是年六月乙巳朔，無己卯。

〔一八〕二月辛卯　按景明三年二月庚申朔，無辛卯，三月己丑朔，辛卯初三日。疑「二月」爲「三月」之訛。

〔一九〕壬子日有冠珥　按正始元年十二月癸酉朔，上丙戌十四日，無壬子。魏志時誤云：「該年（按當言魏曆）閏十二月癸卯朔，壬子初十日，疑『壬子』上脱『閏月』二字。」

〔二〇〕延昌二年二月庚辰　「二月」，原作「正月」。按是年正月丙戌朔，無庚辰。本書卷八世宗紀，斬張稷在二月庚辰。二月丙辰朔，庚辰爲二十五日。今據改。

〔二一〕十一月乙酉　按本書卷九肅宗紀，事在神龜二年十一月乙酉。疑「十一月」上脱「二年」二字。

〔二二〕正光元年正月乙亥朔日有蝕之　彭校舉梁書卷三武帝紀下、隋書卷二〇天文志中、建康實録卷一七、通鑑卷一四九梁紀五並記普通元年（當魏正光元年）正月丙子初二日食，疑此處作「乙亥朔」誤。劉次沅考證云：「正月丙子初二日食，洛陽見食。」按乙亥早丙子一日，疑「乙亥朔」本魏曆推朔。

〔二三〕二年五月丁酉日有蝕之　「丁酉」下北史卷四魏本紀四有「朔」字。按志例，日食所繫干支下例著「朔」或「晦」。據朔閏表，正光二年五月戊辰朔，丁酉三十日晦，若魏時曆丁酉爲「朔」，亦必在下月即閏月（本年閏五月），不當在五月。疑「丁酉」下脱去或失載「晦」字，北史意補「朔」字。

〔二四〕十月己巳太史奏自入月已來　「入月」，三朝本、南監本同，北監本、汲本、殿本、局本作「八月」。按本月庚申朔，己巳初十日，「入月已來」即本月以來，可通。如是「八月已來」日變即如下太史所奏，遲至此日方上言，太史殊爲失職。

〔二五〕三年九月己卯　「三年」，原作「二年」。按孝昌二年九月丁酉朔，無己卯。本書卷九肅宗紀，事在孝昌三年九月辛卯；梁書卷三武帝紀下，在梁大通元年，即魏孝昌三年十月。記月不同，當是各據奏報，元慶和降梁，必在孝昌三年無疑。此處「二年」爲「三年」之訛，今據改。是年九月辛酉朔，己卯爲十九日，無「辛卯」，則是紀誤。

〔二六〕六月辛丑　按永安三年六月乙巳朔，無辛丑，此處記月或干支有誤。

〔二七〕十一月日暈再重　按「月」下當有干支，疑是脱去。

〔二八〕出帝太昌元年五月日暈再重　按下述本月癸丑日象，此處「月」下亦當有干支，疑是脱去。

〔二九〕三年四月癸丑日有蝕之　「癸丑」下北史卷五魏本紀五有「朔」字，按志例當有，疑此處脱去。

〔三〇〕孝静元象元年春正月辛酉朔　「辛酉」，原作「辛丑」，據北史卷五魏本紀五元象元年正月改。按是月辛酉朔，「丑」乃「酉」字之形訛。

魏書卷一百五之二

天象志一之二第二

太祖皇始二年六月庚戌，月掩太白，在端門外〔一〕。占曰「國受兵」。九月，慕容賀驎率三萬餘人出寇新市。十月，太祖破之於義臺塢，斬首九千餘級。

天興元年十一月丁丑，月犯東上相〔二〕。

二年五月辛酉，月掩東上相。

八月壬辰，月犯牽牛。占曰「國有憂」。三年二月丁亥，皇子聰薨〔三〕。

三年三月乙丑，月犯鎮星，在牽牛。

七月己未，月犯鎮星，在牽牛。辛酉，月犯哭星。

四年三月甲子，月生齒。占曰「有賊臣」。五年十一月，秀容胡帥、前平原太守劉曜聚衆爲盜，遣騎誅之。

七月丁卯，月犯天關。

十月甲子，月犯東次相。

五年四月辛丑，月掩辰星，在東井。

五月丙申，月犯太微。

七月己亥，月犯歲星〔四〕，在左角。

十月戊申，月暈左角。時帝討姚興弟平於乾壁，克之。太史令晁崇奏角蟲將死，上慮牛疫，乃命諸軍併重焚車。丙戌，車駕北引〔五〕。牛大疫，死者十八九，官車所馭巨犗數百，同日斃於路側，首尾相屬。麋鹿亦多死。

乙卯，月犯太微。占曰「貴人憂」。六年七月，鎮西大將軍、司隸校尉、毗陵王順有罪，以王還第。

十二月庚申，月與太白同入羽林。

六年正月，月掩氐西南星。

六月甲辰，月掩北斗魁第四星〔六〕。

十月乙巳，月犯軒轅第四星〔七〕。

十一月辛巳，月犯熒惑。

天賜元年二月甲辰，月掩歲星，在角。占曰「天下兵起」。三年四月，蠕蠕寇邊〔八〕，夜召兵將，旦，賊走乃罷。

四月甲午，月掩軒轅第四星。占曰「女主惡之」。六年七月，夫人劉氏薨，後謚宣穆皇后。

五月壬申，月掩斗魁第二星。

二年三月壬辰，月掩左執法。丁酉，月掩心前星。

四月己卯，月犯鎮星，在東壁〔九〕。占曰「貴人死」。四年五月，常山王遵有罪，賜死。

七月己未，月掩鎮星〔一〇〕。

八月丁巳，月犯斗第一星。占曰「大臣憂」。三年七月，太尉穆崇薨。

十月丁巳，月掩鎮星，在營室。

三年二月己丑，月犯心後星〔一一〕。

四月癸丑，月犯太微西上將。己未，月犯房南第二星。占曰「將相有憂」。四年五月，誅定陵公和跋。

五月癸未，月犯左角。占曰「左將軍死」。六年三月，左將軍、曲陽侯元素延死。

十二月丙午，月掩太白，在危。

四年二月庚申，月掩心後星。

五年五月丁未，月掩斗第二星。占曰「大人憂」。六年十月戊辰，太祖崩。

太宗永興元年二月甲子，月犯昴。占曰「胡不安，天子破匈奴」。二年五月，太宗討蠕蠕社崘，社崘遁走。

九月壬寅，月犯昴。

閏月丁酉，月犯昴。

二年三月丁卯，月掩房南第二星，又掩斗第五星〔一二〕。

五月甲子，月掩斗第五星。己亥，月掩昴〔一三〕。

六月己丑，月犯房南第二星。

七月乙亥，月犯輿鬼。

八月甲申，月犯心前星。

三年六月庚子，月犯歲星，在畢。占曰「有邊兵」。五年四月，上黨民勞聰、士臻羣聚爲盜，殺太守令長，相率外奔。

八月乙未，月犯歲星，在參。

四年春正月壬戌，月行畢，蝕歲星〔一四〕。癸亥，月掩房北第二星。

閏月庚申，月行昴，犯熒惑。

七月，月蝕熒惑〔一五〕。

八月戊申，月犯泣星。

十月辛亥，月掩天關。占曰「有兵」。五年六月，濩澤民劉逸，自號征東將軍、三巴王，署置官屬，攻逼建興郡，元城侯元屈等討平之。

五年三月戊辰，月行參，犯太白。

四月癸卯，月暈翼、軫、角。

七月庚午，月掩鈎鈐。占曰「喉舌臣憂」。五年三月，散騎常侍王洛兒卒。

八月庚申，月犯太白。占曰「憂兵」。神瑞元年二月，赫連屈丐入寇河東，殺掠吏民，三城護軍張昌等要擊走之。

九月己丑，月犯左角。占曰「天下有兵」。神瑞元年十二月，蠕蠕犯塞。

十月乙巳，月犯畢。占曰「貴人有死者」。泰常元年三月，長樂王處文薨。

十一月丙戌，月蝕房第一星。

十二月甲辰，月三暈東井。

神瑞元年正月丁卯，月犯畢。占曰「貴人有死者」。泰常元年四月庚申，河間王脩薨。

二月戊申，月蝕房第一星。

三月壬申，月蝕左角。

五月壬寅，月犯牽牛南星〔一六〕。

六月丙申，月掩氐。

七月庚辰，月犯天關。

八月丁酉，月蝕牽牛中大星。己酉，月犯西咸〔一七〕。占曰「有陰謀」。神瑞二年三月，河西飢胡屯聚上黨，推白亞栗斯爲盟主，號大單于，稱建平元年〔一八〕。四月，詔將軍公孫表等五將討之。

二年三月丁巳，月入畢。占曰「天下兵起」。泰常元年三月，常山民霍季自言名載圖讖，持一黑石，以爲天賜玉印，誑惑聚黨，入山爲盜，州郡捕斬之。

四月己卯，月犯畢陽星。

七月辛丑，月犯畢。占曰「貴人有死者」。泰常元年十二月，南陽王良薨。

八月壬子，月犯氐。

十月甲子，月暈畢。

十一月，月暈軒轅。戊午，月犯畢陽星〔一九〕。

泰常元年五月甲申，月犯歲星，在角。

六月己巳，月犯畢。占曰「貴人死」。二年十月，豫章王夔薨。

七月，月犯牛。

十月丙戌，月入畢〔二〇〕。占曰「有邊兵」。二年二月，司馬德宗譙王司馬文思自江東遣使詣闕上書〔二一〕，請軍討劉裕，太宗詔司徒長孫嵩率諸將邀擊之。

二年五月丙子，月犯軒轅。

八月己酉，月犯牽牛。占曰「其地有憂」。三年，司馬德宗死。丁卯，月犯太微。

十一月癸未，月犯東井南轅西頭第一星。占曰「諸侯貴人死」，一曰「有水」。三年八月，雁門、河內大雨水，復其租稅。五年三月，南陽王意文薨。

三年正月戊申，月犯輿鬼積尸。己酉，月犯軒轅爟星〔二二〕。占曰「女主有憂」。五年六月丁卯，貴嬪杜氏薨，後謚密皇后。

四月壬申，月犯鎮星，在張。

五月癸亥，月犯太白於東井。

七月丁巳，月犯東井。

九月丙寅，月犯熒惑，在張、翼〔二三〕。

十一月庚申，月犯太白，在斗。

十二月庚辰，月犯熒惑於太微。

四年正月丙午，月犯太微。

三月壬寅，月犯太微。

五月丙申，月犯太微。占曰「人君憂」。八年十一月，太宗崩。

十二月丁巳，月犯太白，入羽林。

五年十一月辛亥，月蝕熒惑，在亢〔二四〕。占曰「韓鄭地大敗」。八年九月，劉義符潁川太守李元德竊入許昌，太宗詔交趾侯周幾擊之，元德遁走。

六年二月己亥，月蝕南斗杓星。

五月丙辰，月暈，在角、亢。

七年正月丁卯，月犯南斗。占曰「大臣憂」。三月，河南王曜薨。

三月壬戌，月犯南斗。

五月丙午，月犯軒轅。

六月辛巳，月犯房。占曰「將相有憂」。八年六月己亥，太尉、宜都公穆觀薨。

世祖始光元年正月壬午，月犯心中央大星。

二年三月丙子，月犯熒惑，在虛。

十二月丁酉，月犯軒轅。

神䴥三年夏四月壬戌，月犯軒轅。

六月，月犯歲星。

四年十月丙辰，月掩天關〔二五〕。占曰「有兵」。延和元年七月，世祖討馮文通於和龍。

十二月，月犯房鈎鈐。

延和元年三月，月犯軒轅。

四月，月犯左角。占曰「天下有兵」。二年二月，征西將軍金崖與安定鎮將延普及涇州刺史狄子玉爭權〔二六〕，舉兵攻普，不克，退保胡空谷，驅掠平民，據險自固。世祖詔平西將軍、安定鎮將陸俟討獲之。

五月，月犯軒轅，掩南斗第六星。

七月丙午，月蝕左角。

三年二月庚午，月犯畢口而出，月暈昴、五車及參。占曰「貴人死」。五月甲子，陰平王求薨〔二七〕。

閏月己丑，月入東井，犯太白〔二八〕。占曰「憂兵」。七月辛巳，世祖行幸隰城，命諸軍討山胡白龍于西河，克之。

太延元年五月壬子，月犯右執法〔二九〕。占曰「執法有憂」。十月，尚書左僕射安原謀反，伏誅。

十月丙午，月犯右執法。

二年正月庚午，月犯熒惑。占曰「貴人死」。三年正月癸未，征東大將軍、中山王纂薨。

二月，月犯太微東蕃第一星。

三月癸亥，月犯太微右執法，又犯上相〔三〇〕。占曰「將相有免者」。真君二年三月庚戌，新興王俊、略陽王羯兒有罪，並黜爲公。

三年正月，月犯東井。占曰「將相死」。戊子，太尉、北平王長孫嵩薨；乙巳，鎮南大將軍、丹陽王叔孫建薨。

九月丙申，月暈太微。

十一月戊戌，月掩太白。

四年四月己卯，月犯氐〔三一〕。

十一月丁未，月犯東井〔三二〕。占曰「將軍死」。真君二年九月戊戌，撫軍大將軍、永昌王健薨。

五年六月甲午朔，月見西方。

七月，月掩鎮星。

真君元年十二月，月犯太微。

二年六月壬子朔，月見西方。

三年三月癸未，月犯太白。占曰「憂兵」。四年正月，征西將軍皮豹子等大破劉義隆將於樂鄉，擒其將王奐之、王長卿等。

五年五月甲辰，月犯心後星。

六年四月，月犯心。占曰「有亡國」。是月，征西大將軍、高涼王那討吐谷渾慕利延於陰平。軍到曼頭城，慕利延驅其部落西渡流沙，那急追之，故西秦王慕璝世子被囊逆軍距戰，那擊破之。慕利延遂西入于闐。

七年八月癸卯，月犯熒惑，又犯軒轅。

十一月，月犯軒轅。

八年正月庚午，月犯心大星。

九年正月，月犯歲星。

十一年正月甲子，月入羽林。

正平元年正月，月入羽林。

高宗太安四年正月己未，月入太微，犯西蕃。

三月，月犯五諸侯。

六月癸酉朔，月生西方。

八月，月入南斗。

九月，月犯軒轅。

十二月，月犯氐。

五年正月，月掩軒轅，又掩氐東南星。

六月，月犯心前星。

十二月，月犯左執法〔三〕。占曰「大臣有憂」。和平二年四月，侍中、征東大將軍、河東王閭毗薨。

和平元年正月丁未，月入南斗〔三四〕。

三月，月掩軒轅。占曰「女主惡之」。四月，保皇太后常氏崩。

六月戊子，月犯心前星〔三五〕。

十一月壬辰，月犯右執法〔三六〕。

二年正月，月犯心後星。

九月，月犯心大星。

三年三月壬寅，月犯心後星。

八月，月犯哭星。

四年四月，月掩軒轅女御星。

五年二月甲申，月入南斗魁中，犯第三星〔三七〕。

三月庚子，月入輿鬼積尸。

六年七月，月犯心前星。

九月，月犯軒轅右角。

顯祖天安元年六月甲辰，月犯東井。

十月癸巳，月掩東井。

皇興元年正月丙辰，月犯東井北轅東頭第三星。八月辛酉，月蝕東井南轅第二星。占曰「有將死」。三年正月，司空、平昌公和其奴薨。

十月癸巳，月在參蝕。

二年四月丙辰，月犯牽牛中星。

三年十二月乙酉，月犯氐。

五年七月辛巳，月犯東井。

高祖延興元年十月庚子，月入畢口。占曰「有赦」。二年正月乙卯，曲赦京師及河西，南至秦涇，西至枹罕，北至涼州及諸鎮。

二年正月壬戌，月犯畢。占曰「天子用法」。九月辛巳，統萬鎮將、河間王閭虎皮坐貪殘賜死〔三八〕。

閏月丙子，月犯東井。占曰「有水」。是年，以州鎮十一水旱，免民田租，開倉賑恤。庚子，月犯東井北轅。

三年八月己未，月犯太微。占曰「將相有免者，期不出三年」。承明元年二月，司空、東郡王陸定國坐事免官爵。

十二月戊午，月蝕在七星，京師不見，統萬鎮以聞。

四年正月己卯，月犯畢。占曰「貴人死」。五年十二月，城陽王長壽薨。

二月癸丑，月犯軒轅。甲寅，月犯歲星。占曰「飢」。太和元年正月，雲中飢，詔開倉賑恤。

九月乙卯，月犯右執法〔三九〕。占曰「大臣有憂」。承明元年六月，大司馬、大將軍、安成王萬安國坐矯詔殺神部長奚買奴於苑中〔四〇〕，賜死。

五年三月甲戌，月掩鎮星。

八月乙亥，月掩畢。占曰「有邊兵」。太和元年正月，秦州略陽民王元壽聚衆五千餘家，自號爲衝天王。二月，詔秦益二州刺史武都公尉洛侯討破元壽，獲其妻子送京師。

十一月癸卯，月入軒轅中，蝕第三星。

承明元年四月甲戌，月蝕尾。

太和元年二月壬戌，月在井，暈參、南北河、五車二星、三柱、熒惑。

三月甲午，月犯太微。

戊辰，月蝕尾〔四一〕，下入濁氣不見。

五月丁亥，月犯軒轅大星。丙午，月入太微。

八月庚申，月入南斗，犯第三星。戊寅，月入太微，犯屏南星。

十月乙丑，月蝕昴，京師不見，雍州以聞。占曰「貴臣誅」。是月，誅徐州刺史李訢。

十二月癸卯，月犯南斗。

二年六月庚辰，月犯太微東蕃南頭第一星，京師不見，定州以聞。甲申，月犯房，又犯太微。

八月壬午，月入南斗。占曰「大臣誅」。十二月，誅南郡王李惠。

九月庚申，陰雲開合，月在昴蝕。

十月戊戌，月入南斗口中〔四二〕。占曰「大臣誅」。三年四月，雍州刺史、宜都王目辰有罪賜死。

十一月甲子，月犯鎮星。

十二月戊戌，月入南斗口中。

三年正月壬子，月暈觜、參兩肩、五車五星、畢、東井。占曰「有赦」。十月，大赦天下。

二月庚寅，月犯心。

三月庚戌，月入南斗口中。占曰「大臣誅」。九月，定州刺史、安樂王長樂有罪，徵詣京師，賜死。乙卯，月入南斗口中〔四三〕。

七月癸未，月犯心〔四四〕。

十月，月犯心。

十二月丙戌，月犯太微左執法。占曰「大臣有憂」。四年正月，襄城王韓頹有罪，削爵徙邊。

四年正月丁未，月在畢，暈參兩肩、五車、東井。丁巳，月犯心。占曰「人伐其主」。五年二月，沙門法秀謀反，伏誅。戊午，月又犯心。

二月己卯，月犯軒轅北第二星。辛巳，月犯太微左執法。占曰「大臣有憂」。閏月，頓丘王李鍾葵有罪賜死。壬午，月蝕。乙酉，月掩熒惑〔四五〕。

五年二月癸卯，月犯太微西蕃南頭第一星。

二月甲辰，月在翼，暈東南，不帀；須臾西北有偏白暈，侵五車二星、東井、北河、北河〔四六〕、輿鬼、柳、北斗、紫微宫、攝提、翼星。戊戌，月犯心〔四七〕，京師不見，濟州以聞。

七月戊寅，月犯昴。占曰「有白衣之會」。六年正月，任城王雲薨〔四八〕。

六年正月癸亥，月在畢，暈參兩肩、五車三星、胃、昴、畢，京師不見，營州以聞。己巳，月在張，犯軒轅大星。辛未，月蝕。

五月戊申，月入南斗口中〔四九〕。戊寅，月犯昴。

七月丁卯，月蝕。

十一月辛亥朔，月寅見東方，京師不見，平州以聞。

七年五月辛卯，月犯南斗。

八年正月辛巳，月在畢，暈東井、歲星、觜、參兩肩、五車。

三月己丑，月犯心。

四月丁亥，月蝕斗。癸亥，月犯昴〔五〇〕，相州以聞。占曰「有白衣之會」。十一年五月，南平王渾薨。

五月丁亥，月在斗，蝕盡。占曰「飢」。十二月，詔以州鎮十五水旱民飢，遣使者循行，問所疾苦，開倉賑恤。

九年正月丁丑，月在參，暈觜、參兩肩、東井、北河、五車三星。占曰「水」。是年，冀定數州水，民有賣男女者。戊申，月犯東井〔五一〕。占曰「貴人死」，一曰「有水」。十月，侍中、司徒、魏郡王陳建薨。是年，京師及州鎮十二水旱傷稼。

四月丁未，月犯心。

十一月戊寅，月蝕。

十年十一月辛亥，月犯房。

十一年正月丙午，月犯房鈎鈐。

二月癸亥，月犯東井。

三月丙申，月三暈太微。庚子，月蝕氐。占曰「糴貴」。是年，年穀不登，聽民出關就食，開倉賑恤。

六月乙丑，月犯斗。丙寅，月犯建星。

七月丁未，月入東井。

八月己巳，月蝕胃。占曰「有兵」。是月，蠕蠕犯塞，遣平原王陸叡討之。

九月戊戌，陰雲離合，月在胃蝕。

十一月乙巳，月入氐。

十二月戊午，月及熒惑合於東壁。甲子，月入東井，犯天關。

十二年正月戊戌，月犯左角。

二月壬戌，月暈太微。丁卯，月犯氐。

四月癸丑，月犯東井。占曰「將死」。九月，司徒、淮南王他薨。壬戌，月犯氐，與歲星同在氐。癸亥，月犯房。

六月丁巳，月入氐，犯歲星。

七月乙酉，月犯房。庚寅，月犯牽牛。庚子，月犯畢。

九月，月蝕盡。

十一月己未，月犯東井。丙寅，月犯左角。占曰「天下有兵」。十三年正月，蕭賾遣衆寇邊，淮陽太守王僧儁擊走之。

十二月甲申，月犯畢。乙未，月犯氐。丙申，月犯房。

十三年正月甲寅，月入東井。壬戌，月掩牽牛。

二月己丑，月在角，十五分蝕七。

三月庚申，月犯歲星。

四月丙戌，月犯房。

六月乙酉，月掩牽牛。乙未，月犯畢。占曰「貴人死」。十二月，司空、河東王苟頹薨。

七月丁未，月入氐。戊申，月犯楗閉。

八月丙戌，天有微雲，月在未蝕。占曰「有兵」。十四年四月，地豆于頻犯塞，詔征西大將軍、陽平王頤擊走之。

九月丁巳，月掩畢。庚申，月入東井。
十月己卯，月掩熒惑，又掩畢。丁酉，月犯楗閉。
十二月壬午，月入東井。
十四年二月甲戌，月犯畢。
六月甲戌，月犯亢。
八月乙亥，月犯牽牛。辛卯，月犯軒轅。占曰「女主當之」。九月，文明皇太后馮氏崩。
十月壬午，月入東井。戊子，月犯太微。
十一月戊戌，月犯鎮星。乙卯，月犯太微右執法。
十二月庚辰，月犯軒轅。癸未，月掩太微左執法。
十五年正月己酉，月在張蝕。
三月丙申，月掩畢。占曰「有邊兵」。十六年八月，詔陽平王頤、左僕射陸叡督十二將〔五二〕、七萬騎，北討蠕蠕。
四月庚午，月犯軒轅。癸酉，月犯太微東蕃上將。占曰「貴人憂」。六月，濟陰王鬱以貪殘賜死。癸未，月犯歲星。

五月庚子，月掩太微左執法。占曰「大臣憂」。十七年二月，南平王霄薨。丁未，月掩建星。

七月乙未，月犯太微東蕃。辛丑，月掩建星。癸卯，月犯牽牛。

九月乙丑，月犯牽牛。占曰「大臣有憂」。十七年，蕭賾死。大臣疑當作吳越。癸未，月入太微，犯右執法。占曰「大臣憂」。十七年八月，三老、山陽郡開國公尉元薨。

十月甲午，月犯鎮星。戊申，月犯軒轅。

十一月己巳，月犯畢[五三]。辛未，月入東井。

十二月辛卯，月蝕，盡[五四]。

十六年二月甲辰，月入氐。

三月己卯，月入羽林。

四月壬辰，月入太微。丙午，月入羽林。

五月壬子，月掩南斗第六星[五五]。甲戌，月入羽林。

六月戊子，月犯熒惑。占曰「貴人死」。十九年五月，廣川王諧薨。己丑，月入太微。丁酉，月掩建星。丁未，月入畢。占曰「有邊兵」。十九年正月，平南將軍王肅頻破蕭鸞軍於義陽，降者萬餘。

七月甲戌，月入畢。丁丑，月犯軒轅。

八月壬辰，月犯建星。壬寅，月犯畢。甲辰，月入東井。戊申，月犯軒轅。占曰「女主當之」。二十年七月，廢皇后馮氏〔五六〕。辛亥，月入太微，犯右執法。

九月癸亥，月掩鎮星。

十月辛卯，月入羽林。癸亥，月入東井〔五七〕。

十一月甲子，月犯畢。壬申，月入太微。丁丑，月入氐。

十二月丁酉，月在柳蝕。占曰「國有大事，兵起」。十七年八月己丑，車駕發京師南伐，步騎三十餘萬。

十七年正月乙丑，月犯軒轅〔五八〕。壬申，月犯氐。

二月甲午，月入太微。壬寅，月掩南斗第六星〔五九〕。

四月癸丑，月入太微〔六〇〕。占曰「大臣死」。十九年二月辛酉，司徒馮誕薨。壬寅，月入羽林。

五月甲子，月犯南斗第六星。乙丑，月掩建星。

六月甲午，月在女蝕。占曰「旱」。二十年，以南北州郡旱，遣侍臣循察，開倉賑恤。

七月壬子，月入太微。占曰「有反臣」。二十年二月，恒州刺史穆泰謀反，伏誅，多所連及〔六一〕。丙辰，月入氐。癸未，月犯南斗第六星〔六二〕。庚申，月犯建星。八月庚寅，月犯哭星。辛卯，月入羽林。丁酉，月入畢。占曰「兵起」。十九年二月，車駕南伐鍾離。辛丑，月犯輿鬼。乙巳，月入太微，犯屏星。

十月壬午，月犯建星。甲午，月入東井。

十一月壬子，月犯哭星。辛酉，月犯東井前星。丁卯，月入太微。占曰「大臣死，有反臣」。二十一年四月，大將軍、宋王劉昶薨，廣州刺史薛法護南叛〔六三〕。壬申，月入氐。

十二月辛巳，月入羽林。乙未，月入太微。己亥，月入氐。

十八年二月甲午，月入氐。

四月庚申，月在斗蝕。

六月丁卯，月入東井。

十九年三月己卯，月犯軒轅。占曰「女主當之」。二十一年十月，追廢貞皇后林氏爲庶人。

二十年七月辛巳，月掩鎮星。

十月丙午，月在畢蝕。

二十一年三月丁酉，月犯屏星。

四月庚午，月掩房星。

六月丁卯，月掩斗魁。

十二月乙亥，月掩心。

二十二年正月丙申，月掩軒轅。占曰「女主當之」。二十三年，詔賜皇后馮氏死。

二月乙丑，月與歲星、熒惑合於右掖門內。丁卯，月在角蝕。占曰「天子憂」。二十三年四月，高祖崩。

七月乙酉，月掩心。

九月庚申，月蝕昴〔六四〕。

二十三年二月壬戌，月在軫蝕。

六月癸未，月掩房南頭第二星。甲申，月掩箕北頭第一星〔六五〕。

八月，月在壁，蝕于巳上。

十一月癸丑，月在畢，暈昴、觜、參、五車。

十二月己卯，月掩昴。辛巳，月掩五車。

世宗景明元年正月丙辰，月在翼蝕，十五分蝕三。

十二月癸未，月暈太微，既而有白氣長一匹，廣二尺許，南至七星。俄而月復暈北斗、大角。丁亥，月暈角、亢、房。

二年正月甲辰，月暈井、觜、參兩肩、昴、五車。占曰「貴人死，大赦」。二月甲戌，大赦天下。五月壬子，廣陵王羽薨。

二月丙子，月掩軒轅大星。占曰「女主憂」。正始四年十月，皇后于氏崩。癸未，月掩房南頭第二星。丙戌，月入南斗距星南三尺。占曰「吴越有憂」。十二月，蕭寶卷直後張齊玉殺寶卷〔六六〕。

五月丙午，月掩心第三星。戊申，月掩斗魁第三星。

七月辛亥，月暈婁，内青外黃，轢昴、畢、天船、大陵、卷舌、奎、婁。

三年正月甲寅，月入斗，去魁第二星四寸許。占曰「吴越有憂」。四月，蕭衍又廢其主寶融。

四月癸酉，月乘房南頭第二星。己亥，月暈〔六七〕，在角、亢、氐、房、心。

六月戊戌，月掩南斗第二星。

八月壬寅，月暈，外青内黃，轢昴、畢、婁、胃、五車。占曰「貴人死」。乙卯，三老元丕薨〔六八〕。己酉，月犯軒轅。

十一月己巳，月蝕井，盡。

十二月壬辰，月掩昴。占曰「有白衣之會」。正始二年四月，城陽王鸞薨。乙未，月暈參、井、鎮星。占曰「兵起」。四年，氐反，行梁州事楊椿、左將軍羊祉大破之〔六九〕。丙申，月掩鎮星，又暈。

四年正月庚申，月暈胃、昴、參、五車。

二月辛亥，月掩太白。

三月辛酉，月暈軒轅、太微西垣帝坐。

四月丙申，月掩心大星。

五月丁卯，月在斗，從地下蝕出，十五分蝕十二。占曰「飢」。正始四年八月，敦煌民飢，開倉賑恤。

六月癸卯，月犯昴。占曰「有白衣之會」。永平元年三月，皇子昌薨。丁未，月掩太白。

七月戊午，月犯房大星〔七〇〕。壬申，月暈昴、畢、觜、參、東井、五車五星〔七一〕。占曰「旱，有大赦」。正始元年正月丙寅，大赦，改年。六月，詔以旱，徹樂減膳。

十二月丁亥，月暈昴、畢、婁、胃。乙未，月暈太微帝坐、軒轅〔七二〕。庚子，月暈房、心、亢、氐。占曰「有軍，大戰」。正始元年，荆州刺史楊大眼大破羣蠻樊秀安等。

正始元年正月乙卯，月暈胃、昴、畢、五車二星。丁巳，月暈婁、胃、昴、畢。戊午，月暈五車三星、東井、南河、北河、輿鬼、鎮星〔七三〕。

二月甲申，月暈昴、畢、參左肩、五車。

二年九月癸未，月在昴，十五分蝕十。占曰「飢」。四年九月，司州民飢，開倉賑恤。

十一月丙子，月暈；東西兩珥，內赤外青；東有白虹，長二丈許；西有白虹，長一匹；北有虹，長一丈餘，外赤內青黃，虹北有背，外赤內青黃。

三年正月辛巳，月暈太微帝坐、軒轅左角、賁疑星。

三月庚辰，月在氐，蝕盡。

十月甲寅，月犯太白。

永平元年五月丁未，月犯畢。占曰「貴人有死者」。九月，殺太師、彭城王勰。

六月己巳，月掩畢〔七四〕。

十一月癸酉，月犯左執法〔七五〕。占曰「大臣有憂」。四年三月壬戌，廣陽王嘉薨。

二年正月甲午，月在翼，十五分蝕十二。

十一月丙戌，月掩畢大星。

三年正月戊子，月在張蝕。

閏月乙酉，月在危蝕。

十一月壬寅，月犯太白。

十二月壬午，月在張蝕。

四年四月癸酉，月暈太微、軒轅。占曰「小赦」。延昌二年八月，諸犯罪者恕死，從流已下減降〔七六〕。辛卯，月犯太白於胃。

八月癸丑〔七七〕，月掩輿鬼。丁巳，月入太微。占曰「大臣死」。延昌元年三月己未，尚書左僕射、安樂王詮薨。辛酉，月犯太白。

十月壬午，月失行黄道北，犯軒轅大星。甲申，月入太微。

十一月乙巳，月犯畢。占曰「爲邊兵」。十一月戊申，詔李崇、奚康生治兵壽春，以討朐山之寇。

延昌元年二月庚午，月暈東井、輿鬼、軒轅大星。

三月辛丑，月在翼暈，須臾之間，再成再散。壬寅，月犯太微。乙巳，月暈角、亢、房、心、鎮、歲。九月丁卯，月及熒惑俱在七星〔七八〕。

十月癸酉，月暈東井、五車、畢、參。占曰「大旱」，一曰「爲水」。二年四月庚子，出絹十五萬匹，賑恤河南飢民。五月，壽春水。

十二月甲戌，月犯熒惑於太微〔七九〕。占曰「君死，不出三年」。四年正月，世宗崩。

二年正月庚子，月暈，暈東有連環，轢亢、房、鎮、織女、天棓、紫宮、北斗。

二月己巳，月暈熒惑、軒轅、太微帝座。占曰「旱」。六月乙酉，青州民飢，詔開倉賑恤。

四月丙申，月掩鎮星。己亥，月在箕，從地下蝕出，還生三分，漸漸而滿。占曰「飢」。三年四月，青州民飢，開倉賑恤。

六月乙巳，月犯畢左股。占曰「爲邊兵」。三年六月，南荆州刺史桓叔興破蕭衍軍於九江〔八〇〕。

七月戊午，月掩鎮星。

十月丙申，月在參，蝕盡。占曰「軍起」。三年十一月，詔司徒高肇爲大將軍，率步騎十五萬伐蜀。

三年二月乙酉，月暈畢、昴、太白、東井、五車。

四月癸巳，月在尾，從地下蝕出，十五分蝕十四。占曰「旱，飢」。熙平元年四月，瀛州民飢，開倉賑恤。

九月丁卯，月犯太微屏星。

十月壬寅，月犯房第二星。

十二月丙午，月掩熒惑〔八一〕。

四年五月庚戌，月犯太微。占曰「貴人憂」。九月，安定王燮薨。

九月乙丑，月犯太微。

十月癸巳，月入太微。占曰「大臣死」。熙平二年二月，太保、領司徒、廣平王懷薨。

閏月戊午，月犯軒轅。占曰「女主憂之」。神龜元年九月，皇太后高尼崩于瑶光寺。

肅宗熙平元年八月己酉，月在奎，十五分蝕八。占曰「有兵」。神龜元年三月，南秦州氐反，遣龍驤將軍崔襲持節喻之。

十二月戊戌，月犯歲星。甲辰，月暈東井、觜、參、五車。占曰「大旱」，一曰「水」。二年十月庚寅，幽、冀、滄、瀛四州大飢，開倉賑恤。

二年二月丁未，月在軫蝕。

四月癸卯，月犯房〔八二〕。

八月癸卯，月在婁，蝕盡。

九月癸酉，月犯畢。占曰「貴人有死者」。神龜元年四月丁酉，司徒胡國珍薨。

十月癸卯，月暈昴、畢、觜、參、五車四星。甲辰，月暈畢右股、觜、參、五車三星、東井。

占曰「天下飢，大赦」。神龜元年正月，幽州大飢，死者甚衆，開倉賑恤；又大赦天下。

十一月戊戌，月暈觜、參、東井。壬子，月犯心小星〔八三〕。

神龜二年二月丙辰，月在參，暈井、觜、參右肩、歲星、五車四星。占曰「有相死」。十二月，司徒、尚書令任城王澄薨。

八月辛未，月犯軒轅。

十二月庚申，月在柳，十五分蝕十。

正光元年正月戊子，月犯軒轅大星。占曰「女主有憂」。七月丙子，元叉幽靈太后於北宮。

十二月甲寅，月蝕。占曰「兵外起」。二年正月，南秦州氐反。二月，詔光禄大夫邴虬討之。

二年五月丁未，月蝕〔八四〕。占曰「旱，飢」。三年六月，帝以炎旱，減膳撤懸。

七月乙卯，月在昴北三寸。

九月庚戌，月暈胃、昴、畢、五車二星。辛亥，月暈昴、畢、觜、參兩肩、五車五星。占曰「有赦」。三年十一月丙午，大赦天下。

十月辛卯，月掩心大星。

十一月己酉，月在井蝕。乙卯，月犯昴。

三年正月甲寅，月掩心距星。

二月丁卯，月掩太白，京師不見，涼州以聞。甲戌，月在張，暈軒轅、太微右執法、歲星。

四月丁丑，月掩心距星。

九月丙午，月在畢，暈昴、畢、觜、參兩肩、五車四星。

四年正月戊戌，月在井，暈東井、南河，轢觜、參右肩一星、五車一星。

七月乙巳，月在胃，暈婁、胃、昴、畢、觜。占曰「貴人死」。四年十一月丁酉，太保崔光薨。

八月乙亥，月在畢，掩熒惑。

五年二月庚寅〔八五〕，月在參，暈畢、觜、參兩肩、東井、熒惑、五車一星。占曰「兵起」。六月，秦州城人莫折大提據城反，自稱秦王，詔雍州刺史元志討之。

閏月壬辰，月在張，暈軒轅、太微西蕃。占曰「天子發軍自衞」。孝昌三年正月己丑，詔內外戒嚴，將親出討。癸巳，月在翼，暈太微、張、翼。占曰「士卒多逃走」，一曰「士卒大聚」。十月，營州城人劉安定、就德興反，執刺史李仲遵。其部下王惡兒斬安定以降，德興東走，自號燕王。

八月丙申，月在昴，暈胃、昴、五車二星、畢、觜、參一肩。

十二月癸未，月在婁，暈奎、婁、胃、昴。

孝昌元年九月丁巳，月蝕。

十月丙戌，月在畢，暈昴、畢、觜兩肩、五車二星〔八六〕。

二年八月甲申，月在胃，掩鎮星。

閏月癸酉，月掩鎮星。

三年正月戊辰，月犯鎮星於婁，相去七寸許，光芒相及。占曰「國破，期不出三年」，一曰「天下有大喪」。武泰元年二月癸丑，肅宗崩；四月庚子，尒朱榮害靈太后及幼主，又害王公已下。癸酉，月在井，暈觜、參兩肩、南北河、五車兩星。占曰「有赦」。七月己丑，大赦天下。

武泰元年三月庚申，月掩畢大星。庚午，月在軫，暈太微、角。

莊帝建義元年七月丙子，月在畢，掩大星。

永安元年十一月丙寅，月在畢大星東北五寸許，光芒相掩。

十二月辛卯，月在婁，暈奎、歲星、胃、昴。癸巳，月掩畢大星。

二年三月乙卯，月入畢口。占曰「大兵起」。壬戌，詔大將軍、上黨王天穆與齊獻武王討邢杲。

四月己丑，月在翼，入太微，在屏星西南，相去一尺五寸，須臾下没。辛卯，月在軫，暈太微、軫、角。乙丑，月在危〔八七〕。

八月乙丑，月在畢左股第二星北，相去二寸許，光芒相掩，須臾入畢。占曰「兵起」。三年正月辛丑，東徐州城民吕文欣等反，殺刺史，行臺樊子鵠討之。

十月辛亥，月在畢，暈畢、昴、鎮星、觜、參、井、五車四星。占曰「兵起，大赦」。三年三月，万俟醜奴遣其大行臺尉遲菩薩寇岐州，大都督賀拔岳、可朱渾道元大破之。四月，大赦天下。甲子，月在參蝕。

十二月丙辰，月掩畢右股大星。乙丑，月、熒惑同在軫〔八八〕。丁巳，月在畢，暈昴、畢及鎮星、觜、參、伐、五車四星。占曰「大赦」。三年九月，大赦天下。癸亥，月在翼，暈軒轅、翼、太微。占曰「有赦」。三年十月戊申，皇子生，大赦天下。乙丑，月在軫，掩熒惑。

三年正月己丑，月入太微，襲熒惑。辛卯，月行太微中，暈太微、熒惑。壬辰，月在軫，掩熒惑。

四月戊午，月暈太微。

五月甲申望前，月蝕於午〔八九〕。洪範傳曰：「天子微弱，大法失中，不能立功成事，則月蝕望前。」時尒朱榮等擅朝也。

六月乙巳，月在畢大星北三寸許〔九〇〕，光芒相掩。

八月庚申，月入畢口，犯左股大星。辛丑，月入軒轅后星北〔九一〕，夫人南，直東過太白，犯次妃。占曰「人君死」，又爲「兵起」。十二月，尒朱兆入洛，執帝，殺皇子，亂兵汙辱後宮，殺司徒公、臨淮王彧。

九月庚寅，月在參，暈昴、觜、參、井、歲鎮二星、五車三星。

十月辛亥，月暈東壁。

十一月辛丑，月在太白北，中不容指。

前廢帝普泰元年正月己丑，月在角，暈軫、角、亢，亦連環暈接北斗柄三星、大角、織女。

五月甲申，月蝕盡。己未，月犯畢右股第一星〔九二〕，相去三寸許，光芒相及，又入畢口。

十月癸丑，月暈昴、觜、參、東井、五車三星。占曰「有赦」。是月，齊獻武王推立後廢帝，大赦天下。

後廢帝中興元年十一月甲申，月暈。

二年四月戊寅，月在箕蝕。

出帝太昌元年六月癸未，月戴珥。

九月甲寅，月入太微，犯屏星。

十月丙子，月在參蝕。

永熙二年十一月乙丑，月在畢〔九三〕，暈昴、觜、參兩肩、五車五星。

三年三月戊戌，月在亢蝕。

八月庚午，月在畢，暈昴、畢、觜、參、五車四星。占曰「大赦」。是月戊辰，大赦天下〔九四〕。

孝靜天平元年十二月庚申，月在畢，暈昴、畢、觜、參兩肩、五車五星。

閏月庚子，月掩心中央星。

二年三月，月暈北斗第二星〔九五〕。占曰「羅貴兵聚」。是月，齊獻武王討山胡劉蠡升，斬之。三年，并、肆、汾、建諸州霜儉。壬申，月在婁，太白在月南一寸許，至明漸漸相離。

八月己卯，月在心，去心中央大星西廂七寸許。

十一月戊辰，月在心，掩前小星。

三年春正月丁卯，月掩軒轅大星。

二月丁亥，月蝕。

八月癸未，月蝕。

十月丁丑，月在熒惑北，相去五寸許。

四年二月壬申，月掩五車東南星。庚辰，月連環暈北斗。

八月癸未，月掩五車東南星。

元象元年三月丁卯，月掩軒轅大星。

六月癸卯，月蝕。

十月己亥，陰雲班駁，月在昴，暈胃、昴、畢。占曰「大赦」。興和元年五月，大赦天下。

丁未，月在翼，暈太微、軒轅左角、軫二星。

十一月庚午，月在井，暈五車一星及東井、南北河。占曰「有赦」。興和元年十一月，大赦，改年。

興和元年八月辛丑，月在畢，暈畢、觜、參兩肩、五車。

九月丁巳，月在斗，犯魁第三星，相去三寸許，光芒相及。丁卯，月掩昴。

十二月甲午，月蝕。

二年八月己酉，月犯心中央大星。

三年春正月辛巳，月在畢，暈東井、參兩肩、畢，西轢昴、五車五星。占曰「大赦」。武定元年正月，大赦，改元。

四月壬辰，月蝕〔九六〕。

八月丁巳，月在胃，暈畢、歲星、昴、婁、胃、五車一星，須臾暈缺復成。

四年十一月壬午，月在七星，暈熒惑、軒轅、太微帝坐。

十二月壬寅，月在昴，暈昴、畢、五車兩星。占曰「有赦」。武定二年三月，齊獻武王歷冀定二州，因入朝，以今春亢旱，請蠲懸租，賑窮乏，死罪已下一皆原宥。

武定元年三月丙午，月蝕。

四年正月己未，月蝕軫。

六月癸巳，月入畢中。

九月癸亥，月在翼，暈軒轅、太微帝坐、熒惑。占曰「兵起」。是月，北徐州山賊鄭土定自號郎中，偷陷州城，儀同斛律平討平之。

五年正月乙巳，月犯畢大星、昴、東井、觜、參、五車三星〔九七〕。占曰「大赦」。五月丁酉朔，大赦天下。庚辰，月在張，暈軒轅大星、太微天庭。

七年九月戊午，月在斗，掩歲星。占曰「吴越有憂」。是歲，侯景破建業，吴人餓死及流亡者不可勝數。

十一月丁卯，月蝕。

校勘記

〔一〕皇始二年六月庚戌月掩太白在端門外　按皇始二年六月丁卯朔，無庚戌。宋書卷二五天文志三（下簡稱宋志三）、晉書卷一二天文志中（下簡稱晉志中）記其事於晉安帝隆安元年（當魏皇始二年）六月庚午。彭益林魏書天象志校讀記（下簡稱彭校）、牛繼清、張林祥魏書諸志時誤補校（下簡稱魏志時誤）並據謂此處「庚戌」乃「庚午」之誤。按庚午爲初四日，日序合。劉次沅考證證實「庚午」合。

〔二〕天興元年十一月丁丑月犯東上相　按天興元年十一月己丑朔，無丁丑。宋志三、晉書卷一三天文志下（下簡稱晉志下）記於隆安二年（當魏天興元年）閏十一月丁丑，彭校、魏志時誤並據謂此處「十一月」上脱「閏」字，劉次沅考證驗算同。按魏書書例，凡閏徑作「閏月」，不作「閏某月」，此或原書之誤，未必脱字。

〔三〕三年二月丁亥皇子聰薨　「丁亥」，本書卷二太祖紀作「壬寅」。按天興三年二月壬午朔，丁亥初六日，壬寅二十一日，日序俱合，然紀於「丁亥」下别有記事，疑原書抄録驗辭干支失檢，紀作「壬寅」是。

〔四〕七月己亥月犯歲星　按天興五年七月戊辰朔，無己亥。

〔五〕丙戌車駕北引　按天興五年十月丙申朔，上戊申十三日，無丙戌。本書卷二太祖紀於「戊申班師」下記「十一月，師次晉陽」，十一月丙寅朔，丙戌二十一日。彭校據謂此處「丙戌」上脱去「十一月」三字，然此志下復記十月乙卯二十日事，按彭校則記事倒錯。魏志時誤據日序疑「丙戌」爲「庚戌」之誤。

〔六〕六月甲辰月掩北斗魁第四星　本志三天興六年七月記此無「北」字。按月行不得近北斗，劉次沅考證云，驗算顯示是日月掩南斗魁第四星。「北」字疑衍，或是「南」字之訛。

〔七〕十月乙巳月犯軒轅第四星　劉次沅考證云：驗算顯示天興六年十月乙巳月在畢，不合，是年十二月十六日乙巳，月犯軒轅第二星，疑此處「十月」爲「十二月」之脱誤。按如其說，則此條不當在下十一月之前，且「第四星」亦非「第二星」，姑存疑。

〔八〕三年四月蠕蠕寇邊　「三年」，原作「一年」，據北監本、汲本、殿本、局本改。按記年例不作「一年」，本書卷二太祖紀天賜三年四月記蠕蠕寇邊之事，知「一年」爲「三年」之訛。

〔九〕四月己卯月犯鎮星在東壁　劉次沅考證云：驗算顯示天賜二年四月己卯月在畢，不合，是年二月二十七日己卯月犯鎮星，近東壁，此「四月」乃「二月」之訛。按如其說，此條不當在上三月條後，姑存疑。

〔一〇〕七月己未月掩鎮星　「己未」，疑爲「乙未」之訛。按天賜二年七月庚辰朔，無己未，宋志三、晉志中安帝義熙元年同誤。魏志時誤疑「己未」乃「乙未」之訛，乙未爲十六日。劉次沅考證證實「乙未」天象合。

〔一一〕三年二月己丑月犯心後星　按天賜三年二月丁未朔，無己丑，宋志三、晉志下安帝義熙二年同誤。魏志時誤疑「己丑」乃「乙丑」之訛，乙丑十九日。劉次沅考證證實乙丑「月犯心宿三星」。

〔一二〕二年三月丁卯月掩房南第二星又掩斗第五星　彭校據宋志三、晉志下義熙六年記事，謂此處「又掩」上脫「己巳」。劉次沅考證證實三月己巳，月掩斗第五星。三月癸丑朔，丁卯十五日，己巳十七日。

〔一三〕五月甲子月掩斗第五星己亥月掩昴　「己亥」，疑爲「乙亥」之訛。按永興二年五月壬子朔，甲子十三日，無己亥，宋志三、晉志下同誤。魏志時誤疑「己亥」乃「乙亥」之訛，乙亥二十四日。劉次沅考證證實「乙亥」天象合。

〔一四〕四年春正月壬戌月行畢蝕歲星　「壬戌」，疑爲「庚戌」之訛。宋志三記此月變於義熙八年（當魏永興四年）正月庚戌，是月癸卯朔，庚戌初八日，壬戌二十日，日序俱合。劉次沅考證證實是年正月庚戌月在畢，幾掩木星，壬戌則月在氐，不合。

〔一五〕七月月蝕熒惑　按志記月食，例著干支，疑此處脱去。下凡月變干支失記或脱去，不再出校。

〔一六〕五月壬寅月犯牽牛南星　按神瑞元年五月己未朔，無壬寅。宋志三、晉志下義熙十年同誤。彭校謂此處記月誤。魏志時誤據宋志二壬寅後記乙丑事，乙丑初七日，疑此處「壬寅」爲「壬戌」之訛，壬戌初四日。劉次沅考證云：驗算顯示六月壬寅十四日，月犯牽牛中星，且三年內月過牛宿，俱近中星而不犯南星，此處「誤『六月』爲『五月』、『中星』爲『南星』」。

〔一七〕己酉月犯西咸　「己酉」上疑脱去或失載「十二月」三字。按此月變承上乃神瑞元年八月己酉，宋志三、晉志下並記於義熙十年（當魏神瑞元年）十二月己酉。劉次沅考證云：驗算顯示是年八月二十二日己酉，月在井，不合，十二月二十四日己酉，則合。

〔一八〕建平元年　「建」字原闕，據北監本、汲本、殿本、局本、本書卷三太宗紀補。

〔一九〕十一月月暈軒轅戊午月犯畢陽星　「戊午」上處脱去或失載「十二月」三字。按「月暈軒轅」脱干支，神瑞二年十一月庚辰朔，亦無戊午。劉次沅考證云：驗算顯示十二月戊午初九月犯畢大星（即畢陽星）。

〔二〇〕十月丙戌月入畢　「十月」，疑爲「十一月」之脱訛。按泰常元年十月乙巳朔，無丙戌。宋志三、晉志下同誤。劉次沅考證云：驗算顯示十一月十三日丙戌月入畢。

〔二一〕二年二月司馬德宗譙王司馬文思自江東遣使詣闕上書　按此「二年」承上文乃泰常二年（四一七）。據本書卷三七司馬休之傳，休之於「神瑞中（四一四—四一六）」已出奔襄陽，隨即與其子文思出奔後秦姚興。宋書卷二武帝紀中，劉裕攻司馬休之，休之自江陵奔襄陽在義熙十一年（四一五）三月，奔姚興在四月，豈有泰常二年其子文思尚在江東之理。此處疑誤以神瑞二年爲泰常二年。

〔二二〕三年正月戊申月犯輿鬼積尸己酉月犯軒轅爟星　「三年」，原作「二年」。按前已記二年，不應重出，且泰常二年正月甲戌朔，無戊申、己酉二干支，下此年各月所繫干支亦多不合。本志三泰常三年下稱「是歲正月己酉，月犯軒轅」。作「三年」，則所記各月干支唯九月丙寅不合。劉次沅考證云：此年下八條天象，七條合三年，並無一條合二年。知「二年」乃「三年」之訛，今據改。

〔二三〕九月丙寅月犯熒惑在張翼　「丙寅」，疑爲「丙辰」之訛。按泰常三年九月甲午朔，無丙寅。劉次沅考證云：驗算顯示九月二十三日丙辰月犯火星，在張翼。

〔二四〕五年十一月辛亥月蝕熒惑在亢　「十一月辛亥」，疑爲「十二月辛丑」之訛。按本志三泰常五年記此月變於十二月，不著干支。宋書卷二六天文志四（下簡稱宋志四）繫於永初元年（當魏泰常五年）十二月二十日庚子。劉次沅考證云：驗算顯示十一月辛亥，天象不合，十二月二十一日辛丑，月犯火星幾掩，在亢六度。

〔二五〕四年十月丙辰月掩天關　按神䴥四年十月戊寅朔，無丙辰。本志三同誤。

〔二六〕爭權　原作「爲權」。殿本考證據本書卷四上世祖紀上延和二年二月庚午記此事，以爲「此『爲』字乃『爭』字之訛」。按本志三正作「爭權」，今據改。

〔二七〕陰平王求薨　按本書卷一五秦王翰傳附陰平王烈傳云：「子裒襲。」當即此陰平王求。時北族人名音譯無定字，今仍底本。

〔二八〕閏月己丑月入東井犯太白　「閏月」，疑當作「五月」。按宋志四元嘉十一年（當魏延和三年）「閏月戊寅，太白犯五諸侯。己丑，月入東井，犯太白」。劉次沅考證云：是年閏三月十五日戊寅金星犯五諸侯，合，二十六日己丑月犯金星不合。驗算顯示五月二十七日己丑，次日凌晨，月犯金星，在井十四度。疑宋志「己丑」上脱去「五月」，本志摘抄宋志，略去閏月戊寅月變，徑録己丑，因而致誤。

〔二九〕太延元年五月壬子月犯右執法　按是年五月丁巳朔，無壬子。本志三録此條不繫干支。彭校、魏志時誤並據宋志四「元嘉十二年（當魏太延元年）五月壬戌月犯右執法」，謂此處「壬子」爲「壬戌」之誤，劉次沅考證證實「壬戌」天象合。壬戌爲初六日。

〔三〇〕三月癸亥月犯太微右執法又犯上相　「又犯」上疑脱「甲子」二字。劉次沅考證云：太延二年三月十二日癸亥月犯太微右執法，與驗算合，然月犯太微東上相在十三日甲子。

〔三一〕四年四月己卯月犯氐　「四月」，疑爲「五月」之訛。按太延四年四月庚子朔，無己卯。宋志四元嘉十五年同誤。劉次沅考證云：驗算顯示五月初十己卯，月在氐前；次日，月犯氐東北星。

〔三二〕十一月丁未月犯東井　「十一月」，疑爲「十二月」之訛。按太延四年十一月丁卯朔，無丁未。

宋志四繫此月變於元嘉十五年十一月「癸未熒惑入羽林」之後。劉次沅考證云：驗算顯示是年十二月十二日丁未，月犯井鉞星、井距星。

〔三三〕十二月月犯左執法　按本志三注：「又（和平）五年十一月，月犯左執法。」

〔三四〕和平元年正月丁未月入南斗　「丁未」，疑爲「丁亥」之訛。按是年正月甲子朔，無丁未。劉次沅考證云：驗算顯示正月二十四日丁亥，月入南斗魁中。

〔三五〕六月戊子月犯心前星　「戊子」，疑爲「庚子」之訛。按和平元年六月辛卯朔，無戊子。本志三及宋志四大明五年六月所記月變同，不繫干支，知此處記月不誤。劉次沅考證證實六月初十庚子，月犯心前星。

〔三六〕十一月壬辰月犯右執法　按和平元年十一月己未朔，無壬辰。

〔三七〕五年二月甲申月入南斗魁中犯第三星　按和平五年二月庚子朔，無甲申，宋志四繫此月變於永光元年，當魏和平六年。是年二月甲子朔，甲申二十一日，日序合。魏志時誤云：「此『五年』當爲『六年』之訛。魏書作者抄録誤置。」劉次沅考證亦云：驗算顯示「當年不合，次年合」。若作「五年」，下「三月庚子」亦不合日序，作「六年」則合。

按此下至承明，所記月變干支，與當月常不合。魏志時誤謂爲字訛，多於當月求之。劉次沅考證云：本志及志三所記太安至承明年間天象，可以驗證者，大都發生於所記之下一年。志所記太安三年（四五七）至皇興三年（四六九）十三年間月變及星變，計六十二條，「當年不合，次年合」者五十九條。合於當年當月者，偶然爾。故此，下至太和紀年以前，干支不合者不復一一出校。

〔三八〕九月辛巳統萬鎮將河間王閭虎皮坐貪殘賜死　按本書卷七上高祖紀上記閭虎皮之死在延興二年九月戊申。是年九月庚辰朔，辛巳初二日，戊申二十九日。紀於此條前記「辛巳，車駕還宫」。疑本志尋録驗辭，誤以紀文前條之干支當閭虎皮「賜死」之干支。

〔三九〕九月乙卯月犯右執法　「九月」二字疑衍。按延興四年九月己巳朔，無乙卯。劉次沅考證云：上條所記二月十二日癸丑、十三日甲寅月變，驗證無誤，且驗證顯示二月十四日乙卯，月犯右執法。

〔四〇〕神部長奚買奴　原作「部長奚買如」，「如」，南監本、北監本、汲本、殿本、局本作「奴」。按本書卷七上高祖紀上承明元年六月、卷二九奚斤傳附奚買奴傳、卷三四萬安國傳並作「神部長奚買奴」，卷四五辛紹先傳見神部令。今據補「神」字，改「如」作「奴」。

〔四一〕戊辰月蝕尾　「戊辰」上疑脱「四月」二字，按此承上條則是太和元年三月，是月甲申朔，無戊辰。劉次沅考證云：驗算顯示四月十五日戊辰月全食，在尾宿，帶食而落。

〔四二〕十月戊戌月入南斗口中　劉次沅考證云：驗證顯示十月二十四日戊戌月在角，此條疑涉下十二月戊戌條而衍。

〔四三〕乙卯月入南斗口中　「乙卯」上疑脱「五月」二字。按此承上乃太和三年三月十三日乙卯。

劉次沅考證云：驗證顯示三月乙卯月在角，不合；五月十四日乙卯月入南斗口中。

〔四四〕七月癸未月犯心　「癸未」，疑是「丁未」之訛。按太和三年七月辛丑朔，無癸未。本志三記太和三年七月丁未、十月丙申「月再犯心大星」，志三記月變大抵即採自志二。南齊書卷一二天文志上：「建元元年（當魏太和三年）七月丁未，月犯心大星北一寸」，丁未爲初七日。劉次沅考證證實丁未合。

〔四五〕乙酉月掩熒惑　「乙酉」上疑脱「閏月」二字。按此承上亦在太和四年二月，劉次沅考證云：驗證顯示二月十九日乙酉月在房，不合，閏九月二十二日乙酉月犯火星，幾掩。按志例，此條且當另提行。

〔四六〕東井北河北河　殿本考證云：「兩『北河』字，其一必『南河』之訛也，或重出。」按本志三太和五年條下注作「東井軒轅北河」，疑上『北河』字本作「軒轅」，涉下「北河」而訛。

〔四七〕戊戌月犯心　「戊戌」上疑脱「六月」二字。按此承上文乃太和五年二月，是月辛卯朔，戊戌初八日，反在上條甲辰十四日後，失序。劉次沅考證云：驗證顯示二月初八戊戌月在井，不合，六月初十戊戌月犯心後星。

〔四八〕六年正月任城王雲薨　按本書卷七上高祖紀上，任城王雲薨在太和五年四月，卷一九中任城王雲傳亦記其卒於太和五年。疑此處記年月皆誤。

〔四九〕五月戊申月入南斗口中　「戊申」，疑爲「戊辰」之訛。按太和六年五月甲寅朔，無戊申。劉次沅考證云：驗證顯示五月十五戊辰月入南斗口中。

〔五〇〕四月丁亥月蝕斗癸亥月犯昴　按太和八年四月癸卯朔，無丁亥。彭校據南齊書卷一二天文志上「永明二年（當魏太和八年）四月丁巳，月在南斗宿蝕」，謂此「丁亥」乃「丁巳」之誤。劉次沅考證云：驗證顯示五月十五日丁亥，月全食於斗宿，四月二十一日癸亥，月在危，不合；六月二十二日癸亥，月犯昴。相鄰二月不得俱有月食，疑此「四月丁亥」乃下「五月丁亥」重出，且「癸亥」上脱「六月」二字。

〔五一〕戊申月犯東井　按太和九年正月己巳朔，無戊申，本志三太和十年注文同誤。此條上承正月初九日丁丑，下接四月十一日丁未，其間惟二月十一日戊申。劉次沅驗證顯示二月戊申，月在柳，不合；正月初十戊寅，月犯東井距星。

〔五二〕左僕射陸叡　原作「右僕射陸叡」。按本書卷七下高祖紀下太和十六年八月作「左僕射陸叡」，陸叡此年北征時爲左僕射，亦見卷四〇陸叡傳，今據改。

〔五三〕十一月己巳月犯畢　「己巳」，原作「乙巳」。按太和十五年十一月己未朔，無乙巳。南齊書卷一二天文志上永明九年（當魏太和十五年）作「己巳」，彭校據謂此處「乙巳」爲「己巳」之訛。劉次沅考證云：驗證顯示己巳「月犯畢大星」。是月己巳爲十一日，下辛未爲十三日，日序亦合，今據改。

〔五四〕十二月辛卯月蝕盡　「辛卯」，疑爲「癸卯」之訛。按太和十五年十二月戊子朔，辛卯爲初四日，不得有月食。劉次沅考證云：驗證顯示是月十六日癸卯月全食。

〔五五〕五月壬子月掩南斗第六星　按太和十六年五月丙辰朔，無壬子。南齊書卷一二天文志上永明十年（當魏太和十六年）記「五月己巳月掩南斗第三星」，己巳十四日，下甲戌十九日，日序亦合。彭校據謂此「壬子」爲「己巳」之訛。劉次沅驗證顯示「己巳」天象合。

〔五六〕二十年七月廢皇后馮氏　「七月」，原作「十月」。按本書卷七下高祖紀下，事在是年七月。本志四太和十八年條也作「七月」。「十」乃「七」字之訛，今據改。

〔五七〕癸亥月入東井　「癸亥」，疑爲「己亥」之訛。按太和十六年十月甲申朔，上辛卯爲初八日，無癸亥。劉次沅考證云：驗證顯示是月十六日己亥月入東井口中。

〔五八〕十七年正月乙丑月犯軒轅　「乙丑」，原作「己丑」。按是月壬子朔，無己丑。南齊書卷一二天文志上永明十一年（當魏太和十七年）繫在正月乙丑，彭校據謂此「己丑」乃「乙丑」之訛。劉次沅考證云：驗證顯示正月十四乙丑月犯軒轅大星。今據改。

〔五九〕二月甲午月入太微壬寅月掩南斗第六星　「二月」，原作「三月」，按太和十七年三月辛亥朔，無甲午、壬寅二日。南齊書卷一二天文志上繫此二日月變於永明十一年二月。二月甲午爲十三日、壬寅爲二十一日，日序合。劉次沅考證證實二月甲午、壬寅天象俱天象合。今據改。

〔六〇〕四月癸丑月入太微　「癸丑」，疑爲「己丑」之訛。按太和十七年四月辛巳朔，無癸丑。南齊書卷一二天文志上繫於永明十一年四月「乙丑」，亦無。劉次沅考證云：驗證顯示四月初九己丑，月入太微，犯屏南星。

〔六一〕二十年二月恒州刺史穆泰謀反伏誅多所連及　按本書卷七下高祖紀下，太和二十年十二月戊辰，「恒州刺史穆泰等在州謀反」；二十一年二月癸酉，孝文帝「至平城」，穆泰等定罪實在此時。此處「二十年」疑爲「二十一年」之誤，或「二月」上脱「十」字。

〔六二〕癸未月犯南斗第六星　「癸未」，疑爲「己未」之訛。按太和十七年七月己酉朔，無癸未。南齊書卷一二天文志上繫於是月己未。己未十一日，上丙辰爲初八日，下庚申爲十二日，日序合。劉次沅考證證實「己未」合。

〔六三〕二十一年四月大將軍宋王劉昶薨廣州刺史薛法護南叛　「二十一年」，原作「二十七年」。按太和止二十三年，本書卷七下高祖紀下、卷五九劉昶傳並記昶卒於二十一年，今據改。又薛法護降齊，據紀在二十年四月，與劉昶之死不在同年，疑「廣州刺史」上脱「二十年四月」五字。

〔六四〕九月庚申月蝕昴　按太和二十二年九月己卯朔，無庚申。劉次沅驗證顯示九月十七庚辰，月犯昴，疑「庚申」爲「庚辰」之誤。

〔六五〕六月癸未月掩房南頭第二星甲申月掩箕北頭第一星　「六月」，疑爲「七月」之訛。按太和二十三年六月乙巳朔，無癸未、甲申。劉次沅考證證實此二日月變在七月。七月乙亥朔，癸未初九、甲申初十。

〔六六〕張齊玉　本書卷八世宗紀景明二年十二月、卷九八島夷蕭道成傳、南齊書卷七東昏侯紀記此事並作「張齊」。張齊，梁書卷一七有傳。

〔六七〕己亥月暈　「己亥」上疑脱「閏月」二字。按景明三年四月己未朔，上癸酉爲十五日，無己亥，閏四月戊子朔，十二日己亥。

〔六八〕乙卯三老元丕薨　「乙卯」上疑脱「四年七月」四字。按此驗辭未繫年月，承上文乃景明三年八月，據本書卷八世宗紀，元丕卒於四年七月乙卯。

〔六九〕羊祉　原作「羊社」，殿本考證據本書卷八世宗紀景明四年正月乙亥以爲「『社』字乃『祉』字之訛」。按事亦見本書卷八九羊祉傳，今據改。

〔七〇〕七月戊午月犯房大星　劉次沅考證云：驗證顯示景明四年七月初八戊午，月犯心大星，幾掩。房宿無大星之説，疑「房」爲「心」字之誤。

〔七一〕壬申月暈昴畢觜參東井五車五星　「暈」，原作「犯」，本志三作「暈」。劉次沅考證云：驗證顯示七月二十二日壬申月在畢，無所犯，暈則可及昴、畢諸星。今據改。

〔七二〕乙未月暈太微帝坐軒轅　「乙未」，原作「己未」。按景明四年十二月己卯朔，無己未。上丁亥爲初九日，下庚子爲二十二日，則「己未」乃「乙未」十七日之訛。劉次沅考證證實「乙未」天象合。今據改。

〔七三〕戊午月暈五車三星東井南河北河輿鬼鎮星　「戊午」，原作「戊戌」，本志四正始三年注文記此月象於正始元年正月戊午。按是年正月戊申朔，無戊戌，戊午爲十一日。劉次沅考證驗證戊午月在井，暈則可及所述諸星。按志三、志四所記月變、星變，即出此志，今據改。

〔七四〕六月己巳月掩畢　「六月」，疑爲「八月」之訛。劉次沅考證云：驗證顯示永平元年六月十七日己巳月在室，不合；八月十八日己巳月犯畢。

〔七五〕十一月癸酉月犯左執法　「十一月」，疑爲「十月」之訛。按永平元年十一月庚辰朔，無癸酉。劉次沅考證云：驗證顯示十月二十三日癸酉月犯左執法。

〔七六〕諸犯罪者恕死從流已下減降　按本書卷八世宗紀延昌二年八月辛卯詔稱：「其殺人、掠賣人……依法行決；自餘恕死。徒流已下各準減降。」此處概述爲「諸犯罪者恕死」，與詔書不符，「從」當是「徒」字之訛。

〔七七〕八月癸丑　「八月」，疑爲「九月」之訛。按永平四年八月甲子朔，無癸丑，下丁巳、辛酉亦無；九月甲午朔，二十日癸丑、二十四日丁巳、二十八日辛酉，日序合。劉次沅考證證實九月各日天象亦合。

〔七八〕九月丁卯月及熒惑俱在七星　按延昌元年九月戊子朔，無丁卯，此處繫月或干支疑有誤。

〔七九〕十二月甲戌月犯熒惑於太微　「甲戌」，原作「戊戌」，本志四作「甲戌」。按延昌元年十二月丁巳朔，無戊戌，甲戌爲十八日。劉次沅考證證實「甲戌」天象合。今據改。

〔八〇〕三年六月南荆州刺史桓叔興破蕭衍軍於九江　「三年」，原作「二年」；「桓叔興」，原作「栢叔興」。按本書卷八世宗紀延昌三年六月記此事，作「桓叔興」。「桓叔興」又見本書卷一〇一蠻傳、梁書卷三武帝紀下普通二年七月。今據改。

〔八一〕十二月丙午月掩熒惑　「丙午」，疑爲「甲午」之訛。按延昌三年十二月乙亥朔，無丙午。劉次沅考證云：驗證顯示是月二十日甲午月掩熒惑。

〔八二〕四月癸卯月犯房　劉次沅考證云：驗證顯示熙平二年四月十三日癸卯月在亢，不合，是日火星犯房北第二星，疑此處「月」爲「熒惑」之誤。

〔八三〕十一月戊戌月暈觜參東井壬子月犯心小星　「十一月」，疑爲「十二月」之訛。按熙平二年十一月戊午朔，無戊戌、壬子，十二月戊子朔，戊戌爲十一日，壬子爲二十五日。劉次沅考證證實十二月天象合。

〔八四〕二年五月丁未月蝕　按正光二年五月戊辰朔，無丁未。劉次沅驗證顯示是年五月無月食，閏五月十五日壬子月全食。

〔八五〕五年二月庚寅　按正光五年二月壬子朔，無庚寅。劉次沅驗證顯示，二月初九庚申，月在參，暈則可及諸星。

〔八六〕十月丙戌月在畢暈昴畢觜兩肩五車二星　「兩肩」上疑脱「參」字。按晉書卷一一天文志上（下簡稱晉志上）云：參十星，「東北曰左肩，主左將；西北曰右肩，主右將」。本志記月暈，暈及「觜、參兩肩」十一例，單暈「參兩肩」二例。無單暈「兩肩」者。無「參」字，似觜亦有兩肩，誤。

〔八七〕乙丑月在危　「乙丑」上疑脱「七月」二字，「月」下脱「蝕」字。按此承上爲永安二年四月，然是月壬午朔，無乙丑。劉次沅驗證顯示是年七月十五乙丑，月在危偏食。

〔八八〕乙丑月熒惑同在軫　按永安二年十二月戊申朔，乙丑爲十八日，不當在下條丁巳初十之前，失序。本月下復記「乙丑，月在軫，掩熒惑」，與此「乙丑」月變同。疑此乃衍文。

〔八九〕五月甲申望前月蝕於午　按永安三年五月乙亥朔，甲申爲初十日，望前一日乃戊子，不得有月食。劉次沅考證云：驗證顯示次年五月十五日甲申月全食，食甚時適在正南，故曰「蝕於午」，疑此條繫年誤。然下普泰元年五月甲申自有記，且與此稱「望前」亦不合。

〔九〇〕六月乙巳月在畢大星北三寸許　「乙巳」，疑爲「己巳」之訛。按永安三年六月乙巳朔，不見月。劉次沅考證云：驗證顯示六月二十五日己巳，月在畢大星北三寸許。

〔九一〕辛丑月入軒轅后星北　按此承上是永安三年八月，是月甲辰朔，無辛丑。

〔九二〕己未月犯畢右股第一星　「己未」，疑爲「乙未」之訛。按普泰元年五月庚午朔，無己未。劉次沅考證云：驗證顯示是月二十六日乙未月犯畢。

〔九三〕永熙二年十一月乙丑月在畢　「十一月」，疑爲「十二月」之訛。按是年十一月乙酉朔，無乙丑。劉次沅考證云：驗證顯示是年十二月十一日乙丑月在畢，暈則可及所列諸星。

〔九四〕是月戊辰大赦天下　按永熙三年八月辛亥朔，戊辰爲十八日，此是上庚午月變驗辭，庚午爲二十日。志記天象之變，兆未然之事，此則是以已然之事應天變，與志例不合。劉次沅驗證顯示庚午月象合，八月戊辰大赦亦見本書卷一一出帝紀，則此當是列驗辭而干支失檢。

〔九五〕二年三月月暈北斗第二星　「月」字原不重。按此「三月」下當著干支，失載或是脱去，並及干支後之「月」字，今補一「月」字。

〔九六〕四月壬辰月蝕　「壬辰」，疑爲「丙辰」之訛。按興和三年四月壬寅朔，無壬辰。劉次沅驗證顯示當月十五日丙辰月食。

〔九七〕五年正月乙巳月犯畢大星昴東井觜參五車三星　劉次沅考證云：驗證顯示是年正月初七乙巳，月犯畢大星，其他各星不得同時犯，暈則可及，「昴」上疑脱「暈」字。又，「五車三星」，北監本、汲本、殿本、局本作「五車二星」。

魏書卷一百五之三〔一〕

天象志一之三第三

太祖皇始元年夏六月，有星彗于髦頭。彗所以去穢布新也，皇天以黜無道，建有德，故或馮之以昌，或繇之以亡。自五胡蹂躪生人，力正諸夏，百有餘年，莫能建經始之謀而底定其命。是秋，太祖啓冀方之地，寔始芟夷滌除之，有德教之音，人倫之象焉。終以錫類長代，脩復中朝之舊物，故將建元立號，而天街彗之，蓋其祥也。先是，有大黃星出于昴、畢之分，五十餘日。慕容氏太史丞王先曰：「當有真人起於燕代之間，大兵鏘鏘，其鋒不可當。」冬十一月，黃星又見，天下莫敵。是歲六月，木犯哭星。木，人君也，君有哭泣之事。是月，太后賀氏崩。至秋，晉帝殂。

二年六月庚戌，月奄金于端門之外〔二〕。戰祥也，變及南宮，是謂朝庭有兵。時燕王慕容寶已走和龍，秋九月，其弟賀麟復糾合三萬衆，寇新市，上自擊之，大敗燕師于義臺，悉定河北。而晉桓玄等連衡内侮，其朝庭日夕戒嚴。是歲正月，火犯哭星。占有死喪哭泣事。秋八月，又守井鉞。占曰「大臣誅」。十月，襄城王題薨。明年正月，右軍將軍尹國於冀州謀反，被誅。

天興元年八月戊辰，木晝見胃。胃，趙代墟也。□天之事。歲爲有國之君，晝見者並明而干陽也。天象若曰：且有負海君，實能自濟其德而行帝王事。是月，始正封畿，定權量，肆禮樂，頒官秩。十二月，羣臣上尊號，正元日，遂禋上帝于南郊。由是魏爲北帝，而晉氏爲南帝。

元年十月至二年五月，月再掩東蕃上相〔三〕。相所以蕃輔王室而定君臣位。天象若曰：今下凌上替而莫之或振，將焉用之哉？且曰：中坐成刑，貴人奪勢。是歲，桓玄專殺殷仲堪等，制上流之衆，晉室由是遂卑。是歲五月，辰星犯軒轅大星〔四〕。占曰「女主當之」。三年三月至七月，月再犯鎮星于牽牛，又犯哭星。爲兵喪、女憂。或曰月爲彊大之臣，鎮，所以正綱紀也。是爲彊臣有干犯者，在吳越。既而晉太后李氏殂，桓玄擅命江南，仍有艱故云。

三年三月，有星孛于奎，歷閣道，至紫微西蕃，入北斗魁，犯太陽守，循下台，轥南宮，履帝坐，遂由端門以出。奎是封豨，剥氣所由生也。又殷徐州之次，桓玄國焉，劉裕興焉。天象若曰：君德之不建，人之無援，且有權其列蕃，盜其名器之守而荐食之者矣：又將由其天步，席其帝庭，而出號施令焉。至四年三月甲寅，有大流星衆多西行〔五〕，歷牛、虛、危，絶漢津，貫太微、紫微。虛、危主靜人，牽牛主農政，皆負海之陽國也〔六〕。天象若曰：黎元喪其所食，失其所係命，卒至流亡矣；上不能恤，又將播遷以從之。其後晉人有孫恩之難，而桓玄踵之，三吴連兵荐飢，西奔死亡者萬計，竟篡晉主而流之尋陽，既又劫之以奔江陵。是歲三月甲子，月生齒。占曰「有賊臣」。七月丁卯，月犯天關。關，所以制畿封國也，月犯之，是爲兵起于郊甸。十月甲子，月又犯東蕃上相〔七〕。占同二年。既而桓玄戡金陵，殺司馬元顯、太傅道子。是歲秀容胡帥亦聚衆反〔八〕，伏誅。

五年四月辛丑，月掩辰星，在東井。月爲陰國之兵，辰象戰鬭。占曰「所直野軍大起，戰不勝，亡地，家臣死」。冬十月，帝伐秦師于蒙坑，大敗之，遂舉乾壁，關中大震。其上將姚平赴水死。是月戊申，月暈左角。太史令晁崇奏：「角蟲將死。」上慮牛疫，乃命諸將併重焚車。丙戌，車駕北引〔九〕。牛大疫，死者十有八九，官車所御巨犗數百，同日斃於路側，首尾相屬，麋鹿亦多死者。

五年三月戊子，太白犯五諸侯，晝見經天；九月己未，又犯進賢〔一〇〕。太白爲彊侯之誡，犯五諸侯，所以興霸形也。是時桓玄擅征伐之柄，專殺諸侯，以弱其本朝，卒以干君之明而代奪之。故皇天著誡焉，若曰：夫進賢興功，大司馬之官守也，而今自殘之，君於何有焉。是冬十月，客星白若粉絮，出自南宮之西，十二月入太微，亂氣所由也。以距乏之氣而乘粹陽之天庭，適足以驅除焉爾。明年，竟篡晉室，得諸侯而不終。是歲五月丙申，月犯太微；十月乙卯，又如之。月者太陰，臣象，太微正陽之庭，不當横行其中，是謂朝庭間隙，彊臣不制，亦桓玄之誡也。又占曰「貴人有坐之者」。明年七月，鎮西大將軍、毗陵王順以罪還第，亦是也。

五年七月己亥，月犯歲星〔一一〕，在鶉火鳥帑，南國之墟也。至天賜元年二月甲辰又掩之，在角。角爲外朝，而歲星，君也。天象若曰：有彊大之臣干君之庭，以挾其主而播遷于外。是歲桓玄之師敗績于劉裕，玄劫晉帝以奔江陵。至五月，玄死，桓氏之黨復攻江陵，陷之，凡再劫天子云。先是，六年六月甲辰，月掩斗魁第四星；至天賜元年五月壬申，又掩斗魁第三星〔一二〕；二年八月丁巳，又犯斗第一星。斗爲吴分。大人憂，將相戮，宫中有自賊者。及桓玄伏誅，貴臣多戮死者。江南兵革十餘歲乃定，故譴見于斗。

天賜二年四月己卯，月犯鎮星，在東壁〔一三〕；七月己未又如之〔一四〕；十月丁巳又掩之，在室。夫室星，所以造宫廟而鎮司空也。占曰「土功之事興」。明年六月，發八部人，自五百里内繕脩都城，魏於是始有邑居之制度。或曰，北宫後庭，人主所以庇衞其身也，鎮主后妃之位，存亡之基。而是時堅冰之漸著矣，故犯又掩再三焉。占曰「臣賊君邦，大喪」。是歲三月丁酉，月犯心前星；三年二月，月犯心後星；四年二月，又如之。心主嫡庶之禮。占曰「亂臣犯主，儲君失位，庶子惡之」。先是，天興六年冬十月至元年四月，月再掩軒轅。

占曰「有亂易政，后妃執其咎」。三年五月壬寅，熒惑犯氐。氐，宿宫也。天戒若曰：是時蠱惑人主而興内亂之萌矣，亦自我天視而脩省焉。及六年七月，宣穆后以彊死，太子微行人間，既而有清河、萬人之難。二年八月，火犯斗；丁亥，又犯建〔一五〕。斗爲大人之事，建爲經綸之始，此天所以建創業君。時劉裕且傾晉祚，而清河之釁方作矣，帝猶不悟。至是歲九月，火犯哭星。其象若曰：將以内亂，至于哭泣之事焉。由是言之，皇天所以訓劫殺之主熟矣，而罕能敦復以自悟，悲夫！

二年八月甲子，熒惑犯少微；庚寅，犯右執法；癸卯，犯左執法〔一六〕；十一月丙戌，太白掩鈎鈐。皆南邦之謫也。火象方伯，金爲彊侯，少微以官賢材而輔南宫之化，執法者威令所由行也。天象若曰：夫禄去公室，所由來漸矣，始則奮其賢材以爲其本朝，終以干其鈐鎋而席其威令焉。至三年十二月丙午，月掩太白于危。危，齊分也。占曰「其國以戰亡」。丁未，金、火皆入羽林。四年正月，太白晝見奎。是謂或稱王師而干君明者。占曰「天下兵起，魯邦受之」。二月癸亥，金、火、土、水聚于奎、婁〔一七〕。徐魯之分也。四神聚謀，所以革衰替之政，定霸王之命。五月己丑，金晝見于參〔一八〕。天意若曰：是將自植攻伐，以震其主，而代奪之云爾。八月辛丑，熒惑犯執法〔一九〕；九月，遂犯進賢。與桓氏同占。是時，南燕慕容氏兼有齊魯之墟，不務脩德，而驟侵晉淮、泗。六年四月，劉裕以晉師伐之，大敗燕師于臨朐，進克廣固，執慕容超以歸，戕諸建康。於是專其兵威，荐食藩輔，篡奪之形由此而著云。二年三月，月掩左執法；三年四月，又犯西蕃上將；己未，犯房次相；六月，火犯房次將。三年七月，太尉穆崇薨。四年，誅定陵公和跋，殺司空庾岳。又四年六月，火犯水左翼。八月，金掩火，犯左執法。占曰「大兵在楚，執法當之」。至五年，火犯天江。占曰「水賊作亂」。六月，金犯上將，又犯左執法。其後盧循作亂於上流，晉將何無忌戰死，左僕射孟昶仰藥卒，劉裕自伐齊奔命，僅乃克之。

六年六月，金、火再入太微，犯帝座，蓬、孛、客星及他不可勝紀。太史上言，且有骨肉之禍，更政立君，語在帝紀。冬十月，太祖崩。夫前事之感大，即後事之災深，故帝之季年妖怪特甚。是歲二月至九月，月三犯昴〔一〇〕。昴爲白衣會，宮車晏駕之徵也。十二月辛丑，金犯木於奎。占曰「其君有兵死者」。既而慕容超戮于晉。是歲四月，火犯水于東井。其冬，赫連氏攻安定，秦主興自將救之，自是侵伐不息。或曰「水火之合，內亂之形也」。時朱提王悅謀反，賜死。

太宗永興二年五月己亥，月掩昴〔一一〕。昴爲髦頭之兵，虜君憂之。是月，蠕蠕社崘圍長孫嵩于牛川，上自將擊之，社崘遁走，道死。六月甲午，太白晝見。占曰「爲不臣」。七月，月犯鬼。占曰「亂臣在內」。明年五月，昌黎王慕容伯兒謀反，誅之。是歲三月至秋八月，月三掩南斗第五星。斗，吳分也。且曰：彊大之臣有干天祿者，大人憂之。是月乙未，太白犯少徵，晝見；九月甲寅，進犯左執法。占曰「且有杖其霸刑，以戮社稷之衛而專威令者，徵在南朔」。先是，三月丁卯，月掩房次將；六月己丑，又如之；八月甲申，犯心前星。占曰「服斬者當之，君失馭，徵在豫州」。時劉裕謀弱晉室，四年九月，專殺僕射謝混，因襲荆州刺史劉毅于江陵，夷之。明年三月，又誅晉豫州刺史諸葛長人，其君託食而已。是歲八月壬午，太白犯軒轅大星[一二]。占曰「有亂易政，女君憂」。三年十一月丙午，金犯哭星。午，秦地。四年八月戊申，月犯哭星。申，晉地。是月，晉后王氏死；其後姚主薨。

三年六月庚子，月犯歲星，在畢；八月乙未，又犯之，在參；四年正月又蝕，在畢，直徵垣之陽。參在山河之右，歲星所以阜農事安萬人也。占曰「月仍犯之，邊萌阻兵而荐飢」。是歲六月癸巳，金、木合于東井；七月甲申，金犯土于井。占曰「其國内兵，有白衣之會」。十一月，土犯井；十二月癸卯，土犯鉞。土主疆理之政，存亡之機也，是爲土地分裂，有戮死之君，徵在秦邦。至五年二月丙午，火、土皆犯井。占曰「國有兵喪之禍，主出走」。是月壬辰，歲、填、熒惑、太白聚于井[一三]。將以建霸國之命也，其地君子憂，小人流。又自三年四月至五年三月，熒惑三干鬼。主命者將夭而國徙焉。是時雍州假王霸之號者六國，而赫連氏據朔方之地，尤爲彊暴，荐食關中，秦人奔命者殆路。間歲，姚興薨而難作于内。明年，劉裕以晉師伐之，秦師連戰敗績，執姚泓以歸，戕諸建康。既而遺守内攜，長安淪覆焉。或曰：自上黨並河、山之北，皆鬼星、參、畢之郊也。五年四月，上黨羣盜外叛。六月，濩澤人劉逸自稱三巴王。七月，河西胡曹龍入蒲子，號大單于。十月，將軍劉潔、魏勤擊吐京叛胡失利，勤力戰死，潔爲所虜。明年，赫連屈孑寇蒲子，三城諸將擊走之。其餘災波及晉、魏，仍其兵革之禍。二年九月，土犯畢，爲疆埸之兵。三年七月，木犯土于參。占曰「戰敗，亡地，國君死」。四年十月，月掩天關。其災同上。參，外主巴蜀。其後晉師伐蜀，戮其主譙縱。先是，四年閏月，月犯熒惑，在昴；七月，又蝕之。五年，將軍奚斤討越勤，大破之。明年，禿髮氏降于西秦，其君傉檀戮死。

神瑞元年二月，填入東井，犯天尊，旱祥也。天象若曰：土失其性，水源將壅焉；施于天尊，所以福矜寡之萌也。先是，去年九月至于五月，歲再犯軒轅大星；八月庚寅至二年三月，填再犯鬼積尸。歲星主農事，軒轅主雪霜風雨之神，返覆由之，所以告黃祇也。土爰稼穡，鬼爲物之精氣，是謂稼穡潛耗，人將以饉而死焉。一曰大旱。是後，京師比歲霜旱，五穀不登，詔人就食山東，以粟帛賑乏，語在崔浩傳。先是，月犯歲于畢。占曰「飢在晉代，亦其徵」。又鬼主秦，旱在秦邦。至二年，太史奏，熒惑在匏瓜中，一夜忽亡失之，後出東井，語在崔浩傳。既而關中大旱，昆明枯涸。是歲四月癸丑，流星晝見中天，西行。占曰「營頭所首，野有覆軍，流血西行，適在秦邦」。而魏人覲之，亦王師之戒也。天若戒魏師曰：是擁衆而西，固欲干君之明而代奪之爾，姑息人以觀變，無庸禦焉。先是五年三月，月犯太白于參；八月庚申，又犯之。參，魏分野。占曰「彊侯作難，國戰不勝」。九月己丑，月犯左角；是歲三月壬申，又蝕之。是謂以剛晉之兵合戰而偏將戮，徵在兗州。二年四月，太白入畢，月犯畢而再入之。占曰「大戰不勝，邊將憂，魏邦受之」。六月己巳，有星孛于昴南。天象若曰：且有驅除之雄，勿用距之于朔方矣。明年七月，劉裕以舟師泝河。九月，裕陷我滑臺，兗州刺史尉建以畏懦斬。時崔浩欲勿戰，上難違衆議，詔司徒嵩率師迓之，及晉人戰于畔城，魏師敗績，語在崔浩傳。裕既定關中，遽歸受禪，既而赫連氏并之，遂竊尊號云。

自元年正月至泰常元年十月，月三犯畢，再入之，再犯畢陽星。占曰「邊兵起，貴人有死者」。元年十二月，蠕蠕犯塞，上自將，大破之。二年，上黨胡反，詔五將討平之。泰常元年，長樂、河間、南陽王皆薨。二年，豫章王又薨，常山霍季聚衆反，伏誅。

二年四月辛巳，有星孛于天市。五月甲申，彗星出天市，掃帝座，在房心北。市所以建國均人，心，宋分也。國且殊號，人將更主，其革而爲宋乎？先是，往歲七月，月犯鈎鈐；十一月，月食房上相；至元年二月，又如之。天象若曰：尚戶鈐鍵之位，君憑而尊之者，又將及矣。是歲八月，金、木合于翼。占曰「且有內兵，楚邦受之」。至泰常二年正月，晉荆州刺史司馬休之、雍州刺史魯宗之爲劉裕所襲，皆出奔走〔二四〕。是歲十月，鎮星守太微，七十餘日。占曰「易代立王」。其三年三月癸丑，太白犯五諸侯，如桓氏之占。七月，有流星孛于少微，以入太微。自劉氏之霸，三變少微以加南宮矣。始以方伯專之，中則霸形干之，又今孛政除之。馴而三積，堅冰至焉。是月，辰星見東方，在翼，甚明大。翼，楚邦也，是爲冢臣干明，賊人其昌。先是，五年十一月壬子〔二五〕，辰星出而明盛非常。至泰常二年十二月庚戌，辰星過時而見，光色明盛。是爲彊臣有不還令者。至是又如之，亦三至焉。或曰辰星以負北海，亦魏將大興之兆。九月，長彗星孛于北斗，轢紫微，辛酉，入南宮，凡八十餘日。十二月，彗星出自天津，入太微，逕北斗，干紫宮，犯天棓，八十餘日，及天漢乃滅，語在崔浩傳。是歲，晉安帝殂，後年而宋篡之。夫晉室雖微，泰始之遺俗也，蓋皇天有以原始篤終，以哀王道之淪喪，故猶著二微之戒焉。神瑞二年四月，木入南宮，加右執法；五月，火又如之。八月，金入自掖門，掩左執法；泰常元年六月，又由掖門入太微。五月，火犯執法。是冬，土守天尊而月掩之。三年八月，土又入太微，犯執法，因留二百餘日。九月，金又犯右執法。十月，火犯上將，因留左掖門內二十日，乃逆行；四年三月，出西蕃，又還入之，繞填星成句已；四月丙午，行端門出〔二六〕。皆晉氏之讁也。自晉滅之後，太微有變多應魏國也。

泰常三年十月辛巳，有大流星出昴，歷天津，乃分爲三，須臾有聲。占曰「車騎滿野，非喪即會」。明年四月，帝有事于東廟，蕃服之君以其職來祭者，蓋數百國也。是歲正月己酉，月犯軒轅；四月壬申，又犯填星，在張；四年五月，辰星又犯軒轅。占曰「國有喪，女君受之」。明年五月，貴人姚氏薨，是爲昭哀皇后。六月，貴嬪杜氏薨，是爲密后。先是，二年九月，火犯軒轅；三年八月，金又犯之。占同也。

四年，自正月至秋七月，月行四犯太微。天象若曰：太微粹陽之天庭，月者臣也，今横行轥之，不已甚乎。先是，元年五月，月犯歲星，在角〔一七〕。是歲七月，月又犯歲星。明年，宋始建國。後年而晉主殂，裕鴆之也。昔桓氏之難，月再干歲星，再劫其主。至是，亦再犯之而再勦其君，極其幽逼之患，而濟以簒殺之禍，斯謂之甚矣。先是，三年九月，月犯火于鶉尾；十二月，又犯火于太微。是歲五月，月犯太白，在井；十月，又犯之，在斗〔一八〕，且再犯井星。皆有兵水大喪，諸侯有死者。七月，雁門、河内大水〔一九〕。五年三月，南陽王意文死。十一月，西涼李歆爲沮渠所滅，晉君亦殂，秦、吴亡之應。

五年十一月乙卯，熒惑犯填星，在角。角，外朝也，土爲紀綱，火主内亂，會于天門，王綱將紊焉。占曰「有死君逐主，后妃憂之」。十二月，月蝕熒惑，在亢。亢，内庭也。占曰「君薨而亂作于内，貴臣以兵死」。是月，客星見于翼。翼，楚邦也。占曰「國更服，邊有急，將軍或謀反者」。六年二月，月食南斗杓星。十月乙酉，金、土鬬于亢。占曰「内兵且喪，更立王公」。又兗州，陳、鄭之墟也，有攻城野戰之象焉。至七年正月，犯南斗；三月壬戌，又犯之[三〇]。斗爲人君受命，又吳分。是歲五月，宋武殂。秋九月，魏師侵宋北鄙。十一月，攻滑臺，克之。明年，拔虎牢，陷金墉，屠許昌，遂啓河南之地。八年，宋太后蕭氏死，既大臣專權，遷殺其主，卒皆伏誅。自五年八月至七年十二月，熒惑一守軒轅，再犯進賢，再犯房星，月一犯軒轅及房。皆女君大臣之戒。是時陽平、河南王，太尉穆觀相次薨，而宋氏廷臣乘釁以侮其主，竟以誅死云。或曰火犯土、亢，爲飢疾。時官軍陷武牢，會軍大疫，死者十二三。是冬，詔禀飢人。

六年六月壬午，有大流星出紫宮。占曰「上且行幸，若有大君之使」。明年，駕幸橋山，祠黃帝，東過幽州，命使者觀省風俗。十月，上南征。八年春，步自鄴宮，遂絕靈昌，至東郡，觀兵成皋，反自河內，登太行山，幸高都，飲至晉陽焉。

七年二月辛巳，有星孛于虛、危，向河津。占曰「玄枵所以飾喪紀也，宗廟並起，司人疑更謀，有易政之象」。十一月甲寅，彗星出室，掃北斗，及于□門。占曰「內宮幾室，主命將，易塞垣，有土功之事，其地又齊、衞也」。八年正月，彗星出奎南，長三丈，東南掃河。奎爲荐食之兵，徐方之地。占曰「西北之兵伐之，君絕嗣，天下饑」。七年十二月，帝命壽光侯叔孫建徇定齊地。八年春，築長城，距五原二千餘里，置守卒，以備蠕蠕。冬十月，大饑。十一月己巳，上崩于西宮。明年，宋廢其主。由是南邦日蹙，齊衞之地盡爲兵衝。及世祖即政，遂荒淮沂以負東海云。八年二月丙寅，火守斗〔三一〕，亦南邦之謫也。十一月，彗星孛于土司空。司空主疆理邦域，且曰有土功哭泣事。後年，赫連屈孑薨，太武征之，取新秦之地，由是征伐四克，提封萬里云。

世祖始光元年正月壬午，月犯心大星。心爲宋分，中星者君也，月爲大臣，主刑事。是歲五月，宋權臣徐羨之、謝晦、傅亮放殺其主，而立其弟宜都王，是爲宋文帝。至十月，火犯心。天戒若曰：是復作亂以干其君矣。十月壬寅，大流星出天將軍，西南行，殷殷有聲。占曰「有禁暴之兵，上將督戰，以所首名之」。三年正月，歲星食月在張。張，南國之分。歲之於月，少君之象，今反食之，且誅彊大之臣。是月，羨之等戮死，謝晦興江陵之甲以伐其君，宋將檀道濟帥師禦之，晦又奔潰伏誅。或曰：是歲上伐赫連氏，入其郛。夏都直代西南〔三二〕，亦奔星應也。

二年五月，太白晝見經天。占曰「時謂亂紀，革人更王」。六月己丑，火入羽林，守六十餘日。占曰「禁兵大起，且有反臣之戒」。

三年十月，有流星出西南而東北行，光明燭地，有聲如雷，鳥獸盡駭。占曰「所發之野有破國遷君，西南直夏而首于代都焉。著而有聲，盛怒也」。

四年五月辛酉，金、水合于西方〔三三〕。占曰「兵起，大戰」。先是，三年正月，宋人有謝氏之難，王卒盡出。冬十一月，上伐赫連昌，入其郛，徙萬餘家以歸。是歲復攻之，六月，大敗昌于城下，昌奔上邽，遂拔統萬，盡收夏器用，虜其母弟妻子，由是威加四隣，北夷讋焉。

神䴥元年五月癸未，太白犯天街。占曰「六夷髦頭滅」。二年五月，太白晝見。占曰「大兵且興，彊國有弱者」。是月，上北征蠕蠕，大破之，虜獲以鉅萬計，遂降高車，以實漠南，闢地數千里云。

三年六月，火犯井、鬼，入軒轅。占曰「秦憂兵亂，有死君。又旱饑之應」。丙子，有大流星出危南，入羽林。占曰「兵起，負海國與王師合戰」。是歲，自三月至十月，太白再犯歲星，月又犯之。占曰「有國之君或罹兵刑之難者，且歲饉」。十二月丙戌，流星首如甕〔三四〕，長二十餘丈，大如數十斛船，色正赤，光燭人面，自天船及河，抵奎大星，及于壁。占曰「天船以濟兵車，奎爲徐方，東壁，衞也，是爲宋師之祥。昭盛者，事大也」。是歲六月，宋將到彦之等侵魏，自南鄙清水入河，泝流而西，列屯二千餘里。九月，帝用崔浩策，行幸統萬，遂擊赫連定於平涼。十一月，克之，悉定三秦地。明年，大師涉河，攻滑臺，屠之，宋人宵遁。是時，赫連定轉攻西秦，戮其君乞伏慕末。吐谷渾慕容璝又襲擊定，虜之，以彊死者，再君焉。是歲二月，定州大饉，詔開倉賑乏。或曰：奎星羽獵，理兵象也；流星抵之而著大，是爲大人之事。冬十月，上大閱于漠南，甲騎五十萬，旌旗二千餘里，又明盛之徵。四年，金、火入東井，火又犯天户；明年正月，又犯鬼。占曰「秦有兵喪」。而至秦夏出夷威〔三五〕，沮渠蒙遜又死，氐主楊難當陷宋之漢中地云。

四年三月，有大流星東南行，光燭地，長六七丈，食頃乃滅，後有聲。占曰「大兵從之」。是時諸將方逐宋師，至歷城不及。有聲，駿犇之象也。四月辛未，太白晝見于胃。胃爲趙分。五月，太白犯天關；十月丙辰，月又掩之〔三六〕。天關外主勃、碣，山河之險窮焉。占曰「兵革起」。九月丙寅，有流星大如斗，赤色，發太微，至北斗而滅。太微，禮樂之庭，且有昭德之舉，而述宣王命，是以帝車受之。是月壬申，有詔徵范陽盧玄等三十六人，郡國察秀、孝數百人，且命以禮宣喻，申其出處之節。明年六月，上伐北燕，舉燕十餘郡，進圍和龍，徙豪傑三萬餘家以歸。四年八月，金入太微，亦君自將兵象。明年正月庚午，火入鬼。占曰「秦有死君」。四月己丑，太白晝見，爲不臣。其後秦王赫連昌叛走伏誅之應也。

延和元年七月，有大流星出參左肩，東北入河乃滅。參主兵政，晉、魏墟也，山河所首，推之大兵將發于魏以加燕國。八月癸未，太白犯心前星；乙酉，又犯心明堂。占曰「有亡國，近期二年」。十二月，有流星大如甕，尾長二十餘丈，奔君之象。比歲連兵東討，至太延二年三月，燕後主馮文通去國奔高麗。元年四月，月犯左角；五月，月掩斗；七月，月食左角。皆占曰「兵大起」。其後征西將軍金崖、安定鎮將延普、涇州刺史狄子玉爭權，崖及子玉舉兵攻普不克，據胡空谷反，平西將軍陸俟討獲之。

三年三月丙辰，金晝見，在參。魏邦戒也。閏月戊寅，金犯五諸侯。占曰「四滑起，官兵起亂」。疑己丑，月入井，犯太白〔三七〕。占曰「兵起合戰，秦邦受之」。七月，上幸隰城，詔諸軍討山胡白龍，入西河。九月，克之，伏誅者數千人。而宋大將軍、彭城王義康方擅威福，後竟幽廢。是歲二月庚午，月犯畢口而出，因暈昴及五車。占曰「貴人死」。五月甲子，陰平王求薨。

太延元年五月，月犯右執法；九月，火犯太微上將，又犯左執法；十月丙午，月犯右執法；二年二月，月犯東蕃上相；三月，月及太白俱犯右執法及上相；三年八月，火犯左執法及上將；五年二月，木逆行犯執法。皆大臣譴也。元年十月，左僕射安原謀反，誅。三年正月，征東大將軍、中山王纂，太尉、北平王長孫嵩，鎮南大將軍、丹陽王叔孫建皆薨。其後，宋大將軍義康坐徙豫章，誅其黨與，僕射殷景仁亦尋卒焉。元年五月，彗出軒轅；二年正月，月犯火，月，后妃也；三年七月，木犯軒轅；至五年七月，月奄填星。並女主譴也。真君元年，太后竇氏殂，宋氏皇后亦終。或曰彗出軒轅，女主有爲寇者。其後沮渠氏失國，實公主潛啓魏師。

二年五月壬申，有星孛于房。占曰「名山崩，有亡國」。八月丁亥，木入鬼，守積尸；

十一月辛亥，又犯鬼。鬼，秦分，天戒若曰：涼君淫奢無度，財力窮矣，將喪國，身爲戮焉。二年正月、四年十一月，月皆犯井，亦爲秦有兵刑。

三年正月壬午，有星晡前晝見東北，在井左右，色黄，大如橘。魏師之應也。黄星出于燕墟而慕容氏滅，今復見東井，涼室亡乎？四年四月己酉，華山崩。華山，西鎮也。天又若曰：星孛于房，既有徵矣，鎮傾而國從之。先是，元年十二月，金犯羽林；二年十二月至四年十一月，火再入之。五年五月，太白晝見胃、昴，入羽林，遂犯畢。畢又邊兵也。六月，上自將西征。秋八月，進圍姑臧。九月丙戌，沮渠牧犍帥文武將吏五千餘人面縛來降。明年，悉定涼地。或曰星孛于房，爲大臣之事，又饉祥也。火入鬼，犯軒轅，又稼穡不成。自元年已來，將相薨尤衆。至真君元年，州鎮十五盡飢。

四年十月壬戌，大流星出文昌，入紫宫，聲如雷。天象若曰：將相或以全師禦衛帝宫者，其事密近，有震驚之象焉。明年六月，帝西征，詔大將軍嵇敬等帥衆二萬屯漠南[三八]，以備暴寇。九月，蠕蠕乘虚犯塞，遂至七介山，京師大駭，司空長孫道生等并力拒之，虜乃退走。是月壬午，有大流星出紫微，入貫索，長六丈餘。占曰「有大君之命」。貫索，賤人牢也。明年，帝命侍臣行郡國，觀風俗，問其所疾苦云。

真君二年七月壬寅，填星犯鉞。鎮者，國家所安危，而爲之綱紀者也，其嬰鈇鉞之戮而君及焉。自元年十一月至此月，歲星三犯房上相。歲星爲人君，今反覆由之，循省鈎鈐之備也。天若戒輔臣曰：涼邦卒滅，敵國殫矣，而猶挾震主之威，負百勝之計，盍思盈亢之戒乎？是時，司徒崔浩方持國鈞，且有寵於上。明年，安西李順備五刑之誅，而由浩鍛成之。後八年，竟族滅無後。夫天哀賢良而示以明訓夙矣，罕能省躬以先覺，豈不悲哉！浩誅之明年，卒有景穆之禍，後年而亂作。

三年三月癸未，月犯太白。占曰「大兵起，合戰」。九月乙丑，有星孛于天牢，入文昌、五車，經昴、畢之間，至天苑，百餘日與宿俱入西方。天象若曰：且有王者之兵，彗除髦頭之域矣，貴臣預有戮焉。明年正月，征西將軍皮豹子大敗宋師于樂鄉。九月，上北伐，樂平王丕統十五將爲左軍，中山王辰統十五將爲右軍，上自將中軍。蠕蠕可汗不敢戰，亡，追至頓根河〔三九〕，虜二萬餘騎而還。中山王辰等八將軍坐後期，皆斬。或曰：彗由昴、畢，貴人多死。十一月，太保盧魯元薨〔四〇〕。五年二月，樂平王丕薨。

六年二月，太白、熒惑、歲星聚于東井。占曰「三星合，是爲驚立絶行，其國內外有兵與喪，改立王公」。九月，盧水胡蓋吳據杏城反，僭署百官，雜虜皆響從，關內大震。十一月，將軍叔孫拔敗吳師于渭北。至七年正月，太白犯熒惑。占曰「兵起，有大戰」。時上討吳黨於河東，屠之，遂幸長安。二月，吳軍敗績于杏城，棄馬遁去，復收合餘燼。八月乃夷之。五年五月，月犯心；六年四月，又如之。占曰「兵犯宋邦」。是月，太白入軒轅。占曰「有反臣」。是冬，宋太子詹事范曄謀反，誅。詔高涼王那徇淮泗，徙其人河北焉。

九年正月，火、水皆入羽林。占曰「禁兵大起」。四月，太白晝見經天。十年五月，彗星出于昴北。此天所以滌除天街而禍髦頭之國也。時間歲討蠕蠕。是秋九月，上復自將征之，所捕虜凡百餘萬矣。是歲七月，太白犯哭星。占曰「天子有哭泣事」。明年春，皇子真薨。

十年十月辛巳，彗星見于太微〔四一〕。占曰「兵喪並興，國亂易政，臣賊主」。至十一年正月甲子，太白晝見，經天；四月，又如之。占曰「中歲而再干明，兵事尤大，且革人更王之應也」。是歲十月甲辰，熒惑入太微；十二月辛未，又犯之；癸卯，又如之〔四二〕。占曰「臣將戮主，君將惡之，仍犯事荐也」。先是，八年正月庚午，月犯心大星；九年正月，犯歲星；是歲九月，太白又犯歲星。至正平元年五月，彗星見卷舌，入太微。卷舌，讒言之戒。六月辛酉，彗星進逼帝坐；七月乙酉，犯上相，拂屏，出端門，滅于翼、軫；辛酉，直陰國〔四三〕。翼、軫爲楚邦，于屏者，蕭牆之亂也。天象若曰：夫膚受之譖寔爲亂階，卒至芟夷主相，而專其大號，雖南國之君由遷及焉。先是，去年十月，上南征絕河。十二月，六師涉淮，登瓜步山觀兵，騎士六十萬，列屯三千餘里，宋人兇懼，饋百牢焉。是年正月，盡舉淮南地，俘之以歸，所夷滅甚衆。六月，帝納宗愛之言，皇太子以殭死。明年二月，愛殺帝于永安宮，左僕射蘭延等以建議不同見殺〔四四〕。愛立吳王余爲主，尋又賊之。荐災之驗也。間歲，宋太子劭坐蠱事泄，亦殺其君而僭立，劭弟武陵王駿以上流之師討平之。滅於翼軫之徵也。先是，七年八月，月犯熒惑；八月至十一月，又犯軒轅。是歲正月，太白經天。九月火犯太微。十月，宗愛等伏誅，高宗踐阼。至十一月，録尚書元壽、尚書令長孫渴侯以爭權賜死，太尉黎、司徒弼又忤旨左遷。孛于屏相之應也。明年五月，太后崩〔四五〕。

高宗興安二年二月，有星孛于西方。占曰「凡孛者，非常惡氣所生也，內不有大亂，外且有大兵」。至興光元年二月，有流星大如月，西行。占曰「奔星所墜，其野有兵，光盛者事大」。先是，京兆王杜元寶、建康王崇、濟南王麗、濮陽王閭文若、永昌王仁，相次謀反伏誅。是歲，宋南郡王義宣及魯爽、臧質以荆豫之師構逆，大將王玄謨等西討，盡夷之。或曰：彗加太微、翼、軫之餘禍也。春秋，星之大變，或災連三國之君，其流炎之所及，二十餘年而後弭。至是彗干天庭，二太子首亂，三君爲戮，侯王辜死者幾數十人。由此言之，皇天疾威之誡，不可不惕也。

太安元年六月辛酉，有星起河鼓，東流，有尾跡，光明燭地。河鼓爲履險之兵，負海之象也。昭盛爲人君之事，星之所往，君且從之。間二歲，帝幸遼西，登碣石以臨滄海，復所過郡國一年，又尾迹之徵。是歲五月，火入斗。斗主形命之養。其後三吳荐飢，仍歲疾疫。

三年夏四月，熒惑犯太白〔四六〕。占曰「是謂相鑠，不可舉事用兵，成師以出而禍其雄之象也」。明年，宋將殷孝祖侵魏南鄙，詔征南將軍皮豹子擊之，宋軍大敗。或曰：金火合，主喪事。明年十月，金又犯哭星。十二月，征東將軍、中山王託真薨。

三年十一月，熒惑犯房鈎鈐星。是謂彊臣不御，王者憂之。至四年正月，月入太微，犯西蕃；三月，又犯五諸侯。占曰「諸侯大臣有謀反伏誅者」。是月，太白犯房，月入南斗。皆宋分。占曰「國有變，臣爲亂」。十一月，長星出於奎，色白，蚰行，有尾跡，既滅，變爲白雲。奎爲徐方，又魯分也。占曰「下有流血積骨」。明年，宋兗州刺史竟陵王誕據廣陵作亂，宋主親戎，自夏涉秋，無日不戰，及城陷，悉屠之。

四年八月，熒惑守畢，直徽垣之南。占曰「歲饉」。至五年二月，又入東井。占曰「旱兵飢疫，大臣當之」。六月，太白犯鉞。占曰「兵起，更正朔」。是歲二月，司空伊馛薨。十二月，六鎮、雲中、高平、雍、秦飢旱。明年，改年爲和平。至六月，諸將討吐谷渾什寅，遂絶河窮躡之，會軍大疫乃還。是歲三月，流星數萬西行。占曰「小流星百數四面行者，庶人遷之象〔四七〕」。既而吐谷渾舉國西遁，大軍又隨躡之。

四年九月，月犯軒轅；十二月，犯氐；至五年正月，月掩軒轅，又掩氐東南星。皆后妃之府也。和平元年正月丁未，歲犯鬼。鬼爲死喪，歲星，人君也，是爲君有喪事。三月，月掩軒轅。四月戊戌，皇太后崩於壽安宮。宋志云：人間宣言，人主帷箔不修，故謫見軒轅。又五年十一月，月犯左執法；明年十一月，又犯之〔四八〕。占曰「大臣有憂」。和平二年，征東將軍、河東王閭毗薨。十月，廣平王洛侯薨。

和平元年十月，有長星出於天倉，長丈餘。饉祥也。二年三月，熒惑入鬼。是謂稼穡不成，且曰萬人相食。其後定相阻飢，宥其田租。時三吴亦仍歲凶旱，死者十二三。先是，元年四月，太白犯東井。井、鬼皆秦分，雍州有兵亂。自元年六月，月犯心大星，三犯前後于房。心，宋分。時宋君虐其諸弟，後宮多喪，子女繼夭，哭泣之聲相再。是歲，詔諸將討雍州叛氐，大破之。宋雍州刺史、海陵王休茂亦稱兵作亂。間歲而宋主殂，嗣子淫昏，政刑紊焉。先是，元年十月，太白入氐。占曰「兵起後宮，有白衣會」。三年五月，歲星犯上將。占曰「上將憂之」。三年八月，月犯哭星。皆宋祥也。是歲，樂良王萬壽及征東大將軍、常山王素並薨。

二年三月辛巳，有長星出天津，色赤，長匹餘，滅而復出，大小百數。天津，帝之都，船所以渡，神通四方，光大且衆，爲人君之事。天象若曰：是將有千乘萬騎之舉，而絶逾大川矣。是月，發卒五千餘，通河西獵道。後年八月，帝校獵于河西，宋主亦大閲舟師，巡狩江右云。

二年九月，太白犯南斗。斗，吴分。占曰「君死更政，大臣有誅者」。十一月，太白犯填。填，女君也，且曰有内兵、白衣會。至三年九月，火犯積尸。占曰「貴人憂之，斧鉞用」。十月，太白犯歲星。歲爲人君，而以兵喪干之，且有死君簒殺之禍。是月，熒惑守軒轅。占曰「女主憂之，宫中兵亂」。十一月，歲入氐。氐爲正寢，歲爲有國之君。占曰「諸侯王有來入宫者」。五年二月，月入南斗魁中，犯第四星〔四九〕。占曰「大人憂，太子傷，宫中有自賊者；又大赦」。既而宋孝武及宋后相繼崩殂，少主荐誅輔臣，釁連戚屬，羣下相與殺之，而立宋明帝。江南大饑，且仍，有肆眚之令焉。先是，三年六月，太白犯東井；七月，火入井；四年五月，金、火皆犯上相；五年六月，火又入井。占曰「大臣憂，斧鉞用」。六年七月，月犯心前星。是月，宋殺少主，其後有乙渾之難。

五年七月丁未，歲星守心。心爲明堂，歲爲諸侯，爲長子。入而守之，立君之象。占曰「凡五星守心，皆爲宫中亂賊，羣下有謀立天子者」。七月己酉，有流星長丈餘，入紫微，經北辰第三星而滅。占曰「有大喪」。九月丁酉，火入軒轅。十一月，長星出織女，色正白，彗之象也。女主專制，將由此始，是以天視由之。長星，彗之著，易政之漸焉。冬，熒惑入太微，犯上將；十二月，遂守之。占曰「公侯謀上，且有斬臣」。六年正月乙未，有流星長丈餘，自五車抵紫宫西蕃乃滅。天象若曰：羣臣或脩霸刑，而干蕃輔之任矣。且占曰「政亂有奇令」。四月，太白犯五諸侯。占曰「有專殺諸侯者」。五月癸卯，上崩于太華殿，車騎大將軍乙渾矯詔殺尚書楊寶年等于禁中〔五〇〕。戊申，又害司徒、平原王陸麗。明年，皇太后定策誅之。太后臨朝，自馮氏始也。或曰：心爲宋分。是歲六月，歲星晝見于南斗。斗爲天禄，吴分也。天象若曰：或以諸侯干君而代奪之。是冬，宋明帝以皇弟踐阼，孝武諸子舉兵攻之，四方響應，尋皆伏誅。有太白之刑與歲星之祐焉。是歲三月，有流星西行，不可勝數，至明乃止。至六月己卯，又有流星，多西南行。星衆而小，庶人象也，星之所首，人將從之。及宋討孝武諸子，大兵首自尋陽，進平荆雍。其後張永之師敗績于吕梁，魏師盡舉淮右，俘其人，又西流之效也。

顯祖天安元年正月戊子，太白犯歲星。歲，農事也，肅殺干之，是爲稼穡不登。六月，熒惑犯鬼。占曰「旱饑疾疫，金革用」。八月丁亥，太白犯房。占曰「霜雨失節，馬牛多死」。九月甲寅，熒惑犯上將，太白犯南斗第三星〔五一〕。占曰「貴人將相有誅者」。十一月己酉，太白又犯歲星。或曰歲爲諸侯，太白主兵刑之政，再干之，事洊也。是歲九月，州鎮十一旱饑。十月，宋氏六王皆戮死。明年，宋師敗于吕梁，江南阻饑，牛且大疫。其後，東平王道符擅殺副將及雍州刺史，據長安反，詔司空和其奴討滅之。九月，詔賜六鎮孤貧布帛，宋主以後宫服御賜征北將士。後歲夏，旱，河決，州鎮二十七皆饑，尋又天下大疫。元年六月，太白犯左執法；十月，火又犯之。占曰「大臣有憂，霸者之刑用」。是歲六月，月犯井；十月，又掩之。皇興元年正月，月犯井北轅第二星〔五二〕；八月，又蝕之。占曰「貴人當之，有將死，水旱祥也」。道符作亂之明年，司空和其奴、太宰李峻皆薨〔五三〕。

皇興元年四月，太白犯鎮星。占曰「有攻城略地之事」。六月壬寅，太白犯鬼，秦分也。二年正月，太白犯熒惑。占曰「大兵起」。是時，鎮南大將軍尉元、征南大將軍慕容白曜略定淮泗。明年，徐州羣盜作亂，元又討平之。後歲正月，上黨王觀西征吐谷渾，又大破之。

二年九月癸卯，火犯太微上將。占曰「上將誅」。先是元年六月，熒惑犯氐；是歲十一月，太白又犯之，是爲內宮有憂逼之象。占曰「天子失其宮」。四年十月，誅濟南王慕容白曜。明年，上迫於太后，傳位太子，是爲孝文帝。宋志以爲先是比年月頻犯左角，占曰「天子惡之」。及上遜位，而宋明帝亦殂。

高祖延興元年十月庚子，月入畢口。畢，魏分。占曰：「小人罔上，大人易位，國有拘主反臣。」十二月辛卯，火犯鉤鈐。鉤鈐以統天駟，火爲內亂。天象若曰：人君失馭，或以亂政乘之矣。乙巳，鎮星犯井。夫井者，天下之平也，而女君以干之，是爲后竊刑柄。占曰：「天下無主，大人憂之，有過賞之事焉。」二年正月，月犯畢；丙子，月犯東井；庚子，又如之〔五四〕。占曰：「天下有變，令貴人多死者。」

三年八月，月犯太微。又羣陰不制之象也。是時馮太后宣淫于朝，昵近小人而附益之，所費以鉅萬億計，天子徒尸位而已。二年九月，河間王閭虎皮以貪殘賜死。其後，司空、東平郡王陸麗坐事廢爲兵，既而宮車晏駕。或曰月入畢口爲赦令。二年正月，曲赦京師及秦涼諸鎮〔五五〕。星及月犯井，皆爲水災，且旱祥也。是歲九月，州鎮十一水旱，詔免其田租，開倉賑乏。

四年正月己卯，月犯畢〔五六〕。七月丙申，太白犯歲星，在角〔五七〕。丁卯，太白又入氐〔五八〕。太白有母后之幾，主兵喪之政，以干君於外朝而及其宿宮，是將有劫殺之虞矣。二月癸丑，月犯軒轅；甲寅，又犯歲星。月爲彊大之臣，爲主女之象〔五九〕，始由后妃之府而干少陽之君，示人主以戒敬之備也。五年三月甲戌，月掩填星。天象若曰：是又僻行不制而棄其紀綱矣。且占曰「貴人彊死，天下亂」。三月癸未，金、火皆入羽林。占曰「臣欲賊主，諸侯之兵盡發」。八月乙亥，月掩畢。十一月，月入軒轅，食第二星。至承明元年四月，月食尾。五月己亥，金、火皆入軒轅；庚子，相逼同光〔六〇〕。皆后妃之讁也。天若言曰：母后之釁幾貫盈矣，人君忘祖考之業，慕匹夫之孝，其如宗祀何？是時，獻文不悟，至六月暴崩，實有酖毒之禍焉。由是言之，皇天有以覩履霜之萌，而爲之成象久矣。其後，文明皇太后崩，孝文皇帝方脩諒陰之儀，篤孺子之慕，竟未能述宣春秋之義，而懲供人之黨，是以胡氏循之，卒傾魏室，豈不哀哉！或曰：太白犯歲於天門，以臣伐君之象；金、火同光，又兵亂之徵。時宋主昏狂，公侯近戚冤死相繼。既而桂陽、建平王並稱兵內侮，矢及宮闕，僅乃戡之。尋爲左右楊玉夫等所殺。或曰：月犯歲、鎮、金、火入軒轅，皆饉祥也。月掩畢，主邊兵。四年，州鎮十三饑；又比歲蝗旱。太和元年，雲中又饑，開倉賑之。先是，四年四月丙午，有大星西流，殷殷有聲；十一月辛未，又如之。是歲五月，宋桂陽王反于江州，間歲，沈攸之反于江陵，皆爲大兵西伐。時以江南內攜，又詔五將伐蜀。

太和元年五月庚子，太白犯熒惑，在張，南國之次也。占曰「其國兵喪並興，有軍大戰，人主死」。壬申，水、土合于翼，皆入太微〔六二〕，主令不行之象也。占曰「女主持政，大夫執綱，國且內亂，羣臣相殺」。九月丁亥，太白晝見，經天，光色尤盛，更姓之祥也。二年九月，火犯鬼。占曰「主以淫泆失政，相死之」。三年三月，月犯心。心爲天王，又宋分。三月，填星逆行入太微，留左掖門內。占曰「土守南宮，必有破國易代。逆行者，事逆也」。自元年三月至二年六月，月行五犯太微，與劉氏簒晉同占。又自元年八月至三年五月，月行六犯南斗，入魁中。斗爲大人壽命，且吳分。是時馮太后專政，而宋將蕭道成亦擅威福之權，方圖劉氏。宋司徒袁粲起兵石頭，沈攸之起兵江陵，將誅之，不剋，皆爲所殺。三年四月，竟簒其君而自立，是爲齊帝。是年五月，又害宋君于丹陽宮。又元年十月，月犯昴，爲刑獄事。二年六月，月犯房。占曰「貴人有誅者」。或曰「月犯斗，亦大臣之讁也」。其後李惠伏誅，宜都、長樂王並賜死。又元年二月壬戌，月在井，暈參、畢、兩河、五車。占曰「大赦」。至八月，大赦天下。三年正月壬子，又暈觜、參、昴、畢、五車、東井。至十月，大赦天下。

三年，自五月至十二月，月三入斗魁中；四年五月庚戌、七月己巳，又如之；六年二月，又犯斗魁第二星。占曰「其國大人憂，不出三年」。七月丁未，十月丙申，月再犯心大星；自四年正月至六年二月，又五干之〔六二〕。斗爲爵禄之柄，心爲布政之宫，月行干而轥之，亦以荐矣。其占曰「月犯心，亂臣在側，有亡君之戒，人主以善事除殃」。是時，馮太后將危少主者數矣，帝春秋方富，而承事孝敬，動無違禮，故竟得無咎。至六年三月，而齊主殂焉。或曰：月犯斗，其國兵憂。心又豫州也。時比歲連兵南討，五年二月大破齊師于淮陽，又擊齊下蔡軍，大敗之。先是三年八月，金犯軒轅；四年二月，又犯軒轅第二星；六年正月，又犯軒轅大星；八月，又犯軒轅左角。左角，后宗也。是時太后淫亂，而幽后之姪娣，又將薄德。天若言曰：是無周南之風，不足訓也，故月、太白驟干之。

三年九月庚子，太白犯左執法；十二月丙戌，月犯之〔六三〕；四年二月辛巳〔六四〕，月又犯之；九月壬戌，太白又犯之；五年二月癸卯，月犯太微西蕃上將；至六年十月乙酉，熒惑又犯之。夫南宫執法，所以糾淫忒，成肅雍；而上將，朝庭之輔也。天象若曰：王化將弛，淫風幾興，固不足以令天下矣，而廷臣莫之糾弼，安用之！文明太后雖獨厚幸臣，而公卿坐受榮賜者費亦巨億，蓋近乎素餐焉。其三年九月，安樂王長樂下獄死，隴西王源賀薨；四年正月，廣川王略薨，襄城王韓頹徙邊；七月，頓丘王李鍾葵賜死；其後任城王雲、中山王叡又薨。比年死黜相繼，蓋天譴存焉〔六五〕。四年春，月又掩火，亦大臣死黜之祥也。又比年，月再犯昴，亦爲獄事與白衣之會也。

五年九月辛巳，填犯辰星于軫。占曰「爲饑，爲内亂，且有壅川溢水之變」。是歲，京師大霖雨，州鎮十二饑。至六年七月丙申〔六六〕，又大流星起東壁，光明燭地，尾長二丈餘。東壁，土功之政也。是月發卒五萬，通靈丘道。十月己酉，有流星入翼，尾長五丈餘。七星，中州之羽儀；翼，南國也。天象若曰：將擇文明之士，使于楚邦焉。明年，員外散騎常侍李彪使齊，始通二國之好焉。四年正月丁未，月在畢，暈參、井、五車，赦祥也。四月，幸廷尉獄，録囚徒。明年二月，大赦。是月，月在翼，有偏日暈〔六七〕，侵五車、東井、軒轅、北河、鬼，至北斗、紫垣、攝提。六年正月癸亥，月在畢，暈參兩肩、五車、胃、昴、畢。至甲戌，天下大赦。江南嗣君即位，亦大赦改元。

七年六月庚午辰時，東北有流星一，大如太白，北流破爲三段。十月己亥，星隕如虹〔六八〕。是時，太后專朝，且多外嬖，雖天子由倚附之，故有干明之譴焉。破而爲三，席勢者衆也。昔春秋星隕如雨，而羣陰起霸。其後漢成帝時，旰日晦冥，衆星行隕，燿燿如雨，而王氏之禍萌。至是天妖復見，又與元后同符矣。

十年八月辰時〔六九〕，有星落如流火三道；戊寅，又有流星出日西南一丈所，西北流，大如太白，至午西破爲二段，尾長五尺，復分爲二，入雲間。仍見者，事荐也，後代其踵而行之，以至於分崩離析乎？先是，七年十月，有客星大如斗，在參東，似孛。占曰「大臣有執主之命者，且歲旱糴貴」。十年九月，熒惑犯歲星。歲主農事，火星以亂氣干之，五稼旱傷之象也。占曰「元陽以饉〔七〇〕，人不安」。自八年至十一年，黎人阻饑，且仍歲災旱。八年正月辛巳，月在畢，暈井、歲星、觜、參、五車。占曰「有赦，糴貴」。其年六月，大赦。冬，州鎮十五水旱，人饑。九年正月，月在參，暈觜、參兩肩、五車，爲大赦，爲水。戊申，月犯井〔七一〕，爲水祥也。是歲，冀定數州大水，人有鬻男女者，京師及州鎮十三水旱傷稼。明年，大赦。

十一年三月丁亥，火、土合于南斗。填爲履霜之漸，斗爲經始之謀，而天視由之，所以爲大人之戒也。占曰「其國内亂，不可舉事用兵」。是時齊主持諸侯王酷甚，雖酒食之饋，猶裁之有司。故天若言曰：非所以保根固本，以貽長代之謀也，内亂由是興焉。五月丁酉，太白經天，晝見，庚子，遂犯畢。畢又邊兵也。是歲，蠕蠕寇邊。明年，齊將陳達伐我南鄙，陷澧陽。間歲而齊君子子響爲有司所御，遂憤怒而反，伏誅。及齊主殂而西昌侯篡之，高、武子孫所在棊布，皆拱手就戮，亦齊君自爲之焉。十一年六月乙丑，月犯斗；丙寅，遂犯建星。亦圖始之謀也。十二年七月，月犯牛；十三年六月，又掩之；明年八月，又犯之。牛主吴分。占曰「國有憂，大將戮」。亦江南兵饉之徵也。

七月癸丑，太白犯軒轅大星；八月甲寅，又犯之。皆女君之謫也，天象若曰：軒轅以母萬物，由后妃之母兆人也，是固多穢，復將安用之？其物類之感，又稼穡之不滋侯也。是歲年穀不登，聽人出關就食。明年，州鎮十五皆大饑，詔開倉賑乏。間歲，太后崩。是歲月三入井，金又犯之。占曰「陰陽不和，不爲水患且大旱」。其後連年亢陽，而吴中比歲霖雨傷稼也。

十二年三月甲申，歲星逆行入氐。甲、申，皆齊分也。占曰「諸侯王而升爲天子者」。逆行者，其事逆也。先是，去年十月，歲、辰、太白合于氐。是謂驚立絶行〔七二〕，改立王公。是歲四月，月犯氐，與歲同舍；六月丁巳，月又入氐，犯歲星。月爲彊大之臣，歲爲少君也，與歲同心内宫而干犯之，彊宗擅命，逼奪其君之象也。再干之，其事荐至。

十三年三月庚申，月犯歲；十五年六月，又犯之。歲星不在宿宫，是爲彊侯之譴。江南太子、賢王相次薨殁，既而齊武帝殂，太孫幼沖，西昌輔政，竟殺二君而篡之。月再犯于氐及逆行之效也。或曰月犯木，饑祥也。時比歲稼穡不登。又十二年正月戊戌，月犯左角；十一月丙寅，又如之；七月，金又犯左角。角爲外朝，且兵政也。占曰「不出三年，天下有兵，主子死，大君惡之」。至十四年，有子響誅，間歲而齊室亂。

十二年四月癸丑，月、火、金會于井；辛酉，金犯火；甲戌，火、水又俱入井。皆雨暘失節，萬物不成候也。且曰王業將易，諸侯貴人多死。是歲，月行四入氐；十月，辰星入之；閏月丁丑，火犯氐；乙卯，又入之〔七三〕。占曰「大旱歲荒，人且相食，國易政，君失宮，遠期五年」。氐，又女君之府也。是歲，兩雍及豫州旱饑。明年，州鎮十五大饉。至十四年，太后崩。時江南北連歲災雨，至十七年，有劫殺之禍，誅死相踵焉。是歲月三犯房；十三年四月，又犯之；七月至十月，再犯鍵閉。占曰「有亂臣，不出三年伐其主」。自十二年七月至十四年八月，月再犯牛，又再掩之，凡六犯牛且掩之。牛爲吳越，饉祥也，畢，魏分。且曰貴人多死免者。十二年九月，司徒、淮南王佗薨。十三年，光州人王泰反，章武、汝陰、南安三王皆坐贓廢〔七四〕，安豐王猛、司空苟頹並薨。十四年，地豆于及庫莫奚頻犯塞，京兆王廢爲庶人。

校勘記

〔一〕魏書卷一百五之三　目録注「闕」，卷末附宋人校語云：「魏收書天象志第一卷載天及日變，第二卷載月變，第三、第四卷應載星變。今此二卷，天、日、月、星變編年總繫魏及南朝禍咎。蓋魏收志第三、第四卷亡，後人取他人所撰志補足之。魏澹書世已無本，據目録作西魏帝紀，而元善見、司馬昌明、劉裕、蕭道成皆入列傳。此志主東魏，而晉、宋、齊、梁君皆稱帝號，亦非魏澹書明矣。唐書經籍志有張太素魏書一百卷，故世人疑此二卷爲太素書志。崇文總目有張太素魏書天文志二卷，今亦亡矣。惟昭文館有史館舊本魏書志第三卷，前題『朝議郎行著作郎脩國史張太素撰』。太素唐人，故諱『世』『民』等字。」

按本志三及志四非本書原文甚明，其中記月變即採志二所載，記星變似兼採已亡之本書志三、志四和宋書天文志。志三、志四重複收録志二所記月掩、犯記録，往往略去干支。所存干支偶與志二有異，可以爲志二校勘之用，更多是沿襲志二已有之誤；且志三、志四將志二中相差數年之同類天象，歸類占驗，常以「先是」、「至」、「明年」、「後年」之類詞語指示時間先後，更間雜以大量小字注，今本正文不少内容顯亦是小注羼入。故時間次序往往混亂，乃至「是歲」、「是月」常難以判斷究係何年何月。下凡志二已加校勘者，於志三、志四僅予指出，不再詳加考訂。正文疑是小注羼入者，今亦一從底本，不予釐定。

〔二〕二年六月庚戌月奄金于端門之外　按是年六月丁卯朔，無庚戌，「庚戌」疑爲「庚午」之誤。參見本志二校記〔一〕。

〔三〕元年十月至二年五月月再掩東蕃上相　按本志二記天興元年十一月（本當作「閏月」）丁丑，月犯東上相，疑此處「十月」爲「十一月」之誤。參見本志二校記〔二〕。

〔四〕是歲五月辰星犯軒轅大星　此承上爲天興元年，宋書卷二五天文志三（下簡稱宋志三）繫此星變於隆安三年（當魏天興二年）五月辛未。劉次沅考證云：「驗證顯示天興元年五月水星自畢至井、鬼，次年五月十六日辛未水星犯軒轅大星，幾掩，夕見西方。正文「是歲，桓玄專殺殷仲堪等」，事亦在隆安三年。疑此處採宋書而誤繫魏年。

〔五〕至四年三月甲寅有大流星衆多西行　「三月」，原作「二月」。按天興四年二月丙子朔，無甲寅。宋志三、晉志下並記此星變於隆安五年（當魏天興四年）三月甲寅，爲初九日。彭益林魏書天象志校讀記（下簡稱彭校）據謂此「二月」爲「三月」之訛。今據改。

〔六〕皆負海之陽國也　「負海」，原作「負國」，不可通，據南監本、殿本、局本改。

〔七〕十月甲子月又犯東蕃上相　「東蕃上相」，本志二天興四年十月甲子條作「東次相」。

〔八〕是歲秀容胡帥亦聚衆反　「帥」，原作「師」，據本志二天興四年三月甲子條改。又，「是歲」承上文是天興四年，據志二，事在天興五年十一月。

〔九〕丙戌車駕北引　按「丙戌」承上爲「十月」，事實在「十一月」。參見本志二校記〔五〕。

〔一〇〕九月己未又犯進賢　按是年九月丁卯朔，無己未。宋志三記在元興元年（當魏天興五年）九月癸未。劉次沅計算證實宋志合。

〔一一〕五年七月己亥月犯歲星　按天興五年七月戊辰朔，無己亥。

〔一二〕天賜元年五月壬申又掩斗魁第三星　「第三星」，本志二作「第二星」。劉次沅驗證顯示志二合。

〔一三〕天賜二年四月己卯月犯鎮星在東壁　按驗證顯示，是年四月己卯天象不合，疑「四月」爲「二月」之訛，參見本志二校記〔九〕。

〔一四〕七月己未又如之　按天賜二年七月無己未，疑「己未」爲「乙未」之訛。參見本志二校記〔一〇〕。

〔一五〕二年八月火犯斗丁亥又犯建　按天賜二年八月庚戌朔，無丁亥。宋志三義熙二年（當魏天賜三年）記八月癸亥，熒惑犯斗第五星；丁巳，犯建星。是年八月甲辰朔，十四日丁巳。疑此處抄宋志而誤繫魏年，又訛「丁巳」爲「丁亥」。

〔一六〕二年八月甲子熒惑犯少微庚寅犯右執法癸卯犯左執法　「癸卯」，南監本作「癸巳」，北監本、汲本、殿本、局本作「癸未」。宋志三記義熙元年（當魏天賜二年）九月戊子熒惑犯少微，庚寅犯右執法，癸卯犯左執法。按天賜二年八月庚戌朔，十五日甲子，無庚寅、癸卯，亦無癸巳、癸未。宋志是年九月己卯朔，戊子爲初十，庚寅爲十二日，癸卯爲二十五日，日序合，似宋志是。然劉次沅考證云：驗證顯示八月甲子火星在少微，九月庚寅火星犯右執法、癸卯火星犯左執法。疑此處「八月甲子」不誤，「庚寅」前失載或脱去「九月」二字。

〔一七〕二月癸亥金火土水聚于奎婁　劉次沅考證云：驗證顯示天賜四年二月初三癸卯，此四星相聚西方，可見，二十三日癸亥此四星則分佈於太陽兩邊，不相聚，疑「癸亥」爲「癸卯」之訛。

〔一八〕五月己丑金晝見于參　「己丑」，疑爲「乙丑」之訛。按天賜四年五月己亥朔，無己丑。劉次沅考證驗證，是月二十七日乙丑，金星在參五度。

〔一九〕八月辛丑熒惑犯執法　按天賜四年八月戊辰朔，無辛丑。宋志三記在義熙三年（當魏天賜四年）八月二十四日辛卯。劉次沅考證證實「辛卯」合。「辛丑」疑爲「辛卯」之訛。

〔一〇〕是歲二月至九月月三犯昴　按本志二永興元年（即天賜六年）記二月甲子、九月壬寅、閏月丁酉月犯昴，即此所本。疑此處「九月」當作「閏月」。

〔一一〕永興二年五月己亥月掩昴　「己亥」，疑爲「乙亥」之訛。按永興二年五月壬子朔，甲子十三日，無己亥。參見本志二校記〔一三〕。

〔一二〕是歲八月壬午太白犯軒轅大星　「壬午」，原作「壬子」。按永興二年八月辛巳朔，無壬子。宋志三記在義熙六年（當魏永興二年）八月壬午，爲初二日。劉次沅考證云：驗證顯示壬午金星犯軒轅女御星及大星。今據改。

〔一三〕是月壬辰歲填熒惑太白聚于井　按「是月」承上乃永興五年二月，該月丙申朔，無壬辰。晉志中繫於義熙九年（當魏永興五年）三月壬辰。劉次沅考證驗證，三月二十八日壬辰，木、土、火、金聚於井，夕見西方。疑此處引宋志三而承其誤，「是月」當作「三月」。

〔一四〕「泰常二年正月晉荆州刺史司馬休之」至「出奔走」　「泰常」，疑爲「神瑞」之訛。按劉裕攻司馬休之，休之出奔，據宋書卷二武帝紀二在義熙十一年（當魏神瑞二年），次年魏改年泰常。此承本志二之誤。參見本志二校記〔二二〕。

〔一五〕五年十一月壬子　「十一月」，疑爲「十月」之訛。按上下文，此「五年」乃是明元帝永興五年，然該年十一月壬戌朔，無壬子。劉次沅驗證顯示十月二十一日壬子合。

〔一六〕四月丙午行端門出　「丙午」，疑爲「丙戌」之訛。按泰常四年四月庚申朔，無丙午。宋志四記在元熙元年（當魏泰常四年）四月丙戌，爲二十七日。劉次沅考證證實「丙戌」合。

〔一七〕元年五月月犯歲星在角　「犯」字原闕，據南監本、殿本、局本補。

〔一八〕十月又犯之在斗　「十月」，疑爲「十一月」之訛。按本志二在泰常三年十一月庚申。劉次沅驗證顯示十一月合。

〔一九〕七月雁門河内大水　按本書卷三太宗紀在泰常三年八月。

〔二〇〕七年正月犯南斗三月壬戌又犯之　「正月」下疑脱「二」「月」字。按正月、三月「犯南斗」闕主者。本志二正月丁卯、三月壬戌並記「月犯南斗」，當即此處所本。

〔二一〕八年二月丙寅火守斗　「二月」，疑爲「三月」之訛。按泰常八年二月戊辰朔，無丙寅。劉次沅考證云：驗證顯示是年三月二十九日丙寅，火星在箕，近斗，留。

〔二二〕夏都直代西南　「代」，原作「伐」，據南監本、北監本、汲本、殿本、局本改。

〔二三〕四年五月辛酉金水合于西方　「辛酉」，疑爲「辛卯」之訛。按始光四年五月癸酉朔，無辛酉。劉次沅考證云：驗證顯示五月十九日辛卯日落後，金星、水星並列於西方。

〔二四〕十二月丙戌流星首如甕　按神䴥三年十二月癸丑朔，無丙戌。此乃引宋志四元嘉七年（當魏神䴥三年）十二月所記而同其誤。

〔二五〕而至秦夏出夷威　按語不可解，「威」疑是「滅」字之訛，「出」字非訛即衍。

〔二六〕十月丙辰月又掩之　按神䴥四年十月戊寅朔，無丙辰。又，「月」字原闕，接上文則似太白掩天關，實月，據本志二補。

〔三七〕己丑月入井犯太白　「己丑」上疑脱「五月」二字。按此接上乃延和三年閏三月二十六日己丑。劉次沅考證云：驗證顯示閏月己丑月不犯金星，五月二十七日己丑之次日凌晨，月犯金星，在井十四度。疑此處承宋志四元嘉十一年（當魏延和三年）而誤。

〔三八〕詔大將軍嵇敬等帥衆二萬屯漠南　「嵇敬」，原作「黎敬」，據本書卷四上世祖紀上太延五年六月、卷一〇三蠕蠕傳改。

〔三九〕追至頓根河　殿本考證云：「頓根河，本書蠕蠕傳作『頞根河』。」按「頓」字疑訛。

〔四〇〕十一月太保盧魯元薨　「十一月」，疑爲「十二月」之訛。按本書卷四下世祖紀下，魯元卒於太平真君三年十二月辛巳。

〔四一〕十年十月辛巳彗星見于太微　按太平真君十年十月癸巳朔，無辛巳。文獻通考卷二八六象緯考九繫於癸卯，爲十一日。

〔四二〕是歲十月甲辰熒惑入太微十二月辛未又犯之癸卯又如之　按「是歲」接上乃太平真君十一年，是年十二月丙辰朔，辛未爲十六日，無癸卯。劉次沅驗證顯示十二月癸未合。

〔四三〕「七月乙酉犯上相」至「滅于翼軫辛酉直陰國」　「陰國」下原注「疑」字。按正平元年七月癸未朔，無辛酉，且上六月已見辛酉，爲初八日，七月亦不當復有之。宋志四記此彗星事於元嘉二十八年（當魏正平元年）五月，不繫干支，此當是據魏史官之記録。又，星占歸咎於「楚邦」，按陰陽五行之説，南爲陽，此卻作「陰國」。疑「辛酉直陰國」句有訛脱。今删所注「疑」字。

〔四四〕左僕射蘭延等以建議不同見殺　「殺」，原作墨釘，據他本補。按宗愛殺蘭延等，事見本書卷三三薛提傳、卷四九閹官宗愛傳。

〔四五〕孛于屏相之應也明年五月太后崩　「應」，原作墨釘，據他本補。又，「也」，原作「出」，北監本、汲本、殿本、局本作「又」，南監本作「也」。按作「出」語澀，志亦未見「出明年」之語例，作「又」也上無所承，「出」「也」形近，今據南監本改。

〔四六〕三年夏四月熒惑犯太白　劉次沅考證云：驗證顯示太安三年四月，火星在危、室，金星在胃、昴、畢，不得相犯；四年三月十七日辛酉，火星、金星相合。劉氏驗證顯示，本志自此至下皇興年間所記星象、月象，得以驗證者，鮮有正確者，「當年不合，次年合」。相關星象、月象，可與宋志比對者，所置魏年，亦均較宋志提前一年，所列占驗史事年月，卻又合於本書紀、傳。以下至皇興年間，凡星象月象繫年與宋志及劉氏驗證不合者、因天象前置一年而致干支不合者，不再一一出校。參見本志二校記〔三七〕。

〔四七〕小流星百數四面行者庶人遷之象　「四面」，疑爲「西面」之訛。按上文稱「流星數萬西行」。

〔四八〕五年十一月月犯左執法明年十一月又犯之　按本志二，太安五年十二月，月犯左執法，非「十一月」；「明年」即和平元年十一月，志二記月所犯乃右執法，此作「又」，疑誤。

〔四九〕五年二月月入南斗魁中犯第四星　「第四星」，本志二作「第三星」。

〔五〇〕楊寶年　本書卷六顯祖紀和平六年五月作「楊保年」。按文成帝和平二年皇帝南巡之頌碑碑陰題名有「尚書東海公楊保年」，即此人，疑此處「寶」爲「保」字之訛。

〔五一〕太白犯南斗第三星　「第三星」，他本並作「第二星」。

〔五二〕皇興元年正月月犯井北轅第二星　「第二星」，本志二正月作「第三星」。

〔五三〕道符作亂之明年司空和其奴太宰李峻皆薨　「明年」，疑當作「後年」。按本書卷六顯祖紀，道符起兵在皇興元年正月，和其奴及李峻死於皇興二年正月和十一月，卷四四和其奴傳同。

〔五四〕丙子月犯東井庚子又如之　按此承上乃延興二年正月，是該月甲寅朔，丙子爲二十三日，無庚子。本志二記在是年閏月丙子，亦誤。參見本志二校記〔三七〕。

〔五五〕二年正月曲赦京師及秦涼諸鎮　「涼」，原作「梁」。按本志二及卷七上高祖紀上記作「涼州諸鎮」。「梁」字訛，今據改。

〔五六〕四年正月己卯月犯畢　「正月」，原作「九月」。按此月變，本志二記在延興四年正月，下「二月癸丑」月變，亦見志二，即此處所本。「九月」不當在「二月」之前，必是「正月」之訛。劉次沅驗算顯示正月合。今據改。

〔五七〕七月丙申太白犯歲星在角　此承上文乃延興四年，宋志四在元徽三年（當魏延興五年），疑是抄宋志而誤置魏年。

〔五八〕丁卯太白又入氐　此承上文乃延興四年七月。按是年七月庚午朔，無丁卯。宋志四記在元徽三年（當魏延興五年）七月丁巳，爲二十四日。疑此處誤前置一年，又誤以「丁巳」作「丁卯」。

〔五九〕爲主女之象　「主女」，疑是「女主」之誤倒。

〔六〇〕五月己亥金火皆入軒轅庚子相逼同光　此承上文乃承明元年五月。劉次沅考證云：驗證顯示是年五月十一日己亥，金星在畢，火星在婁，不合；次年五月十七日己亥，金星、火星同犯軒轅大星。次日庚子，金星幾掩火星，在張三度。當年誤，次年合。

〔六一〕壬申水土合于翼皆入太微　此承上文乃太和元年五月，然此月癸未朔，無壬申。劉次沅考證云：驗證顯示是年六月二十日壬申，火星、土星合於翼，入太微。疑「壬申」上脱「六月」二字，「皆入」上脱去或失載干支。

〔六二〕自四年正月至六年二月又五干之　按自段首「三年」至此一段，綜括太和三年至六年月象，與志二所記多不合，或志二無記，時間顛倒錯亂，干支往往有誤。如四年七月乙未朔，無「己巳」；六年七月癸丑朔，無丁未。末句「又五干之」，所干爲何，亦頗疑惑。不一一出校。

〔六三〕十二月丙戌月犯之　「十二月」，原作「十一月」。按太和三年十一月己亥朔，無丙戌。本志二在十二月丙戌，十二月戊辰朔，丙戌爲十九日。劉次沅驗證顯示十二月合。今據改。

〔六四〕四年二月辛巳　「二月」，原作「二年」，南監本作「二月」，與本志二合，今據改。

〔六五〕蓋天謫存焉　「存」，雖可通，據本志之語例，疑是「薦」或「洊」之訛字。

〔六六〕六年七月丙申　「丙申」，疑誤。按太和六年七月癸丑朔，無丙申。下云「是月發卒五萬，通靈丘道」，據本書卷七上高祖紀上，事在七月無誤。

〔六七〕有偏日暈　「偏」，南監本、殿本、局本作「徧」。按本志二太和五年二月甲辰作「偏白暈」，疑「偏」是，「日」亦是「白」字之訛。

〔六八〕十月己亥星隕如虹　按太和七年十月丙午朔，無己亥。

〔六九〕十年八月辰時　按一月各日辰時豈得見同一流星，疑「八月」下脱去干支。

〔七〇〕元陽以鑵　殿本考證云：「『元』應作『亢』。」

〔七一〕戊申月犯井　按太和九年正月己巳朔，無戊申。劉次沅驗證顯示正月初十戊寅，月犯井距星。參見本志二校記〔五二〕。

〔七二〕是謂驚立絶行　「立」，原作「亡」。按此言歲、辰、太白三星聚氐。本志四武定八年三月甲午，歲、鎮、太白在虚，云「是爲驚立絶行」。隋書卷二〇天文志中云：「三星若合，是謂驚立絶行。」知此處「亡」字訛，今據改。

〔七三〕閏月丁丑火犯氐乙卯又入之　按魏太和十二年閏九月丁未朔，無丁丑，乙卯爲初九日，驗證顯示天象不合。南齊書卷一三天文志下永明六年閏四月（「十月」之誤）記丁丑、己卯、乙巳三日熒惑之行犯，乃此處所本。齊之閏十月當魏之十月，疑此處誤以齊之閏月爲魏之閏月，又訛「己卯」爲「乙卯」。

〔一四〕章武汝陰南安三王皆坐贓廢　「南安」，原作「南頓」，據北監本、汲本、殿本、局本改。按北魏無南頓王，本書卷七下高祖紀下太和十三年三月，「夏州刺史章武王彬以貪賕削封」，六月，「汝陰王天賜、南安王楨並坐贓賄免爲庶人」。

魏書卷一百五之四〔一〕

天象志一之四第四

太和十二年十一月戊午，太白犯歲，又犯火，喪疾之祥。占曰「國無兵憂，則君有白衣之會」。丙寅，火又犯木。占曰「內無亂政，則主有喪戚之故」。十二月壬寅，太白犯填。占曰「金爲喪祥，后妃受之」。十三年二月，熒惑犯填。占曰「火主凶亂，女君應之」。皆文明太后之謫也。先是，十一年六月甲子，歲星晝見；十二月甲戌，又晝見；是歲六月，又如之。歲而麗于大明，少君象也。是時孝文有仁聖之表，而太后分權以干冒之，及帝春秋方壯，始將經緯禮俗，財成國風。故比年女君之謫屢見，而歲星寖盛，至于不可掩奪矣。且占曰「木晝見，主有白衣之會」。是歲九月丙午，有大流星自五車北入紫宮，抵天極，有聲如雷。占曰「天下大凶，國有喪，宮且空」。夫五車，君之車府也，天象若曰：是將以喪事有千乘萬騎而舉者。大有聲，其事昭盛。至十四年三月，填星守哭泣。占曰「將以女君有哭泣之事」。四月丙申，火犯鬼，喪祥也。六月，有大流星從紫宫出，西行。天象又曰：人主將以喪事而出其宫。八月，月、太白皆犯軒轅。九月癸丑而太皇太后崩，帝哭三日不絶聲，勺飲不入口者七日，納菅屨，徒行至陵，其反亦如之，哀毁骨立，杖而後起，雖殊俗之萌，矯然知感焉。自九月至于歲終，凡四謁陵。又荐出紫宫之驗也。十四年十一月，月犯填星；十二月，月犯軒轅；十五年十月，月犯填，又犯軒轅；八月，又犯之[二]；九月，月掩填星；十七年正月，月又犯軒轅。皆女君之象也[三]。是時林貴人以故事薨，及馮貴人爲后，而其姊譖之，至二十年竟坐廢黜，以憂死。幽后繼立，又以淫亂不終。

十三年十二月戊戌，填星、辰星合于須女。女，齊、吴分。占曰「是爲雍沮，主令不行，且有陰親者」。至十四年三月庚申，歲星守牛。占曰「其君不愛親戚，貴人多喪；又饉祥也」。是歲太白三犯熒惑；十月，太白入氐；十一月，有大流星從南行入氐。甲申，齊邦之物也，金、火相鑠，爲兵喪，爲大人之讁。天象若曰：宿宫有兵喪之故，盛大者循而殘之，處其寢廟之中矣。至十五年三月壬子，歲犯填，在虚；三月癸巳，木、火、土三星合宿于虚；甲午，火、土相犯。虚，齊也。占曰「其國亂專政，内外兵喪，故立侯王」。九月乙丑，太白犯斗第四星；戊子，有大流星起少微，入南宫，至帝坐。主有盛大之臣，乘賢以侮其君者。且占曰「大人易政」。至十七年正月戊辰，金、木合于危。危，亦齊也，是爲人君且罷兵喪之變。四月戊子，太白犯五諸侯。占曰「有擅刑以殘賊諸侯者」。至七月，齊武帝殂，西昌侯以從子干政，竟殺二君而自立，是爲齊明帝。於是高、武諸子王侯數十人相次誅夷，殆無遺育矣。雖繼體相循，實有準命之禍〔四〕，故天讁仍見云。自十五年至十七年，月行七犯建星。建星爲忠臣之輔，經代之謀，又吴之分也。十五年，再犯牽牛；十六年至十七年，又四犯南斗。是謂臣干天禄，且曰「大人多死者」。又十五年七月，金入太微；十七年，火入太微宫。反臣之戒。是歲，月行四入太微，十七年六入太微，比歲凡十干之，而齊君夷其宗室，亦積忍酷甚也。

十五年四月癸亥，熒惑入羽林；十六年二月壬子，太白入羽林。占曰「天下兵起」。三月己卯，四月丙午，五月甲戌，十月辛卯，月行皆入羽林；十七年四月壬寅，八月辛卯，十二月辛巳，又如之。先是，陽平王頤統十二將軍騎士七萬，北討蠕蠕。是歲八月，上勒兵三十餘萬自將擊齊，由是比歲皆有事于南方。十五年三月，月掩畢；十一月，又犯之；十六年五月及七月，月再入畢；八月、十一月又再犯之；十七年八月又入畢。畢爲邊兵。占曰「貴人多死」。十五年六月，濟陰王鬱賜死；十七年，南平王霄、三老尉元皆死；十八年，安定王休死；十九年，司徒馮誕、太師馮熙、廣川王諧皆死。

十七年二月庚戌，火、土合于室。室星，先王所以制宫廟也，熒惑天視，填爲司空，聚而謀之，其相宅之兆也。且緯曰：「人君不失善政，則火土相扶，卜洛之業庶幾興矣。」是歲九月，上罷擊齊，始大議遷都。冬十月，詔司空穆亮、將作董邇繕洛陽宮室，明年而徙都之。於是更服色，殊徽號，文物大備，得南宮之應焉。凡五星分野，熒惑統朱鳥之宿，而填以軒鼓寓之，皆周鶉火之分。室，又并州之分。是爲步自并州，而經始洛邑之祥也。

十七年二月丁丑，太白犯井；辛丑，又犯鬼〔五〕；五月戊午，晝見；九月，又如之。是謂兵祥，雍州也。是月，火、木合于婁〔六〕。婁爲徐州，占曰「其地有亂，萬人不安」。八月辛巳，熒惑入井。占曰「兵革起」。明年十二月〔七〕，詔征南將軍薛真度督四將出襄陽，大將軍劉昶出義陽，徐州刺史元衍出鍾離，平南將軍劉藻出南鄭〔八〕，皆兩雍、徐方之分。後年正月，平南王肅大敗齊師于義陽，降者萬餘。己亥，上絶淮，登八公山，並淮而東，及鍾離乃還。至十九年六月庚申，金、木合于井。七月，火犯井。二十一年十一月〔九〕，大敗齊師于沔北。明年春，復大破之，下二十餘城，於是悉定沔漢諸郡。時江南僞立雍州於襄陽，以總牧西土遺黎，故與東井同候。

十八年四月甲寅，熒惑入軒轅，后妃之戒也。是時，左昭儀得幸，方譖訴馮后，上蠱而惑之。故天若言曰：夫膚受之微不可不察，亦自我天視而降鑒焉。至十九年三月，月犯軒轅；二十年七月辛巳，又掩填星。是月，馮后竟廢，尋以憂死，而立左昭儀，是爲幽后。明年，追廢林貞后爲庶人。二十二年正月，月又掩軒轅。十一月，又彗星起軒轅，歷鬼南，及天漢。天又若曰：是固多穢德，宜其彗除矣。行歷鬼，又彊死之徵。明年，幽后賜死也。

十九年六月壬寅，熒惑出于端門。占曰「邦有大獄，君子惡之，又更紀立王之戒也」。明年，皇太子恂坐不軌，黜爲庶人。至二十一年十月壬午，熒惑、歲星合於端門之內。歲爲人君，火主死喪之禮，而陳于門庭，大喪之象也。二十二年二月乙丑，木、火合于掖門內，是夕，月行逮之；三月丙午，木、火俱出掖門外，再合一相犯，月行逮之。后妃預有咎焉。明年四月，宮車晏駕。夫太微，禮樂之庭也。時帝方脩禮儀，正喪服，以經人倫之化，竟未就而崩。少君嗣立，其事復寢，縉紳先生咸哀慟焉。故天視奉而修之，是以徘徊南宮，蓋皇天有以著慎終歸厚之情。或曰「合于天庭，南方有反臣之戒」。是時齊明帝殂，比及三年而亂兵四交宮掖，既而蕭衍戡之，竟覆齊室云。二十一年十一月，有流星照地，至天津而滅。占曰「將有樓船之攻，人君以大衆行」。二十二年而上南伐。是歲之正月，有流星大如三斗瓶，起貫索，東北流，光燭地，經天棓乃滅，有聲如雷。天棓，天子先驅也。占曰「國中貴人有死者，且大赦」。至三月，上南征不豫，詔武衞元嵩詣洛陽，賜皇后死。

世宗景明元年四月壬辰，有大流星起軒轅左角，東南流，色黃赤，破爲三段，狀如連珠，相隨至翼。左角，后宗也。占曰「流星起軒轅，女主後宮多讒死者」。翼爲天庭之羽儀，王室之蕃衛，彭城國焉。又占曰「流星于翼，貴人有憂縶」。是時，彭城王忠賢，且以懿親輔政，借使世宗諒陰，恭己而修成王之業，則高祖之道庶幾興焉。而阿倚母族，納高肇之譖，明年，彭城王竟廢。後數年，高氏又鴆于后，而以貴嬪代之。由是小人道長，讒亂之風作矣。夫天之風戒，肇于履端之始，而没身不悟，以傷魏道，豈不哀哉！或曰：軒轅主后土之養氣，而庇祐下人也，故左角謂之少人焉。天象若曰：人將喪其所以致養，幾至流亡離析矣。是歲，北鎮及十七州大饉，人多就食云。是歲十二月癸未，月暈太微〔一〇〕，既而有白氣長一丈許，南抵七星，俄而月復暈北斗、大角。爲君以兵自衛，又赦祥也，且爲立君之戒。時蕭衍立少主於江陵，改元大赦。尋伐金陵，以長圍逼之。又二年正月，月暈井、參、觜、昴、五車。占曰「貴人死，大赦」。是歲，廣陵王羽薨。二月至秋，再大赦。

二年正月己未，金、火俱在奎，光芒相掩。爲兵喪，爲逆謀，大人憂之，野有破軍殺將。奎，徐方也。三月丁巳，有流星起五諸侯，入五車，至天潢散絶爲三，光明燭地。五車，所以輔衰替之君也，流星自五諸侯干之，諸侯且霸而脩兵車之會；分而爲二，距乏疑之君幾將並立焉。魏收以爲流星出五車，諸侯有反者。至五月，咸陽王禧謀反，賜死。戊午，填星在井，犯鉞，相去二寸。占曰「人君有戮死者」。時蕭衍起兵襄陽，將討東昏之亂，是月，推南康王寶融爲帝，踐阼于江陵，於是齊有二君矣。至八月戊午，金、火又合于翼〔一一〕，楚分也。

十一月甲寅，金、水俱出西方。占曰「東方國大敗」。時蕭衍已舉夏口，平尋陽，遂沿流而東，東主之師連戰敗績，於是長圍守之。十二月，齊將張稷斬東昏以降，又戮主之徵。至三年正月，火犯房北星，光芒相接；癸巳，填星逆行，守井北轅西星。皆大臣賊主，更政立君之戒也。三月，金、水合於須女〔一二〕。女，齊分；金、水合，爲兵誅。二月丁酉，有流星起東井〔一三〕，流入紫宮，至北極而滅。東井，雍州之分，衍憑之以興，且西君之分，使星由之以抵辰極，是爲禪受之命，且爲大喪。是月，齊諸侯相次伏誅，既而西君錫命，衍受禪于建康，是爲梁武帝。戊辰而少主殂。自二年至三年，月六掩犯斗魁；七月，火犯斗，皆吴分也。時江南北歲大饉，又連兵北鄙，負敗相迹。又二年七月，月暈婁〔一四〕，内青外黄，轢昴、畢、天船、大陵、卷舌、奎。船爲徐魯，又赦祥也，且曰「多死喪」。三月，青、齊、徐、兗餓死萬餘人。七月，大赦。三年八月，月暈，外青内黄，轢昴、畢、婁、胃、五車。占曰「貴人多死」。十二月，月犯昴，環月。太傅、平陽王丕薨〔一五〕。後年正月，大赦。

三年八月丙戌，有大流星起天中，北流，大如二斗器。占曰「有天子之使出自中京，以臨北方」。至四年九月壬戌，有大流星起五車，東北流。占曰「有兵將首于東北」。是歲二月辛亥，三月丁未，月再掩太白〔一六〕，皆大戰之象也。庚辰，揚州諸將大破梁師于陰陵〔一七〕。十一月，左僕射源懷以便宜安撫北邊。明年二月，又大破梁師于邵陵〔一八〕。九月，蠕蠕犯邊，復詔源懷擊之。是歲七月，月暈昴、畢、觜、參、井、五車。占曰「旱，大赦」。又再暈軒轅、太微。明年正月，月暈五車、東井、兩河、鬼、填星。是月，大赦改元。六月，以亢陽，詔撤樂減膳。

正始元年正月戊辰，流星如斗，起相星，入紫宮，抵北極而滅。夫紫宮，后妃之内政，而由輔相干之，其道悖矣。且占曰「其象著大，有非常之變」。至二年六月癸丑，有流星如五斗器，起織女，抵室而滅。占曰「王后憂之，有女子白衣之會」。往反營室，釁歸後庭焉。三年正月己亥，有大流星起天市垣西，貫紫蕃，入北極。市垣之西，又公卿外朝之理也。占曰「以臣犯主，天下大凶」。明年，高肇欲其家擅寵，乃鴆殺于后及皇子昌，而立高嬪爲后。先是，景明四年七月，太白犯軒轅大星。至二年六月，木犯昴〔一九〕。占曰「人君有白衣之會」。同上。

三年六月丙辰，太白晝見。占曰「陰國之兵彊」。八月，梁師寇邊，攻陷城邑。秋九月，安東將軍邢巒大破之宿豫，斬將三十餘人，捕虜數萬。十月甲寅，月犯太白，又大戰之象。明年，中山王英敗績于淮南，士卒死者十八九。又元年正月，月暈胃、昴、畢、五車；戊午，又暈五車、東井、兩河、鬼、填星；二月甲申，又暈昴、畢、觜、參；三年正月，月暈太微、軒轅。皆爲兵、赦。是月，皇子生，大赦天下。

四年七月己卯，有星孛于東北。占曰「是謂天讒，大臣貴人有戮死者」。凡孛出東方必以晨，乘日而見，亂氣蔽君明之象也。昔魯哀公十三年十一月，有星孛于東方，明年，春秋之事終，是謂諸夏微弱，蠻夷遞霸，田氏專齊，三族擅晉，卒以干其君明而代奪之，陵夷遂爲戰國，天下橫流矣。今孛星又見，與春秋之象同。天戒若曰：是居太陽之側而干其明者，固多穢德，可彗除矣，而君不悟，衰替之萌將繇此始乎？是歲，高肇鴆后及皇子，明年又譖殺諸王，天下冤之。肇故東夷之俘，而驟更先帝之法，累構不測之禍，干明孰甚焉，魏氏之悖亂自此始也。

永平元年三月戊申，熒惑在東壁，月行抵之，相距七寸，光芒相及。室壁四輔，君之內宮，人主所以庇衛其身也。天象若曰：且有重大之臣屏藩王室者，將以讒賊之亂，死於內宮。又曰：諸侯相謀。五月癸未，填星逆行太微，在左執法西。是爲后黨持政，大夫執綱而逆行侮法，以啓蕭牆之內。是月，月犯畢；六月，又掩之。占曰「貴人有死者」。庚辰，太白、歲星合于柳。柳爲周分。且占曰「有內兵以賊諸侯」。八月，京兆王愉出爲冀州刺史，恐不見容，遂舉兵反，以誅尚書令高肇爲名，與安樂王詮相攻于定州。九月，太師、彭城王勰于禁中，愉亦死之。或曰：柳，豫州分，所合之野，謀兵，有戰野拔邑事。至十一月丙子，流星起羽林南〔二〇〕，大如椀，色赤；有黑雲東南引，如一匹布橫北轢星。占曰「禁兵起，所首召之」。是歲，豫州人白早生殺刺史司馬悅，以城降梁，遣尚書邢巒擊之。十二月，巒拔懸瓠，斬早生。

二年三月丁未，有流星徑數寸，起自天紀，孛于市垣，光芒燭地，有尾跡，長丈餘，凝著天。天象若曰：政失其紀而亂加乎人，浸以萌矣，是將以地震爲徵。地震者，下土不安之應也。是月，火入鬼，距積尸五寸。積尸，人之精爽，而炎氣加之，疫祥也。四月乙丑，金入鬼，去積尸一寸。又以兵氣干之，彊死之祥也。踰逼者，事甚。鬼主驕亢之戒，故金火荐災其人以警而懼之。五月，太白犯歲，光芒相觸。占曰「兵大亂，歲饑，不出三年」。七月庚辰，有流星起騰蛇，入紫宮，抵北極而滅。天戒若曰：彼光後王道者〔二一〕。以駁陰陽之變矣。將有水旱之沴，地震之祥，而後災加皇極焉。明年夏四月，平陽郡大疫，死者幾三千人。平陽，鬼星之分也。秋，州郡二十大水，冀定旱饑。四年，朐山之役，喪師殆盡。其後繁時、桑乾、靈丘、秀容、雁門地震陷裂，山崩泉涌，殺八千餘人。延昌三年，詔曰：「比歲山鳴地震，于今不已，朕甚懼焉。」至正月，宮車晏駕〔二二〕。

二年十一月丙戌，月奄畢大星〔二三〕；至三年八月，火犯積尸。占曰「貴人死，又饑疫祥也」。比年水旱災疫；是月，中山王略薨〔二四〕；明年春，司徒廣陽王嘉薨。

二年九月甲申，歲星入太微，距右執法五寸，光明相及；十二月乙酉，逆行入太微〔二五〕，奄左執法；三年閏月壬申，又順行犯之，相去一寸。保乾圖曰：「臣擅命，歲星犯執法。」是時，高肇方爲尚書令，故歲星反復由之，所以示人主也。天若言曰：政刑之命亂矣，彼居重華之位者，盍將反復而觀省焉。今雖厚而席之，適所以爲禍資耳。且占曰「中坐成刑，遠期五年」。間五歲而肇誅。四年四月庚午，熒惑犯軒轅大星；至五月，入太微，距右執法三寸，光芒相接。熒惑，天視也，始由軒轅而省執法之位，其象若曰：是居后黨而擅南宮之命，君其降監焉。其應與歲星同也。

四年正月戊戌，有流星起張，西南行，殷殷有聲，入參而滅。張，河南之分；參爲兵事。占曰「流星自東方來，至伐而止，有來兵大敗吾軍。有聲者，怒也」。先是，去年十一月，月犯太白；是歲，又犯之〔二六〕，在胃；八月辛酉，又犯之〔二七〕。胃爲徐方，大戰之象也。十月戊寅，有大流星孛于羽林，南流，色赤，珠落下入濁氣，孛然而流。王師潰亂之兆。先是，梁朐山鎮殺其將來降，詔徐州刺史盧昶援之。十二月，昶軍大敗於淮南，淪覆十有餘萬。是歲七月乙巳，有流星起北斗魁前，西北流入紫宮，至北極而滅。占曰「不出朞年，兵起，且亡君戒」。是歲，有朐山之役，間歲而帝崩。

四年十二月己巳，歲星犯房上相，相距一寸，光芒相及；至延昌元年三月丙申，歲星在鉤鈐東五寸〔二八〕，距鍵閉三寸；丙午，又奄房上相。天象若曰：夫鈐鍵之轡，君上所宜獨操，非驂服所當共也。先是，高肇爲尚書令，而歲星三省執法。是歲至升爲司徒，猶怏怏不悅，而歲星又再循之，所以示人主審矣。間一歲而上崩，肇亦誅滅。或曰木與房合，主喪、水。又元年二月，月暈井、鬼、軒轅；十月，又暈井、五車、參、畢。皆水旱饑赦之祥。自元年二月不雨至六月雨，大水。二年四月庚子，出絹十五萬匹賑河南饑人。是夏，州郡十二大水〔二九〕。八月，滅天下殊死。

四年四月庚午〔三〇〕，熒惑犯軒轅大星；十月壬申，月失行，犯軒轅大星。至延昌元年三月，填星在氐，守之九十餘日。占曰「有德令，拜太子，女主不居宮」。至十月，立皇太子，賜爲父後者爵，旌孝友之家。至二年三月乙丑，填星守房〔三一〕。占曰「女主有黜者，以地震爲徵」。地震者，陰盈而失其性也。四月丙申，月掩填星；七月戊午，又如之。是爲后妃有相遷奪者，且曰「女主死之」。時比歲地震。至三年八月，太白又犯軒轅。十二月，月掩熒惑。皆小君之讁也。時高后席寵凶悍，雖人主猶畏之，莫敢動搖，故世宗胤嗣幾絕。明年上崩，后廢爲尼，降居瑤光寺，尋爲胡氏所害，以厭天變也。

延昌元年八月己未，有流星起五車，西南流，入畢。畢，邊兵也。占曰「有兵車之事，以所直名之」。至二年十一月戊午，又有流星起五車，西南流，殷殷有聲。憑怒者，事盛也。十二月己卯〔三二〕，有流星西南流，分而爲二。又偏師之象也。至三年六月辛巳，太白晝見。占曰「西兵大起，有王者之喪」。十一月，大將軍高肇伐蜀，益州刺史傅豎眼出北巴，平南羊祉出涪，安西奚康生出綿竹，撫軍甄琛出劍閣，會帝崩旋師。先是元年三月己酉，木、土相犯。占曰「人君有失地者，將死之」。又曰「先作事者敗，兵起必受其殃」。三年九月，太白掩右執法。是爲大將軍有罹刑辟者。先是二年二月，梁郁洲人徐玄明斬大將張稷來降。及肇出征，退亦就戮。

元年三月乙未，有流星起太陽守，歷北斗，入紫宫，抵北極，至華蓋而滅。太陽守所以弼承帝車，大臣之象。今使星由之，以語天極之位，臣執國命，將由此始乎？且占曰「天下大凶，主室其空」。先是，去年八月至十月，月再入太微；是歲三月，又如之；十二月甲戌，月犯火于太微。占曰「君死，不出三年，貴人奪權失勢」。二年三月辛酉，熒惑又犯太微〔三〕。占曰「天下不安，有立君之戒」。九月丁卯，入太微，犯屏星。明年正月而世宗崩，於是王室遂卑，政在公輔。三年二月，月暈畢、昴、五車、太白、東井。占主赦。是月，太白失行，在天關北。占「有關梁之兵，道不通」。明年正月，肅宗立，大赦天下。二月，梁將任太洪帥衆寇關城。

四年五月庚戌，九月乙丑，十月癸巳，月皆犯太微。中歲而驟干之，彊臣不御，執法多門之象也。閏月戊午，月犯軒轅。又女主之謫。十一月庚寅，木、火會于室，相距一尺；至甲午，火徙居東北，亦相距一尺。室爲後宮，火與木合曰内亂，環而營之，或淫事干逼諸侯之象。占曰「姦臣謀，大將戮。若有夷族之害，以赦令除之」。先是，三年九月，太白犯執法。是歲八月，領軍于忠擅戮僕射郭祚。九月，太后臨朝，淫放日甚，至逼幸清河王懌。其後，羽林千餘人焚征西將軍張彝宅，辜死者百數，朝廷不能討，於是大赦，原羽林，亦營室之故也。魏收以爲月犯太微，大臣有死者。其後安定王薨。月犯軒轅，女主憂之。其後皇太后高尼崩于瑤光寺。營室又主土功也。胡太后害高氏以厭天變，乃以后禮葬之。

四年十月，太白犯南斗。斗爲吴分。占曰「大兵起」。先是三年四月，有流星起天津，東南流，轢虚、危。天津主水事，且曰有大衆之行。其後梁造浮山堰，以害淮泗，諸將攻之。是歲閏月，有大犇星起七星，南流，色正赤，光明燭地，尾長丈餘，歷南河，至東井。七星，河南之分也，流星出之，有兵起；施及東井，將以水禍終之。又占曰「所與城等」。疑是時，鎮南崔亮攻梁師于硤石。明年二月，鎮東蕭寶夤大破梁淮北軍。九月，淮堰決，梁人十餘萬口皆漂入海。

肅宗熙平元年三月丙子，太白犯歲星；十二月甲辰，月犯歲星〔三四〕。是謂彊盛之陰而陵少陽之君。歲，又諸侯也。天象若曰：始由内亂干之，終以威刑及之。是歲正月，熒惑犯房；四月庚子，又逆行犯之；癸卯，月又犯房〔三五〕。占曰「天下有喪，諸侯起霸，將相戮」。十一月，大流星起織女，東南流，長且三丈，光明照地。占曰「王后憂之，有女子白衣之會」。間歲，高太后殂，司徒國珍薨，中宮再有喪事。其後僕射于忠，司徒、任城王澄薨。

既而太后幽逼，清河、中山王戮死。或曰：「月、太白犯歲星，饉祥也；火犯房，陳兵滿野，有饑國，且大赦。」又元年十二月，月暈井、觜、參、五車。占曰「水旱，有赦」。至二年正月，大赦。十月，幽、冀、滄、瀛大饑。是月，月再暈畢、參、五車。占曰「饑，赦」。明年，幽州大饑，死者數千人，自正月不雨至六月。是歲，四夷反叛，兵大出，又赦改元。

二年六月癸丑，有大流星出河鼓，東南流，至牛；十一月，流星起河鼓，色黄赤，西南流，長且三丈，有光照地；至神龜元年四月壬子，有流星起河鼓，西北流，至北斗散滅。河鼓，鼓旗之應也，故流星出之，兵出；入之，兵入。昔宋泰始初，大流星出自河鼓，西南行，竟夜，有小星百數從之。既而諸侯同時作亂。至是三出河鼓，秦州屬國羌及南秦、東益氐皆反。七月，河州人却鐵怱與羣盜又起，自稱水池王，詔行臺源子恭及諸將四出征之。朝廷多事，故天應屢見云。

神龜二年四月甲戌，大流星起天市垣西，東南流，轢尾，光明燭地。天象若曰：將作大衆而從后妃之事矣，以所首名之。是歲九月，太后幸崧高。或曰市垣所以均國風；尾，幽州也。明年，詔尚書長孫稚撫巡北蕃，觀省風俗。二月丙辰，月在參，暈井、觜、參、歲星、五車。占曰「有死相，且赦」。明年，諸王多伏辜，又大赦。

二年八月己亥，太白犯軒轅；是月，月又犯之〔三六〕；至正光元年正月，月又犯軒轅大星。四月庚戌，金、火合于井，相去一尺。占曰「王業易，君失政，大臣首亂，將相戮死，以用師大敗」。五月丙午，太白犯月〔三七〕，相距三寸。占曰「將相相攻，秦國有戰」。七月，太白犯角。角，天門也，是爲兵及朝庭。占曰「有謀不成，破軍斬將」。是月，侍中元叉矯詔幽太后于北宮，殺太傅、清河王懌。八月，中山王熙起兵誅元叉，不克遇害。明春，衞將軍奚康生謀討叉于禁中，事泄又死。是冬，諸將伐氐，官軍敗績。

正光元年九月辛巳，有彗星光燭如火，出于東方，陰動爭明之異也。感精符曰：「天下以兵相威，以勢相乘，至威疑亂，起布衣，從衡禍，未庸息，帝宮其空。」昔正始中，天讒孛于東北，是歲而攝提復周。故天象若曰：夫讒之亂萌有自來矣，彗除之象今則著矣，戰國之禍將由此作乎？間三年而北鎮肇亂，關中迹之。自是姦雄鼎沸，覆軍相踵，其災之所及且二十餘年而猶未弭焉。梁志曰：九月乙亥，有星晨見東方，光如火。占曰「國皇見，有內難急兵」。明年，義州反〔三八〕。乙亥去辛巳凡六日，而北方覿之，其氣蓋同矣。始干其明，以妖南國，既又彗而布之，以除魏邦。

二年四月甲辰，火、土相犯於危；十一月辛亥，金、土又相犯于危。危，存亡之機，太白司兵，熒惑司亂，而玄枵司人，土，下之所係命也。三精溶聚，羣臣叶謀，以濟屯復之運焉。占曰「天下方亂，甲兵大起，王后專制，有虛國徙王」。至四年四月己未，火、土又相犯于室。是謂後宫内亂。且占曰「欲殺主，天子不以壽終」。或曰：魏氏，軒轅之裔。填星之物也，赤靈爲母，白靈爲子，經綸建國之命，所以傳撥亂之君也，其受之者將在并州與有齊之國乎？其後太后淫昏，天下大壞，上春秋方壯，誅諸佞臣。由是鄭儼等竦懼，遂説太后鴆帝。既而尒朱氏興于并州，終啓齊室之運，卜洛之業遂丘墟矣。二年十月，月掩心大星；至三年正月，月掩心距星；四月丁丑，又如之。占曰「亂臣在側」。□□□□五年。間三歲而肅宗崩〔三九〕。

二年七月庚申〔四〇〕，有大流星如五斗器，起王良，東北流，長一丈許。王良主車騎，且曰：有軍涉河，昭盛者事大。是日，月在昴北三寸；十一月乙卯，又如之。是謂兵加匈奴，且胡王之讁也。先是，蠕蠕阿那瓌失國，詔北鎮師納之。是歲八月，蠕蠕後主來奔懷朔鎮。間歲，阿那瓌背約犯塞，詔尚書令李崇率騎十萬討之，出塞三千餘里，不及而還。二年九月庚戌，月暈胃、昴、畢、五車；辛亥，又暈之。占曰「饑旱有赦」〔四一〕。至三年九月，月在畢，暈昴、畢、觜、參、五車。是歲夏大旱，十二月，大赦。

三年二月丁卯，月奄太白，京師不見，涼州以聞。占曰「天下大兵起。涼州獨見，災在秦也」。三月癸卯，有大流星起西北角，流入紫宫，破爲三段，光明照地。角星，主外朝兵政，流星由之，將大出師之象。若曰將以兵革之故，王室分崩。入抵紫宫，天下大凶，有虚國之象。四月癸酉，有大奔星歷紫微，入北斗東北首，光明燭地，殷然如雷。盛怒之象也，皆以所直名之。至四年八月乙亥，月在畢，奄熒惑。又邊城兵亂之戒也。十月乙卯，太白入斗口，距第四星三寸，光芒相奄。占曰「大兵起，將戮辱，又吳分也」。五年正月，沃野鎮人破落汗拔陵反〔四二〕，臨淮王彧征之，敗績于五原。六月，莫折大提反於秦，雍州刺史元志討之，又大敗於隴東。明年，南方諸將頻破梁師。至八月，杜洛周起上谷，其後鮮于脩禮反定州。王師比歲北征，冀方大震。既而葛榮承之，竟陷河北。五年二月，月在參，暈觜、參、五車、東井、熒惑；八月，又暈之。閏月，月在張、翼，再暈軒轅、太微。占曰「兵起，士卒多遯走」，一曰「士卒大聚」。又皆赦祥也。是時徵調驟起，兵相蹈藉。又有詔內外戒嚴，將親征〔四三〕。自二月至六月，再大赦天下。十月，月在畢，暈昴、畢、觜、參。後年春，又大赦。先是，二年九月，歲星犯左執法；至三年正月癸丑，又逆行犯之，相去四寸，光芒相及；五月丙辰，歲星又奄左執法。是時宦者劉騰與元叉叶謀，遂總百揆之任，故歲星反復由之，與高肇同占。至四年二月，騰死，叉由是失援。其年十一月庚戌，歲星犯房上相，相距二寸，光芒相奄。五年四月己丑，歲星又逆行犯之。明年，皇太后反政，叉遂廢黜。昔高肇爲尚書令，而歲星三省之，及升于上相，歲星亦再循之。至是三犯執法而騰死，再干上相而叉敗，曠宮之譴，異代同符矣。

孝昌元年五月，太白犯軒轅；八月，在張，角盛大。占曰「有暴酷之兵」。張，河南也。十二月，火入鬼，又犯之。占曰「大賊在大人之側」。后以淫泆失政，又秦分也。二年正月癸卯，金、木相犯於牛；十一月戊申，又相犯于女。歲所以建國均人，女爲蠶妾，牛爲農夫。天象若曰：是將罹以寇戎，而喪其耕織之務矣。且曰有亂兵大戰而波及齊、吳。是歲八月甲申，月在胃，奄鎮星；閏月癸酉，又奄之；三年正月戊辰，又奄之。是爲女君有罹兵刑之禍者，洊干之，事甚而衆也。又占曰「天下大喪，無主，貴人兵死，國以滅亡」。又二年三月，奔星大如斗，出紫微，東北流，光照地。占曰「王師大出，邦去其君」。六月，有奔星如斗，起大角，入紫宮而滅。棟星以肆覲羣后，而敷威令于四方也。今大號由之，以詔天極，不以逆乎？且有空國徙王之戒焉。十月，有星入月中而滅。占曰「入而無光，其國卒滅；星反出者，亡國復立」。是歲四月至三年九月，熒惑再犯軒轅大星；武泰元年正月，又逆行復犯之〔四四〕。占曰「主命將失，女君之象，亂逆之災」。三月庚申，月奄畢大星。占曰「邊兵起，貴人多死者」。是時淫風滋甚，王政盡弛，自大河而北，極關而西，覆軍屠邑，不可勝計。既而蕭寶夤叛于雍州，梁師驟伐淮泗，連兵責士，萬姓嗷嗷，喪其樂生之志矣。是歲二月，帝竟以暴崩。四月，尒朱榮以大兵濟河，執太后及幼主，沈諸中流，害王公以下二千，遂專權晉陽，以令天下焉。三年正月癸酉，月在井，暈觜、參、兩河、五車〔四五〕。七月，大赦。明年少主立，又大赦。

莊帝永安元年七月癸亥，太白犯左角，相距四寸，光芒相奄，兵及朝庭之象。占曰「大戰不勝，貴人有來者，其謀不成」。至二年閏月，熒惑入鬼，犯積尸。占曰「兵起西北，有鈇鉞之誅」。是歲，北海王顥以梁師陷考城，執濟陽王暉業，乘虛逐勝，遂入洛陽。至七月，王師大敗之，顥竟戮死，有謀不成之驗。明年，尒朱天光擊反虜万俟醜奴及蕭寶夤于安定，克之，咸伏誅。

二年十一月，熒惑自鬼入太微西掖門，犯上將，出東掖門，犯上相，東行累日，句己去來，復逆行而西；十二月乙丑，月又奄之；至三年正月癸未，逆行入東掖門；己丑，月入太微，襲熒惑；辛卯，月行太微中，又暈之；三月己卯，在右執法北一尺五寸，留十四日；至壬辰，月又奄之，復順行而東；四月戊午，月又干太微而暈；己未，熒惑出端門，在左執法南尺餘而東。自魏興以來，未有循環反復若此之荐也。是時孝莊將誅權臣，有興復魏室之志，是以誠發於中而熒惑咨謀於上焉。其占曰「有權臣之戮，有大兵之亂，貴人以彊死而天下滅亡」。至五月己亥，太白在參晝見。參爲晉陽之墟。天意若曰：干明之釁於是乎在矣。七月甲午，有彗星晨見東北方，在中台東一丈，長六尺，色正白，東北行，西南指；丁酉，距下台上星西北一尺而晨伏；庚子，夕見西北方，長尺，東南指，漸移入氐；至八月己未，漸見；癸亥，滅。占曰「彗出太階，有陰謀姦宄興」。凡天事爲之徵形以戒告人主，始滌公輔之穢而彗除之，權臣將滅之象；再干太陽之明而後陵奪之，逆亂復興之象也。三月而見者，變近亟也。究于内宫者，反仇其上也，近期在衝，遠期一年。先是，二月壬申，有大流星相隨西北，尾迹不絕以千計。西北直晉陽之墟，而微星，庶人所以載皇極也，人徙而君從之。是月戊戌〔四六〕，有大奔星自極東貫紫宫而出，影迹隨之，遷君之應。至九月，上誅太原王榮、上黨王天穆于明光殿。是夕，尒朱氏黨攻西陽門不克，退屯河陰。十二月，洛陽失守，帝崩于晉陽。自是南宫版蕩，劫殺之禍相踵。先是，永安元年七月丙子，十一月丙寅，十二月癸巳，月皆奄畢大星；至二年三月乙卯，月入畢口；八月乙丑，又距畢左股二寸，光芒相掩，須臾入畢口；十二月丙辰，奄畢右股大星；三年六月乙巳，又犯畢大星；八月庚申，入畢口，犯左股大星；是月辛丑，太白犯軒轅〔四七〕；明年五月，月又犯畢右股，遂入之。畢星，所以建魏國之命也。占曰「天下有變，其君大憂，邊兵起，上將戮，月洊干之，事甚而衆」。及尒朱兆作亂，奉長廣王爲主，號年建明。明年二月，又廢之而立節閔。六月，高歡又推安定王爲帝於信都，復黜之，後更立武帝。於是三少主相次崩殂〔四八〕，又洛陽再陷，六宫汙辱，有兵及軒轅之效焉。永安二年十月辛亥、十二月丁巳，月皆在畢，暈昴、畢、填星、觜、參、五車；普泰元年正月己丑，月在角，暈軫、角、五車、亢，連環暈北斗、大角、織女；十月，又暈昴、畢、觜、參、井、五車。是時，肆赦之令，歲月相踵。

節閔普泰元年五月辛未，太白出西方，與月並，間容一指，戰祥也。先是，去年十一月辛丑，月在太白北，不容一指。占曰「有破軍殺將，主人不勝」。既而尒朱氏南侵，王師敗績。至是，又與月合，幾將復之乎？十月甲寅，金、火、歲、土聚于觜、參〔四九〕，甚明大。晉魏之墟也，且曰：兵喪並起，霸君興焉。是時，勃海王歡起兵信都，改元中興。至十一月己卯，奔星如斗，起太微，東北流，光明燭地，有聲如雷。占曰「大臣有外事，以所首事命之」。或曰「中國失君，有立王遷主。著而有聲者，盛怒也」。是時，尒朱氏成師北伐。明年三月癸巳，火逆行犯氐。占曰「天子失其宮」。閏月庚申，歲星入鬼，犯天尸。占曰「有戮死之君」。既而尒朱兆等大敗于韓陵，覆師十餘萬。四月，武帝即位，比及歲終，凡殺三廢帝。

孝武永熙元年九月，太白經天。十一月辛丑，有大流星出昴北，東南流，轢畢貫參，光明照地，有聲如雷。天象若曰：將有髦頭之兵，憑陵塞垣，與大司馬合戰。明年正月丁酉，勃海王歡追擊兆等于赤洪嶺，大破之，尒朱氏殲焉。

二年四月，太白晝見。九月丁酉，火、木合于翼，相去一寸，光芒相奄。占曰「是謂內亂，姦臣謀，人主憂」。甲寅，金、火合于軫，相去七寸，光芒相及。占曰「是謂相鑠，不可舉事用兵」。翼、軫，南宮之蕃，又荆州也。至三年三月癸巳，有奔星如三斛甕，起匏瓜，西流入市垣，有光燭地，迸流如珠，尾跡數丈，廣且三尺，凝著天，狀如蒼白雲，須臾屈曲蛇行。匏瓜爲陰謀；星大如甕，爲發謀舉事；光盛且大，人貴而衆也；以所首名之，且爲天飾，王者更均封疆。是時，斛斯椿等方説上伐高歡，荆州刺史賀拔勝預謀焉〔五〇〕；高歡知之，亦以晉陽之甲來赴。七月，上自將十餘萬，次河橋，望歡軍，憚之不敢戰，遂西幸長安。至十月，勃海王更奉孝靜爲主，改元天平，由是分爲二國，更均封疆之應也。是月，歡命侯景攻荆州，拔之，勝南奔。是年三月庚子，木逆行，在左執法北一寸，光芒相奄；五月甲申，又在執法西半寸，乍見乍不見。占曰「彊臣擅命，改政更元」。十二月，上崩，由是高歡、宇文泰擅權兩國。又二年十一月乙丑，三年八月庚午〔五一〕，十二月庚申，月皆在畢，暈畢、昴、參、五車。自三年二月至明年正月，東、西魏凡四大赦。

三年五月己亥，熒惑逆行，掩南斗魁第二星，遂入斗口。先是，元年十一月，熒惑入斗十餘日，出而逆行，復入之，六十日乃去。斗，大人之事也。占曰「中國大亂，道路不通，天下皆更元易政，吴越之君絶嗣」。是歲，東、西帝割據山河，遂爲戰國比。十月至正月，梁、魏三帝皆大赦改元。或曰：斗爲壽命之養，而火以亂氣干之，耄荒之戒也。是時梁武帝年已七十矣，怠於聽政，專以講學爲業，故皇天殷勤著戒。又若言曰：經遠之謀替矣，將以逆亂終之，而勦其天祿焉。夫天懸而示之，且猶不悟，其後攝提復周，卒有侯景之亂云。

三年十二月，梁人立元慶和爲魏王，屯平瀨。明年正月，東南行臺元晏大破之。六月，豫州刺史堯雄又大破梁師於南頓。十月，梁攻單父，徐州刺史任祥又大破之，斬虜萬餘級。十一月，柳仲禮寇荆州〔五二〕，諸將又大敗之。時梁軍政益弛，故累有負敗之應。

東魏孝靜天平二年，有星孛于太微，歷下台，及室壁而滅。南宮，成周之墟，孝文之餘烈也，孛星由之，易政徙王之戒。天象若曰：王城爲墟，夏聲幾變，而台階持政，有代奪之漸乎？且抵于營室，更都之象也。是後兩霸專權，皆以北俗從事，河南新邑遂爲戰爭之郊。間三歲，至興和元年九月，發司州卒十萬營鄴都，十月新宮成。天平元年閏月，月掩心大星；二年八月，又犯之，相去七寸；十一月，又奄心小星。相臣逼主之象，且占曰「人臣伐主，應以善事除殃」。時兩雄王業已定，特以人臣取容而已。至興和二年八月，月又犯心大星。後數年而禪代。

元象二年七月壬戌〔五三〕，金、土合于七星；癸亥，遂犯七星。七星，河南之分，金而犯土，將有封畿之戰，且占曰「其分亡地」。先是，去年十二月癸丑，太白食月；是歲三月壬申，太白又與月合，相距一寸，大戰之祥也。月象彊大之國，而金合之，秦師將勝焉。十二月，有流星從天市垣西流，長且一丈，有尾迹。三年正月，勃海王歡攻夏州，克之。十月丁丑，月犯火。占曰「大將有鬬死者」。十二月，大都督竇泰入潼關；明年，宇文泰距擊斬之。十月，遂及勃海王歡戰于沙苑，歡軍敗績，捕虜萬餘。是月，獨孤信拔洛陽。

三年十一月，熒惑犯歲星。占曰「有内亂，臣謀主」。至四年正月，客星出于紫宮。占曰「國有大變」。二月壬申，八月癸未，月再奄五車東南星。占曰「兵起，道不通」。十一月，太白晝見。占曰「軍興，爲不臣」。五年二月庚戌、三月甲子，填星逆順行，再犯上相。上相，司徒也。六月，太白入東井。占曰「秦有兵，大臣當之」。至元象元年七月，太白在柳，晝見。柳，河南也。八月辛卯，有大流星出房、心北，東南行，長且三尺，尾迹分爲三段，軍破爲三之象也。先是，行臺侯景、司徒高昂圍金墉，西帝及宇文泰自將救之。是月陳于河陰，泰以中軍合戰，大克，司徒高昂死之。既而左右軍不利，西師由是敗績，斬將二十餘人，降卒六萬。是月，西帝太傅梁景叡據長安反，關中大震，尋皆伏誅。天平三年正月，元象元年三月，月再掩軒轅大星。是年，西帝廢皇后乙氏，立蠕蠕女爲后。明年五月，火犯軒轅大星。既而乙氏遇害，其後蠕蠕后又死，而乙氏爲祟焉〔五四〕。元象元年十月，月犯昴，暈畢、胃；丁未，在翼，暈大星、軒轅、左角；十一月，在井，暈五車、兩咸〔五五〕。東西主凡三大赦。

興和元年二月壬子，火犯井。占曰「秦有兵亂，貴人當之」。四月，又入鬼。亦兵喪之祥也，又土地之分也。至二年十一月甲戌，太白在氐，與填星相犯〔五六〕。氐，鄭地也。至四年七月壬午，火、木合于井，相去一尺。占同天平。明年，北豫州刺史高仲密據武牢西叛，宇文泰帥衆援之。戊申，及勃海王戰于邙山〔五七〕，西軍大敗，虜王侯將校四百餘人，獲六萬餘級。元年八月，月在畢，暈昴、畢、觜、五車。二年正月大赦。三年正月至八月，又再暈之，歲星在焉。四年十一月，月暈軒轅、太微；壬申，又暈胃、昴、畢、五車。皆兵饑赦祥也。明年，東西主皆大赦。後年三月，高歡入朝，以春冬亢旱，請賑窮乏，死罪已下皆宥之。先是，元年十月辛丑，有彗星出于南斗，長丈餘；至十一月丙戌，距太白三尺，長丈餘，東南指；二月乙卯，至婁始滅〔五八〕。占曰「彗出南斗之土，皆誅其上」。□又吴分〔五九〕。始自微末，終成著大，而與兵星合焉。天戒若曰：夫劫殺之萌，其事由來漸矣，而人君辨之不早，終以兵亂橫流，不可撲滅焉。婁又徐方之次，亂之所自招也。至二年四月己丑，金、木相犯于奎；丙午，火、木又相犯于奎。奎爲徐方，所以虞蹶防之寇也。歲主建國之命，而省人君之差敗，火主亂，金主兵；三精溍而聚謀，所以哀矜下土而示驅除之戒也。是時，梁主衰老，太子賢明而不能授之以政焉，由是領軍朱异等浸侵明福之權。至武定五年，侯景竊河南六州而叛，又與連衡而附益之。是歲十二月，梁師敗績于彭城，捕虜五萬餘級，江淮之間始蕭然愁歎矣。明年，師大敗，陷溺以十萬數，景遂舉而濟江，三吴大荒，道殣流離者太半，淮表二十六州咸内屬焉。昔三精聚謀於危，九年而高氏霸，至是聚謀於奎而蕭氏亡，亦天之大數云爾。

武定二年四月丁巳，熒惑犯南宮上將；戊寅，又犯右執法〔六〇〕。占曰「中坐成刑，金火尤甚」。四年四月庚午，金晝見〔六一〕。六月癸巳，月入畢。九月壬寅，太白在左執法東南三寸許，是爲執法事。五年正月，月犯畢大星，貴人之謫也。先是九月，大丞相歡圍玉壁不克，是月，歡薨于晉陽。辛亥，侯景反，僕射慕容紹宗擊之。八月，淮南三王謀反，誅。明年，紹宗攻王思政于潁川，竟溺。四年九月，月在翼，暈軒轅、太微帝坐。五年二月，暈昴、畢、參、井、五車〔六二〕；五月，在張，又暈軒轅、太微。時兵革屢動，東、西帝皆比歲大赦。

七年九月戊午，月奄歲星，在斗。斗爲天廟，帝王壽命之期。月由之以干歲星，是爲大人有篡殺死亡之禍。是歲，梁武帝以憂逼殂，明年而齊帝，後年西主文帝及梁簡文又終，天下皆有大故，而江表尤甚。八年三月甲午，歲、鎮、太白在虚。虚，齊分，是爲驚立絶行，改立王公。熒惑又從而入之，四星聚焉〔六三〕。五月丙寅，帝禪位于齊〔六四〕。是歲，西主大統十六年也。是時兩主立，而東帝得全魏之墟，於天官爲正。昔宋武北伐，四星聚奎；及西伐秦，四星聚井；四星聚參而勃海始霸；四星聚危而文宣受終。由是言之，帝王之業其有徵矣。其後六年，西帝禪于周室，天文史失其傳也。

校勘記

〔一〕魏書卷一百五之四　目録注「闕」，宋人校語見本志三校記〔一〕。

〔二〕八月又犯之　按上已見「十月」，不應又記八月。本志二太和十六年八月戊申月犯軒轅，此處下文稱「九月，月掩填星」，據本志二亦在十六年。疑此處「八月」上脱「十六年」三字。

〔三〕皆女君之象也　「象」字原作墨釘，據他本補。

〔四〕實有準命之禍　「準命」，疑爲「革命」之訛。

〔五〕十七年二月丁丑太白犯井辛丑又犯鬼　按是年二月壬午朔，辛丑爲二十日，無丁丑。劉次沅考證云：驗證顯示二月辛丑金星在昴，不合；三月二十七日丁丑，金星犯井北轅西第一星，四月二十一日辛丑，金星犯鬼東北星。疑「二月」爲「三月」之訛，「辛丑」上脱「四月」二字。

〔六〕是月火木合于婁　「是月」承上文乃是九月。劉次沅考證云：驗證顯示，九月火在井，木在胃，不合；五月初九戊午，火星、木星合於胃，近婁，幾乎相掩。此處「是月」實是五月。按此卷歸類占驗，綜述數月乃至數年同一天象之後，復以「是年」、「是月」上承首句，述另一天象，往往難以辨析。

〔七〕明年十二月　「十二月」，原作「二月」。按本書卷七下高祖紀下，事在太和十八年十二月。孝文帝此次南伐，在南齊蕭鸞即位後，本書卷九八島夷蕭道成傳、南齊書卷五七魏虜傳均有紀載。蕭鸞稱帝在十月，不得於二月已南伐。此處「二」上顯脱「十」字，今據補。

〔八〕平南將軍劉藻出南鄭　「劉藻」，原作「劉薛」，據本書卷七下高祖紀下、卷七〇劉藻傳改。

〔九〕二十一年十一月　「二十一年」，原作「三十一年」。按太和無三十一年，事見卷七下高祖紀下太和二十一年十一月。今據改。

〔一〇〕是歲十二月癸未月暈太微　「暈」上「月」字原闕，據北監本、汲本、殿本、局本補。按景明元年十二月癸未月暈太微，見本志二。

〔一一〕八月戊午金火又合于翼　「八月」，疑爲「九月」之訛。按景明二年八月癸亥朔，無戊午。劉次沅考證云：驗證顯示，九月二十七日戊午，金星、火星相合，在張，近翼。

〔一二〕三月金水合於須女　「三月」，疑當承上作「是月」。按此「三月」反在下「二月」之前。劉次沅考證云：驗證顯示，三月金星、水星分在太陽兩側，相去甚遠，不合；正月下旬金星、水星在須女相合，晨見東方。

〔一三〕二月丁酉有流星起東井　「二月」，疑爲「三月」之訛。按此承上乃景明三年二月，然是月庚申朔，無丁酉。下以「是月」述齊梁禪代、「齊諸侯相次伏誅」，則在是年三月。三月己丑朔，丁酉爲初九日。又，下述「是月」事，又有「戊辰」干支，亦誤，戊辰爲四月初十。

〔一四〕二年七月月暈婁　「月」字原不重，據南監本、局本補一「月」字。按，不重，則「暈」無主者。

〔一五〕太傅平陽王丕薨　按此承上文乃景明三年十二月。據本書卷八世宗紀，元丕卒於景明四年七月癸卯。疑上脱「明年七月」四字。

〔一六〕三月丁未月再掩太白　「三月」，疑爲「六月」之訛。按此承上文乃景明四年三月。是年三月癸丑朔，無丁未。本志二在六月丁未，爲二十六日。劉次沅考證證實六月天象合。

〔一七〕揚州諸將大破梁師于陰陵　「陰陵」，本書卷八世宗紀景明四年三月作「陰山」，疑是。按本書卷一九中任城王雲傳附元澄傳、卷九八島夷蕭衍傳稱「攻蕭衍陰山戍破之」。通鑑卷一四五梁紀一天監二年三月「取陰山、白藁二戍」胡注：「據水經注（卷三〇淮水），陰山關在弋陽縣西南。」

〔一八〕又大破梁師于邵陵　「邵陵」，本書卷八世宗紀正始元年二月、卷九八島夷蕭衍傳作「邵陽」，疑是。通鑑卷一四五梁紀一天監三年二月「戰于邵陽」胡注：「即邵陽州也。」

〔一九〕二年六月木犯昴　劉次沅考證云：木星運行不遠離黄道，不得犯昴；天文計算顯示正始二年六月末，木星在昴附近留守，疑「犯」爲「守」之誤。

〔二〇〕十一月丙子流星起羽林南　按此承上文乃永平元年十一月，是月庚辰朔，無丙子。下述十二月斬白早生事，十二月二十七日爲丙子，然據本書卷八世宗紀，十二月初十日己未事已定，無須占驗。疑「十一月」爲「十月」之誤，或「丙子」爲「丙午」之訛。

〔二一〕彼光後王道者　「者」下原注「疑」字。按文義不相連屬，下當有脱文。今删「疑」字。

〔二二〕正月宫車晏駕　「正月」上疑脱「明年」或「四年」二字。按上記延昌三年，宣武帝卒在四年正月。

〔二三〕二年十一月丙戌月奄畢大星　「二年」，原作「七年」。按永平無七年，今據本志二改。

〔二四〕是月中山王略薨　按「是月」承上文乃永平三年八月。本書卷八世宗紀是年十月辛卯記「中山王英薨」，卷一九下南安王楨傳附元英傳亦稱英卒於永平三年。略是英子，卒於武泰元年河陰之禍，亦見卷一九下本傳。「略」乃「英」之誤，「是月」亦當作「十月」。

〔二五〕十二月乙酉逆行入太微　「乙酉」，疑爲「癸酉」之訛。按永平二年甲辰朔，無乙酉。劉次沅考證云：驗證顯示，是月三十日癸酉，木星逆行，幾掩太微左執法。

〔二六〕是歲又犯之　按「是歲」下例當記月，本志二記在「四月辛卯」，疑脱此四字。

〔二七〕八月辛酉又犯之　按永平四年八月甲子朔，無辛酉。「八月」乃「九月」之誤，此承本志二之誤。參見本志二校記〔七七〕。

〔二八〕歲星在鈎餘東五寸　「鈎餘」，疑爲「鈎鈐」之訛。按諸史無「鈎餘」一星，鈎鈐、鍵閉俱爲房宿附星，近房上相，分主天之管籥，下云歲星掩、犯諸星，與之合，又稱「鈐鍵之轡」，可證。劉次沅驗證顯示，作「鈎鈐」天象亦合。

〔二九〕是夏州郡十二大水　「十二」，本書卷八世宗紀作「十三」，疑是。

〔三〇〕四年四月庚午　「四年」，原作「二年」，南監本作「五年」。按永平五年四月改延昌元年，上記永平四年，下記延昌元年，不應此處又記「二年」，永平亦不得有五年，南監本以意改。此條下記「十月壬申，月失行，犯軒轅大星」，本志二在永平四年十月壬午。劉次沅驗證顯示十月壬申天象合，壬午不合。知此處「二年」乃「四年」之訛。今據改。

〔三一〕二年三月乙丑填星守房　「三月」，疑爲「二月」之訛。劉次沅考證云：驗證顯示延昌二年三月十一日乙丑，土星逆行在房，不守；二月初十乙丑，土星留守，近房。按魏是年閏二月，故二月、三月均有「乙丑」。

〔三二〕十二月己卯　按此承上文乃延昌二年十二月，是月辛巳朔，無己卯。

〔三三〕二年三月辛酉熒惑又犯太微　劉次沅考證云：驗證顯示延昌二年三月初七辛酉，火星距太微尚遠，不合。三月二十七日辛巳，火星犯太微西上將。

〔三四〕十二月甲辰月犯歲星　「甲辰」，疑當作「戊戌」。按本志二熙平元年：「十二月戊戌，月犯歲星。甲辰，月暈東井、觜、參、五車。」此處抄録失檢。

〔三五〕是歲正月熒惑犯房四月庚子又逆行犯之癸卯月又犯房　「是歲」承上文乃熙平元年。劉次沅考證云：驗證顯示熙平元年正月，火星在奎、婁；四月初四庚子，火星在畢，皆不犯房。熙平二年正月初九，火星犯房北第一星；四月初十庚子，逆行犯房北第二星；四月十三日癸卯，火星逆行犯房北第二星，是日月過房，不犯。疑「是歲」當作「二年」，「癸卯」下衍「月」字。

〔三六〕二年八月己亥太白犯軒轅是月月又犯之　按神龜二年八月戊申朔，無己亥。劉次沅考證驗證，七月二十二日己亥，金星犯軒轅大星。據本志二，八月辛未，月犯軒轅。疑「八月」當作「七月」，「是月」當作「八月」。

〔三七〕五月丙午太白犯月　「丙午」，疑爲「丙子」之訛。按此承上文乃正光元年五月，是月甲戌朔，無丙午。劉次沅驗證顯示「丙子」天象合。

〔三八〕明年義州反　「明年」，承上文乃正光二年，誤。按事見隋書卷二一天文志下梁普通元年九月乙亥，云：「其三年，義州刺史文僧朗以州叛。」梁普通三年當魏正光三年。疑比對梁、魏紀年有誤。

〔三九〕間三歲而肅宗崩　「三」，原作墨釘，北監本、汲本、局本作「五」，殿本作「三」。殿本考證云：「以上文推之，則以『三』爲是。」今據殿本補。

〔四〇〕二年七月庚申　「二年」，原作「三年」。按檢朔閏表，正光三年（梁普通三年）七月辛卯朔，無庚申。下云「是歲八月，蠕蠕後主來奔懷朔鎮」，據本書卷九肅宗紀，事在二年八月己巳。又下云「間歲，阿那瓌背約犯塞」，紀在四年二月。由二年至四年，故云「間歲」。劉次沅驗證顯示二年七月庚申天象合。今據改。

〔四一〕占曰饑旱有赦　「饑旱」，二字原模糊，「旱」字略具。三朝本、北監本、汲本、局本注「闕二字」，南監本作二字墨釘，汲本注「闕二」。按下文驗辭云「夏大旱」，知「旱」字是。上一字張元濟百衲本魏書校勘記作「饑」，今姑據改。

〔四二〕五年正月沃野鎮人破落汗拔陵反　按據本書卷九肅宗紀，拔陵舉兵在正光五年三月，實當在四年，三月乃朝廷命師征討之時。然此志記事多據本紀，非別有據。疑「正月」爲「三月」之訛。

〔四三〕又有詔內外戒嚴將親征　「又」上疑脱「孝昌元年」四字。按據本書卷九肅宗紀，事在孝昌元年十二月，下稱「二月至六月，再大赦天下」及十月月變，據紀及志二，皆在孝昌元年。

〔四四〕又逆行復犯之　「復犯」，原作二字空格，據南監本、北監本、汲本、殿本、局本補。

〔四五〕五車　原作「王車」，據南監本、北監本、汲本、殿本、局本改。

〔四六〕是月戊戌　按「是月」承上文乃永安三年八月，然是月甲辰朔，無戊戌。若承上「先是，二月壬申」一句，二月丁未朔，二十六日壬申，亦無戊戌。八月癸亥爲二十日，疑此處「戊戌」爲「戊辰」之訛，戊辰爲二十五日。

〔四七〕是月辛丑太白犯軒轅　「辛丑」，疑爲「癸丑」之訛。按永安三年八月甲辰朔，無辛丑。劉次沅驗證顯示八月初十癸丑，次日凌晨金星犯軒轅左角。

〔四八〕於是三少主相次崩殂　「少主」，原作「少王」，南監本作「少主」。按上孝昌元年末注文即稱「少主立」，今據改。

〔四九〕十月甲寅金火歲土聚于觜參　劉次沅考證云：驗證顯示普泰元年及其前後一年，俱無此天象；且陰曆十月，日在尾、箕，金、水附日而行，必不在近乎相對之觜、參；永安二年五月十四日乙丑凌晨，五星聚於東方，十數日後，逐漸散開，水星入晨曦不見。

〔五〇〕荆州刺史賀拔勝預謀焉　「賀拔勝」，原作「賀拔岳」。按荆州刺史是賀拔勝，見本書卷一一出帝紀永熙三年七月己丑及卷八〇賀拔勝傳。且下文亦云「勝南奔」。今據改。

〔五一〕又二年十一月乙丑三年八月庚午　「十一月」，疑爲「十二月」之訛。按永熙二年十一月乙酉朔，無乙丑，此承本志二之誤。參見本志二校記〔九三〕。

〔五二〕十一月柳仲禮寇荆州　「十一月」，原作「十二月」，據三朝本、南監本、北監本、殿本改。按本書卷一二孝静紀、卷九八島夷蕭衍傳，事在天平元年十一月。

〔五三〕元象二年七月壬戌　「元象」，疑是衍文。按上條首稱「東魏孝静天平二年」，下條首稱「三年十一月」，也是天平三年，中間不得忽稱「元象二年」。下文「三年正月，勃海王歡攻夏州」，「十二月，大都督竇泰入潼關；明年，宇文泰距擊斬之」，乃天平三年、四年事。又云「十月，遂及勃海王歡戰于沙苑」，亦是天平四年十月事，次年始改年元象。劉次沅考證云：驗證顯示此「二年」及下「三年」條「至元象元年七月」以前所記天象，均與天平同年、月、日符同。

〔五四〕而乙氏爲祟焉　「而」，原作墨釘，三朝本、汲本空一字，北監本此句數字皆作空格。今據南監本、殿本、局本補。

〔五五〕十一月在井暈五車兩咸　「兩咸」，南監本、殿本、局本作「兩年」。按本志二元象元年：「十一月庚午，月在井，暈五車一星及東井、南北河。」晉志上云：「亢東咸、西咸各四星，在房、心北」，似「兩咸」不誤。但此處稱月「在井」，志二稱暈「南北河」，與上所説「東、西咸」不相及。晉志上又云：「南河、北河各三星，夾東井。」又云：「南河曰南戍……北河曰北戍。」疑此處「兩咸」爲「兩戍」之訛。南監本以下作「兩年」，又因「年」「咸」音近而訛。

〔五六〕二年十一月甲戌太白在氐與填星相犯　「二年」，疑爲「三年」之訛。劉次沅考證云：驗證顯示興和二年十一月初一甲戌，金在斗，土在氐，相距甚遠，不相犯；興和三年十一月初六甲戌，金星、土星相犯於氐宿。

〔五七〕戊申及勃海王戰于邙山　按「戊申」上承「明年」即武定元年而闕月份。據本書卷一二孝靜紀，事在三月戊申。疑上脱「三月」二字。

〔五八〕十一月丙戌距太白三尺長丈餘東南指二月乙卯至婁始滅　按「十一月」承上文乃興和元年十一月，然是月庚戌朔，無丙戌，「十一月」下亦不當有「二月」。隋書卷二一天文志下梁大同五年（當東魏興和元年）下記同一彗星云：「十月辛丑，彗出南斗，長一尺餘，東南指，漸長一丈餘。十一月乙卯，至婁滅。」劉次沅驗證顯示參據金星天象，「十一月丙戌」當作「十月丙午」，「二月乙卯」當作「十一月乙卯」。

〔五九〕□又吴分　「□」，原注「疑」字，疑脱「斗」字。按上云彗犯南斗，下引梁之史事爲驗。古人分野之説，斗爲吴分。今删所注「疑」字，代以方圍。

〔六〇〕武定二年四月丁巳熒惑犯南宫上將戊寅又犯右執法　劉次沅考證云：驗證顯示武定二年四月初三丁巳，火星在胃，四月二十四日戊寅，火星在昴，皆不合；武定三年四月初九丁巳，火星犯太微西上將；四月三十日戊寅，犯右執法，合。疑「二年」爲「三年」之訛。

〔六一〕四年四月庚午金晝見　按武定四年四月癸酉朔，無庚午。

〔六二〕五年二月暈昴畢參井五車　按本志二在五年正月乙巳，疑「二月」爲「正月」之訛。

〔六三〕「八年三月甲午歲鎮太白在虛」至「熒惑又從而入之四星聚焉」　按武定八年三月庚戌朔，無甲午。劉次沅考證云：驗證顯示是年正月中旬至二月中旬，土星在虛宿順行，木星在相鄰之女宿順行，金星順行經過虛、危、室，日出前三星見於東邊天空。此後，金星沒入日光，土星走出虛宿。二月十四日甲午三星相聚之天象近於消失。當其時，火星則在日另一側之婁、胃，不得相聚。疑「三月」爲「二月」之訛，「四星聚」之天象奇觀，乃虛構。

〔六四〕五月丙寅帝禪位于齊　「丙寅」，疑爲「丙辰」之訛。按本書卷一二孝靜紀武定八年五月作「丙辰」。據北齊書卷四文宣紀，丙辰魏帝下禪位詔，戊午，高洋即帝位。是年五月己酉朔，丙辰爲八日，戊午爲初十日，正相連接。丙寅乃十八日。

魏書卷一百六上

地形志二上第五

夏書禹貢、周氏職方中畫九州，外薄四海，析其物土，制其疆域，此蓋王者之規摹也。戰國分并，秦吞海内，割裂都邑，混一華夷。漢興，即其郡縣，因而增廣。班固考地理，馬彪志郡國，魏世三分，晉又一統，地道所載，又其次也。自劉淵、石勒傾覆神州，僭逆相仍，五方淆亂，隨所跨擅。□□□長，更相侵食，彼此不恒，犬牙未足論，繡錯莫能比。魏定燕趙，遂荒九服，夷翦逋僞，一國一家，遺之度外，吴蜀而已。正光已前，時惟全盛，户口之數，比夫晉之太康，倍而已矣。孝昌之際，亂離尤甚。恒代而北，盡爲丘墟；崤潼已西，煙火斷絶；齊方全趙，死如亂麻。於是生民耗減，且將大半。永安末年，胡賊入洛，官司文簿，散棄者多，往時編户，全無追訪。今録武定之世以爲志焉。州郡刱改，隨而注之，不知則闕。内史及相仍代相沿。魏自明、莊，寇難紛糾，攻伐既廣，啓土逾衆，王公錫社，一地累封，不可備舉，故總以爲郡。其淪陷諸州户，據永熙綰籍，無者不録焉。

司州治鄴城，魏武帝國於此。太祖天興四年置相州。天平元年遷都改。

領郡十二　縣六十五

户三十七萬一千六百七十五　口一百四十五萬九千八百三十五

魏尹故魏郡，漢高祖置，二漢屬冀州，晉屬司州，天興中屬相州。天平初改爲尹。

領縣十三

户一十二萬二千六百一十三　口四十三萬八千二十四

鄴二漢、晉屬，天平初併蕩陰、安陽，屬之蕩陰。太和中置關，今罷。有西門豹祠、武城、牖里城、蕩城〔一〕、石竇堰。有南部、右部、西部尉〔二〕。天平中，決漳水爲萬金渠，今世號天平渠。臨漳天平初分鄴併内黄、斥丘、肥鄉置。有鼓山、肥鄉城、邯鄲城、斥丘城、列人城、鸕鷀陂、林臺澤。有左部、東部、北部尉。繁陽二漢屬，晉屬頓丘。真君六年併頓丘，太和十九年復。天平二年屬，治繁陽城。列人前漢屬廣平，後漢屬鉅鹿〔三〕，晉屬廣平。天平初屬。昌樂太和二十一年分魏置，永安元年置郡。天平中罷郡，復。有昌城。武安二漢屬，晉屬廣平。天平初屬。臨水晉屬廣平，真君六年併鄴。太和二十一年復，屬。魏二漢、晉屬。平邑天平二年分元城置。易陽　二漢屬趙國，晉屬廣平。天平初屬。有易陽城。元城　二漢屬，晉屬陽平。天平初屬。有沙鹿山。斥章　前漢屬廣平，後漢屬鉅鹿，晉屬廣平。真君三年併列人，太和二十年復。天平初屬。貴鄉　天平二年分館陶置，治趙城。有東中郎將治。有空陵城、闞城。

陽平郡　魏文帝黄初二年分魏置，治館陶城。

領縣八　户四萬七千四百四十四　口十六萬二千七十五

館陶　二漢屬魏郡，晉屬。有館陶城。清淵　二漢屬魏郡〔四〕，晉屬。有清淵城。樂平　二漢屬東郡，晉屬。前漢清縣，後漢章帝更名。治樂平城。發干　二漢屬東郡，晉屬。有發干城。臨清　太和二十一年置。武城　永安中置，天平元年罷，二年復。有武城。武陽　二漢、晉屬東郡，曰東武陽。後改，屬。陽平　二漢屬東郡，晉屬。永嘉後併樂平。太和二十一年復，屬。有陽平城、崗城〔五〕、趙簡子陵、武溝水、白馬淵。

廣平郡　漢武帝爲平干國，宣帝改爲廣平國。後漢建武中省，屬鉅鹿。魏文帝黄初二年復，改治曲梁城。

領縣六　户二萬三千七百五十　口十萬三千四百三

平恩　二漢屬魏郡，晉屬，治平恩城。有康臺澤。曲安　景明中分平恩置，治曲安城。邯鄲　二漢屬趙國，晉屬，後屬魏。真君六年屬。有紫山。廣平　前漢屬，後漢屬鉅鹿，晉屬，後罷。太和二十年復，治廣平城。曲梁　前漢屬，後漢屬魏，晉屬。廣年　前漢屬，後漢屬鉅鹿，晉屬，永嘉後廢。太和二十年復，治廣年城。

汲郡　晉武帝置，治枋頭〔六〕。

領縣六　　户二萬九千八百八十三　　口十萬二千九百九十七

北修武　孝昌中分南修武置，治清陽城。有清陽泉、馬泉〔七〕、丁公神、育河、陶河、熨斗泉、覆釜山、五里泉、七里熨、馬鳴泉、重泉、鄧城〔八〕、安陽城。南修武　二漢屬河內，晉屬。有黃家、吴城、宜陽城〔九〕。汲　二漢屬河內，晉屬，後罷。太和十二年復，治汲城。有比干墓、太公廟、陳城。興和二年，恒農人率户歸國，仍置義州於城中。朝歌　二漢屬河內，晉屬。有朝歌城、崔方城、大方山、淇水、白溝水、天井溝、苑城、新城、伏羲祠。山陽　二漢、晉屬河內，後屬。有沁陽城、南、北二武陽城。孝景二年置郡，初治共城，後移治山陽城，尋罷。獲嘉　二漢屬河內，晉屬，後省。太和二十三年復，治新洛城〔一〇〕。有獲嘉城。

廣宗郡　太和十一年立，尋罷，孝昌中復。

領縣三

户一萬三千二百六十二　口五萬五千八百九十七

廣宗 後漢屬鉅鹿，晉屬安平。中興中，立南、北廣宗，尋罷，後屬。有廣宗城、建始城、建德城。武强 真君三年併信都，太和二十二年復〔一〕。有武城。經 後漢、晉屬安平。真君二年併南宮，後復，屬。

東郡 秦置，治滑臺城。晉改爲濮陽，後復。天興中置兗州，太和十八年改。

領縣七

户三萬五百二十一　口十萬七千七百一十七

東燕 二漢屬，晉屬濮陽，後屬。有燕城、堯祠、伍子胥祠。平昌 孝昌二年分白馬置，治平昌城。白馬 二漢屬，晉屬濮陽，後屬。有朝溝、白馬、樊城、瓦亭城〔二〕。涼城 有涼城、南中城、西王母祠。酸棗 二漢、晉屬陳留，後屬。有酸棗城、肺山、白沙淵、望氣臺、五馬淵。長垣 二漢、晉屬陳留，後屬。真君八年併外黃，景明三年復。有平丘城、匡城、蒲城、子路祠、長垣城、衞靈公祠、龍城。長樂 武泰初分涼城置，有盤祠〔三〕。

北廣平郡 永安中分廣平置。

領縣三

戶一萬六千六百九十一　口九萬一千一百四十八

南和　前漢屬廣平，後漢屬鉅鹿，晉屬，後併任。太和二十年復。有左陽亭、沙陵、南和城一名嘉和城、安豐城。任　前漢屬廣平，後漢屬鉅鹿，晉屬。有廣平鄉城、宛鄉城、豐城、張相祠。襄國　秦爲信都，項羽更名。二漢屬趙國，晉屬，後併任。太和二十年復。有襄國城。

林慮郡　永安元年置。

領縣四

戶一萬三千八百二十一　口五萬二千三百七十二

林慮　二漢屬河内，晉屬汲郡。前漢名隆慮，後漢避殤帝名改焉。真君六年併鄴，太和二十一年復。有陵陽河，東流爲洹〔一四〕。臨淇　天平初分朝歌、林慮、共縣置。有王莽嶺。源河，東流爲淇。有黎川、祐栢嶺、黎城、淇城。共　二漢屬河内，晉屬汲。天平中屬。有星城、凡城、卓水陂、栢門山。栢門水，南流名太清水〔一五〕。有檜山、白鹿山。魏德　天平二年分朝歌置。有黑山〔一六〕、冷泉。

頓丘郡　晉武帝置。

領縣四

戶一萬七千二十二　口八萬七千六百六十三

頓丘　太和中併汲郡，餘民在畿外者景明中置。有魚陽澤、帝顓頊冢、帝嚳冢。衛國　二漢屬東郡，晉屬。漢曰觀，後漢光武改。有衛國城、衛康叔冢、子路冢、蒯聵冢、孔悝冢、衛輒冢、衛靈公冢、武鄉城。臨黄　真君三年併衛國，太和十九年復。有宫城、黄城、衛新臺、昌鄉水。陰安　二漢屬魏郡，晉屬。真君三年併衛國，太和十九年復。有陰安城、審食其冢。

濮陽郡　晉置，天興中屬兗州，太和十一年屬齊州，孝昌末又屬西兗。天平初屬。

領縣四

户一萬八千六百六十四　口五萬五千五百一十二

廩丘　前漢屬東郡，後漢屬濟陰，晉屬。有羊角哀左伯桃冢、管公明冢。濮陽　二漢屬東郡，晉屬。城陽　二漢、晉屬濟陰，後屬。有瓠子河、雷澤。鄄城　二漢屬濟陰，晉屬。

黎陽郡　孝昌中分汲郡置，治黎陽城。

領縣三

户一萬一千九百八十　口五萬四百五十七

黎陽　二漢、晉屬魏郡，後罷，孝昌中復，屬。有黎陽山。東黎　永安元年分黎陽置。頓丘　二漢屬東郡，晉屬頓丘，太和十八年屬汲，後屬。永安元年分入内黄，天平中罷。

清河郡　漢高帝置。

領縣四

戶二萬六千三十三　口十二萬三千六百七十

清河　二漢、晉屬。前漢曰厝，後漢安帝改爲甘陵，晉改。有河城〔一七〕。貝丘　二漢、晉屬。侯城　太和十三年置。有侯城。武城　二漢、晉曰東武城，屬，後改。有武城。有闇閽。

定州　太祖皇始二年置安州，天興三年改。

領郡五　縣二十四

戶一十七萬七千五百一　口八十三萬四千二百七十四

中山郡　漢高帝置，景帝三年改爲國，後改。

領縣七

戶五萬二千五百九十二　口二十五萬五千二百四十一

盧奴　州、郡治。二漢屬。世祖神䴥中置新城宮。有焉鄉城〔一八〕、樂陽城〔一九〕。上曲陽　前漢屬常山，後漢屬，晉屬常山。真君七年併新市，景明元年復，屬。有平樂城〔二〇〕。有恒山、嘉山、黑山、堯山、黄山。魏昌　二漢、晉屬，前漢曰苦陘，後漢章帝改爲漢昌，魏文帝改。有魏昌城、安城。新市　二漢、晉屬。有藺相如冢、義臺城〔二一〕、新市城。毋極　二漢屬，晉罷。太和十二年復，治毋極城。有新城、廉臺。**安喜** 二漢、晉屬，前漢曰安險，後漢章帝改。有天井澤、安喜城、趙堯祠。**唐** 二漢、晉屬。有左人城、寡婦城、唐水、狼山祠。

常山郡 漢高帝置，曰恒山郡，文帝諱恒，改爲常山，後漢建武中省真定郡屬焉。孝章建初中爲淮陽，永元二年復〔二二〕。

領縣七

户五萬六千八百九十　口二十四萬八千六百二十二

九門 二漢、晉屬，有常山城、九門城。有安樂壘、燕趙神、受陽壘、明臺神。**真定** 前漢屬真定國，後漢、晉屬。故東垣，漢高帝十一年改。有趙朔祠。**行唐** 二漢、晉曰南行唐，屬，後改。太和十四年置唐郡，二十一年罷郡立。熙平中移犢乾城，治唐城。**蒲吾** 二漢、晉屬。有嘉陽城。**靈壽** 二漢、晉屬。有房山〔二三〕、西王母祠、慈水。**井陘** 二漢、晉屬。有回星城。**石邑** 前漢屬，後漢罷，晉復，屬。有石邑城。

鉅鹿郡 秦置，後漢建武中省廣平國屬焉。

領縣三

户二萬七千一百七十二　口一十三萬二百三十九

曲陽 二漢、晉屬趙國〔二四〕，曰下曲陽，後改。有臨平城、真鄉城、曲鄉城，有堯祠、青丘。**槀城**

前漢屬真定，後漢屬，晉罷〔二五〕，太和十二年復。有肥壘〔二六〕。**鄡**〔二七〕二漢、晉屬。有鄡城、安定城。有西門、趙君神，有青丘、牛丘、黄丘、馳丘、靈丘。

博陵郡 漢桓帝置。

領縣四

户二萬七千八百一十二　口一十三萬五千七十

饒陽 前漢屬涿，後漢屬安平，晉屬。有魯口城、博陵城、三良神、饒陽城。**安平** 前漢屬涿，後漢屬安平，晉屬。治安平城。有樓、女貴人神。**深澤** 前漢屬涿，後漢屬安平，晉屬。二漢、晉曰南深澤，後改。有女蝸神祠。**安國** 二漢屬中山，晉屬。真君七年併深澤，景明二年復。有鹽石淵、安國城。

北平郡 孝昌中分中山置，治北平城。

領縣三

户一萬三千三十四　口六萬五千一百二

蒲陰 二漢、晉屬中山。前漢曰曲逆，章帝改名。有蒲陰城、安國城、安陽、赤泉神〔二八〕。**北平** 二漢、晉屬中山。有北平城、木門城。**望都** 二漢、晉屬中山。有高昌城、朝陽城、伊祁山。有堯神、孫山〔二九〕。

冀州 後漢治高邑，袁紹、曹操爲冀州，治鄴，魏、晉治信都，晉世邵續治厭次，慕容垂治信都。皇始二年平信都，仍置。

領郡四　縣二十一

户一十二萬五千六百四十六　口四十六萬六千六百一

長樂郡 漢高帝置，爲信都郡，景帝二年爲廣川國，明帝更名樂成，安帝改曰安平，晉改。

領縣八

户三萬五千六百八十三　口十四萬三千一百四十五

堂陽 前漢屬鉅鹿，後漢、晉屬安平國，後屬，有荆丘。**棗强** 前漢屬清河，後漢罷，晉復，屬廣川。神瑞二年，併廣川，太和二十二年復，屬〔三〇〕。有煑棗城。**扶柳** 前漢屬，後漢、晉屬安平國。真君三年併堂陽，景明元年復。**索盧** 晉屬廣川。神瑞二年併廣川，太和二十二年復，屬。有索盧城。**廣川** 前漢屬，後漢屬清河，晉屬廣川，後屬。**南宮** 前漢屬，後漢、晉屬安平，後屬。**信都** 二漢、晉屬。有武陽城、安城、辟陽城。**下博** 二漢、晉屬。

勃海郡 漢高帝置，世祖初改爲滄水郡，太和二十一年復。

領縣四

户三萬七千九百七十二　口一十四萬四百八十二

南皮 二漢、晉屬。有勃海城。東光 二漢、晉屬。脩 前漢、晉屬，號脩，後改〔三一〕。有董仲舒祠。安陵 晉置，屬〔三二〕。

武邑郡 晉武帝置。

領縣五

户二萬九千七百七十五　口一十四萬四千五百七十九

武遂 前漢屬河間，後漢、晉屬安平，後屬。阜城 前漢屬勃海，後漢屬安平，晉屬勃海，後屬。有弓高城。灌津 前漢屬信都，後漢、晉屬安平，後屬。有竇氏冢。武邑 前漢屬信都，後漢、晉屬安平，後屬。武强 神光二年併武邑，太和十八年復〔三三〕。有武强淵。

安德郡 太和中置，尋併勃海，中興中復。

領縣四

户二萬二千二百一十六　口六萬八千三百九十六

平原 二漢、晉屬平原〔三四〕。真君三年併鬲，太和二十一年復，屬勃海，後屬。安德 二漢、晉屬平原，後屬勃海，後屬。繹幕 二漢、晉屬清河，真君三年併武城，太和二十一年復，後屬。鬲 二漢、晉屬平原，後屬勃海，後屬。治臨齊城。

并州　漢、晉治晉陽，晉末治臺壁，後治晉陽。皇始元年平，仍置。

領郡五　縣二十六

戶一十萬七千九百八十三　口四十八萬二千一百四十

太原郡

領縣十

戶四萬五千六　口二十萬七千五百七十八

晉陽　二漢、晉屬，真君九年罷榆次屬焉。有介子推祠。西南有懸甕山，一名龍山，晉水所出，東入汾。有晉王祠、梗陽城。同過水出木瓜嶺，一出沾嶺，一出大廉山，一出原過祠下，五水合道，故曰「同過」，西南入汾。出帝太昌中霸朝置大丞相府〔三五〕，武定初，齊獻武王上置晉陽宮。祁　二漢、晉屬。有祁城、祁奚墓、周黨冢、太谷水、趙襄子城。榆次　二漢、晉屬，真君九年併晉陽，景明元年復。有鹿臺山祠。長寧水，西北合同過。中都　二漢、晉屬。有榆次城、壽陽城、平譚城、原過祠、旱山。鄔　二漢、晉屬，後罷，太和十九年復。有中都〔三六〕。有鄔城、太岳山。慮水，入區夷澤。平遥　二漢、晉爲平陶屬，後改。有京陵城、平遥城、過山。沾　二漢屬上黨，晉屬樂平。真君九年罷樂平郡屬焉。有夾山。橡水〔三七〕出得車嶺〔三八〕，西北入汾。有汾陽、追城〔三九〕。受陽晉屬樂平，真君九年罷樂平，屬。有大陵城、文谷水。長安　泰常二年置，真君中省，景明初復。有二陵城、三角城。陽邑　二漢、晉屬，真君九年罷，景明二年復。有白壁嶺、樊陽水、八表山、涂水〔四〇〕。

上黨郡　秦置，治壺關城，前漢治長子城，董卓作亂，治壺關城，慕容儁治安民城，後還壺關城。皇始元年遷治安民，真君中復治壺關。有白馬祠、劉公祠、上黨關、石井關、天井關。

領縣五　户二萬五千九百三十七　口一十萬四千四百七十五

屯留　二漢、晉屬，有屯留城。鳳皇山，一名天冢山。大王山，上有關龍逄祠。有疑山、邁澤、黄沙嶺。絳水自寄氏界來入濁漳，因名交漳。余五城〔四一〕。陽水源出三梸山，東流合車臺水，東南入絳水。長子　二漢、晉屬，慕容永所都。有廉山，濁漳出焉〔四二〕。有長子城、應城、傾城、幸城。長灣水東流至梁川，北入濁漳。羊頭山下神農泉，北有穀關，即神農得嘉穀處。有泉北流至陶鄉，名陶水，合羊頭山水，北流入濁漳。有鮑宣墓。壺關　二漢、晉屬，後罷，太和十三年復。有羊腸坂、靜林山。鷄鳴嶺，一名火山〔四三〕。有赤壤川，其地寒而早霜。魯般門，一名天門。微子城、鐵鼓山、五馬門、令狐徵君墓、五龍祠。寄氏　二漢爲猗氏，屬。晉〔四四〕。景明元年復，改。有猗氏城。三想山北有水，源出蒲谷，東南流入絳水〔四五〕。有八禮泉、上黨谷。有盤秀嶺，藍水出其南，東流入濁漳〔四六〕。有方山、伏牛山。樂陽　普泰中分長子、寄氏置。有望天嶺，絳水所出。有堯廟。

鄉郡 石勒分上黨置武鄉郡，後罷，延和二年置。

領縣四

戶一萬六千二百一十　口五萬五千九百六十一

陽城 二漢、晉屬上黨，曰涅，永安中改。有涅城。覆甑山，涅水出焉，東南合武鄉水。**襄垣** 二漢、晉屬上黨。有五音山神祠、襄垣城、臨川城。**鄉** 郡治。晉屬上黨，真君九年罷遼陽屬焉。有武鄉城、魏城、榆社城。方山，上有堯廟。三臺嶺上有李陽墓，有古麻池，即石勒與李陽所爭池。**銅鞮** 二漢、晉屬上黨。有銅鞮城。石梯水東行入漳〔四七〕。有烏蘇城、沙石堆。有堯祠。

樂平郡 後漢獻帝置，真君九年治太原，孝昌二年復，治沾城。

領縣三

戶一萬八千二百六十七　口六萬八千一百五十九

遼陽 晉屬，真君九年併鄉，孝昌二年復。有黃澤嶺、遼陽城。**樂平** 晉屬，真君九年併沾〔四八〕，孝昌二年復。有象山祠、沾嶺、八賦嶺。**石艾** 前漢屬太原，後罷〔四九〕，晉屬。真君九年罷，孝昌六年復故名上艾，後改。有井陘關、葦澤關、董卓城、妒女泉及祠〔五〇〕。

襄垣郡 建義元年置，治襄垣城。

領縣四

戶七千五百一十三　口三萬六千五百六十七

襄垣 郡治。建義元年分鄉郡之襄垣置。有安民城、襄垣城。五原 建義元年分鄉郡之銅鞮置。

建義 建義元年分上黨之屯留置，有鹿臺山及祠。刈陵 二漢、晉曰潞，屬上黨，真君十一年改，後屬。有伏牛山、黎城、三壟山、積布山、潞城、武軍城、涉城。有涉水、臺壁。

瀛州 太和十一年分定州河間、高陽，冀州章武、浮陽置，治趙都軍城。

領郡三　縣十八〔五一〕

戶十萬五千五百四十九　口四十五萬一千五百四十二

高陽郡 晉置高陽國，後改。

領縣九

戶三萬五百八十六　口十四萬一百七

高陽 前漢屬涿，後漢屬河間國，晉復。有郝神、高陽城。博野 有博陸城、侯城〔五二〕、武城、中鄉城。蠡吾 前漢屬涿，後漢屬中山，晉屬。有清涼城、顓頊城、蠡吾城、石羊壘。易 前漢屬涿，後漢、晉屬河間，後屬。有易京。扶輿 前漢屬涿，後漢罷，晉復，屬。前漢、晉曰樊輿，後罷。太和中改，復。新城 二漢、晉曰北新城。前漢屬中山，後漢屬涿，晉屬。樂鄉 前漢屬信都，後漢罷，晉復，屬。有樂鄉城。永寧 有班姬神、石蘭神。清苑 高祖太和元年分新城置。

章武郡 晉置章武國，後改。

領縣五

户三萬八千七百五十四　口十六萬二千八百七十

成平 前漢屬勃海，後漢、晉屬河間國，後屬。治景城〔五三〕。有成平城〔五四〕、樂平城。平舒 前漢屬勃海，後漢屬河間國，晉屬。二漢、晉曰東平舒。有章武城、平鄉城。有城頭神、里城神。束州 前漢屬勃海，後漢屬河間國，晉屬。有束州城。文安 前漢屬勃海，後漢屬河間國，晉屬。有文安城〔五五〕、平曲城、廣陵〔五六〕、趙君神。西章武 正光中分滄州章武置。有章武城。

河間郡 漢文帝置河間國，後漢光武併信都，和帝永元三年復，晉仍爲國，後改。

領縣四

户三萬五千八百九　口十四萬八千五百六十五

武垣 前漢屬涿郡，後漢、晉屬。有武垣城、小陵城。樂城 二漢、晉屬，治河間城。有高平陵、二王陵。中水 前漢屬涿郡，後漢、晉屬河間國。鄚 後漢、晉屬，治阿陵城〔五七〕。有鄚城。

殷州 孝昌二年分定、相二州置，治廣阿。

領郡三　縣十五

戶七萬七千九百四十三　口三十五萬七千一十六

趙郡 秦邯鄲，漢高帝爲趙國，景帝又爲邯鄲，後漢建武中復〔五八〕，後改。

領縣五

戶三萬一千八百九十九　口一十四萬八千三百十四

平棘 二漢屬常山，晉屬。有平棘城。房子 二漢屬常山，晉屬。有房子城、回車城、平州城、嶂洪祠。元氏 二漢屬常山，晉屬。有元氏城、大嶺山。高邑 二漢屬常山。前漢曰鄗，後漢光武改，晉屬。有墠亭祠、漢光武即位碑。有高邑城。欒城 太和十一年分平棘置，治關城。有欒城。

鉅鹿郡 永安二年分定州鉅鹿置，治舊楊城〔五九〕。

領縣四

戶一萬三千九百九十七　口五萬八千五百四十九

廮陶 二漢、晉屬，治廮陶城。有沃州城。宋子 二漢屬，後罷。永安二年復，治宋子城。西經 永安二年分經縣置。有邑城、三女神。廮遙 永安二年分廮陶置，治楊城。有歷城。

南趙郡　太和十一年爲南鉅鹿，屬定州，十八年屬相州，後改。孝昌中屬。

領縣六

户三萬二千四十六　口十五萬一百一十三

平鄉　晉屬，後罷。景明二年復，治鉅鹿城。有平鄉城。南欒　二漢屬鉅鹿，晉罷，後復。真君六年併栢人，太和二十一年復。有南欒城。鉅鹿　二漢、晉屬鉅鹿，後屬。栢人　二漢、晉屬。有栢人城、栢鄉城。廣阿　前漢屬鉅鹿，後罷。太和十三年復。有廣阿城、堯臺、大陸陂、銅馬祠。中丘　前漢屬常山，後漢、晉屬趙國，晉亂，罷。太和二十一年復。有中丘城、伯陽城、鵲山祠。

滄州　熙平二年分瀛、冀二州置，治饒安城。

領郡三　縣十二

户七萬一千八百三　口二十五萬一千八百七十九

浮陽郡　太和十一年分勃海、章武置，屬瀛州，景明初併章武，熙平二年復。

領縣四

户二萬六千八百八十　口九萬八千四百五十八

饒安　二漢、晉屬勃海。前漢曰千童，靈帝改。有無棣溝、西鄉、茅焦冢。浮陽　郡治。二漢、晉屬勃海。西接漳水，衡水入焉，今謂之合口。有浮水。**高城** 二漢、晉屬勃海，治高城。有平津鄉。興和中縮流民立東西河郡隰城縣。武定末罷。**章武** 二漢屬勃海，晉屬章武，後屬。治章武城。有漢武帝臺。漳水，入海。有沾水〔六〇〕。大家姑祠，俗云海神，或云麻姑神。

樂陵郡 晉爲國，後改。

領縣四

户二萬四千九百九十八　口八萬五千二百八十四

樂陵 郡治。二漢屬平原，後屬，魏初置義興郡，晉太和中罷。有樂陵城、東鄉城、白麻泉神。**陽信** 二漢屬勃海，晉屬。治陽信城。有鹽山神祠。**厭次** 二漢屬平原，後漢曰富平，孝明改，晉屬。治馬領城。有蒲臺祠。有富平城，邵續居之，號邵城〔六一〕。中有鐵柱神、羊闌城。**濕沃** 前漢屬千乘國，後罷，晉復，屬。治亂城。有故閭閣、延鄉城、后父城。

安德郡 中興初分樂陵置，太昌初罷，天平初復，治般界。

領縣四

户一萬九千九百二十五　口六萬八千一百三十七

般 二漢、晉屬平原，後屬勃海，熙平中屬樂陵，後屬。治般城。有故般河。**重合** 二漢、晉屬勃海。正平元年併安陵，太和十八年復，後屬勃海。熙平中屬樂陵，後屬。治重合城。有苑康冢、勞敬通墓。**重平**　前漢屬勃海，後罷，孝昌中復，屬。有歐陽歙冢。**平昌**　二漢、晉屬平原。後漢、晉曰西平昌，後罷。太和二十二年復，屬勃海。熙平中屬樂陵，後屬。治平昌城。

肆州　治九原。天賜二年爲鎮，真君七年置州。

領郡三　縣十一

户四萬五百八十二　口一十八萬一千六百三十三

永安郡　後漢建安中置新興郡，永安中改。

領縣五

户二萬二千七百四十八　口一十萬四千一百八十五

定襄　前漢屬定襄，後漢屬雲中，晉屬新興。真君七年併雲中、九原、晉昌屬焉。永安中屬。有趙武靈王祠、介君神、五石神、關門山、聖人祠、皇天神、定襄城、撫城。**陽曲**　二漢、晉屬太原，永安中屬。有羅陰城、陽曲澤。**平寇**　真君七年併三堆、朔方、定陽屬焉。永安中屬。有鷄頭山神祠、三會河。**蒲子**　始光三年置，真君七年併平河屬焉。永安中屬。有索山祠。**驢夷**　二漢屬太原，曰慮虒，晉罷，太和十年復，改。永安中屬。有思陽城、驢夷城、倉城、代王神祠。

秀容郡　永興二年置，真君七年併肆盧、敷城二郡屬焉。

領縣四

戶一萬一千五百六　口四萬七千二十四

秀容 永興二年置。有秀容城、原平城、肆盧城、石鼓山神、女郎神、金山神、護君神、風神。石城 永興二年置。有大頹石神。肆盧 治新會城。真君七年併三會屬焉。有清天神、大羅山、臺城、大邗城。敷城 始光初置郡，真君七年改治敷城。有石谷山、亞角神、車輪泉神。

雁門郡 秦置，光武建武十五年罷，二十七年復。天興中屬司州，太和十八年屬。

領縣二

戶六千三百二十八　口三萬四百三十四

原平 前漢屬太原，後漢、晉屬。有陰館城、樓煩城、廣武城、龍淵神、亞澤神。廣武 前漢屬太原，後漢、晉屬。有東西二平原。

幽州 治薊城。

領郡三　縣十八

戶三萬九千五百八十　口一十四萬五百三十六

燕郡 故燕，漢高帝爲燕國，昭帝改爲廣陽郡，宣帝更爲國，後漢光武併上谷，和帝永元六年復爲廣陽郡〔六二〕，晉改爲國，後改。

領縣五　户五千七百四十八　口二萬二千五百五十九

薊　二漢屬廣陽，晉屬。有燕昭王陵、燕惠王陵、狼山神、房陵陂。廣陽　二漢屬廣陽，晉屬。有廣陽城。良鄉　二漢屬涿，晉屬范陽，後屬。治良鄉城。有大房山神。軍都　前漢屬上谷，後漢屬廣陽，晉屬。有觀石山、軍都關、昌平城。安城　前漢屬勃海，後漢屬廣陽，晉屬。有安次城、莨道城。

范陽郡　漢高帝置涿郡，後漢章帝改〔六三〕。

領縣七　户二萬六千八百四十八　口八萬八千七百七

涿　二漢屬涿，晉屬。有涿城、當平城、鸞城。固安　二漢屬涿，晉屬。有固安城、永陽城〔六四〕、金臺、三公臺、易臺。范陽　二漢屬涿，晉屬。有長安城、范陽城、梁門陂。莨鄉　晉屬。有莨鄉城。方城　前漢屬廣陽，後漢屬涿，晉屬。有臨鄉城、方城、韓侯城。容城　前、後漢屬涿，晉屬〔六五〕，後罷。太和中復。遒　二漢屬涿，晉屬。有遼城、南北二遒城。

漁陽郡　秦始皇置。真君七年併北平郡屬焉。

領縣六

戶六千九百八十四　口二萬九千六百七十

雍奴　二漢屬，晉屬燕國，後屬。真君七年併泉州屬。有泉州城、雍奴城。潞　二漢屬，晉屬燕國，後屬。真君七年併安樂、平谷屬焉。有樂山神。無終　二漢、晉屬右北平，後屬。有無終城、狼山。漁陽　二漢屬，晉罷，後復。有漁陽城、□樂城〔六六〕、桃花山。土垠　二漢、晉屬右北平，後屬。有北平城。徐無　二漢、晉屬右北平，後屬。有徐無城。

晉州　孝昌中置唐州，建義元年改。治白馬城。

領郡十二　縣三十一

戶二萬八千三百四十九　口一十萬三十九

平陽郡　晉分河東置。真君四年置東雍州，太和十八年罷，改置。

領縣五

戶一萬五千七百三十四　口五萬八千五百七十一

禽昌　二漢屬河東，晉屬，即漢、晉之北屈也〔六七〕。神䴥元年世祖禽赫連昌，仍置禽昌郡。真君二年改，七年併永安屬焉。有乾城、郭城。平陽　二漢屬河東，晉屬，州治。真君六年併禽昌〔六八〕，太和十一年復。有晉水〔六九〕、高梁城、龍子城、堯廟。襄陵二漢屬河東，晉屬。治襄陵城。臨汾二漢屬河東，晉屬。真君七年併泰平，太和十一年復。泰平真君七年置。有泰平城、齊城。

北絳郡孝昌三年置。治絳。

領縣二

户一千七百四十　口六千二百九十二

新安二漢屬恒農，晉屬河南，後罷。孝昌二年復，後屬。北絳二漢屬河東，晉屬平陽。二漢、晉曰絳，後罷。太和十二年復，改屬。

永安郡建義元年〔七〇〕。治永安城。

領縣二

户二千九百三十二　口一萬五百四十

永安二漢屬河東，晉屬平陽。前漢曰彘，順帝改。真君七年併禽昌，正始二年復，屬。治仇池壁。有霍山祠、趙城。楊二漢屬河東，晉屬平陽，後罷。太和二十一年復，後屬。治楊城。有岳陽山、東明神。

北五城郡興和二年置。

領縣三
户二百一十二　口八百六十四
平昌 興和二年置。石城 興和二年置。北平昌 興和二年置。
定陽郡 興和四年置。
領縣三〔七一〕
户四百九十八　口一千九百四十一
平昌 興和四年置。西五城 興和四年置。
敷城郡 天平四年置。
領縣一
户九十　口三百五十九
敷城 天平四年置。
河西郡 天平四年置。
領縣一
户二百五十六　口一千一百四十四
夏陽 天平四年置。

五城郡天平中置。

領縣三

户四百一十一　口一千六百一十八

北秦天平二年置。南秦天平二年置。永安元象元年置。

西河郡舊汾州西河民，孝昌二年爲胡賊所破，遂居平陽界，還置郡。

領縣三

户一千七百六十一　口四千九百九十七

永安孝昌中置。治白坑城。隰城孝昌中置。介休孝昌中置。

冀氏郡建義元年割平陽郡置。

領縣二

户一千三百二　口五千三百一十六

冀氏建義元年割禽昌、襄陵置。有冀氏城。合陽建義元年置。有合陽城。

南絳郡建義初置。治會交川〔七二〕。

領縣二

户八百三十六　口二千九百九十一

南絳太和十八年置，屬正平郡，建義初屬。小鄉建義元年罷〔七三〕。有小鄉城。

義寧郡建義元年置，治孤遠城。

領縣四

户二千四百七十八　口八千四百六十六

團城建義元年置。治陶谷川。義寧建義元年分禽昌置。安澤建義元年置。沁源建義元年置。郡治。

懷州天安二年置，太和十八年罷，天平初復。

領郡二　縣八

户二萬一千七百四十　口九萬八千三百一十五

河内郡漢高帝置。

領縣四

户九千九百五　口四萬二千六百一

野王二漢、晉屬，州、郡治。有太行山、華岳神。沁水二漢、晉屬，治沁城〔七四〕。有沁水、濟水。

河陽二漢、晉屬，後罷，孝昌中復。軹後漢、晉屬，治軹城。有軹關。

武德郡天平初分河内置。

領縣四

户一萬一千八百三十五　口五萬五千七百一十四

平皋二漢、晉屬河內。有平皋陂、平皋城、安昌城。温二漢、晉屬河內。有温〔七五〕、湨水〔七六〕。

懷二漢、晉屬河內。有長陵城、懷城。州二漢、晉屬河內。有雍城、中都城、金城。

建州慕容永分上黨置建興郡，真君九年省，和平五年復。永安中罷郡置州。治高都城。

領郡四　縣十

户一萬八千九百四　口七萬五千三百

高都郡永安中置。

領縣二

户六千四百九十九　口二萬七千六百三十五

高都二漢、晉屬上黨，後屬。陽阿二漢屬上黨，晉罷，後復，屬。有武靳關。

長平郡永安中置。治玄氏城〔七七〕。

領縣二

戶五千四百一十二　口二萬二千七百七十八

高平　永安中置。治高平城。玄氏　二漢、晉屬上黨。郡治。有羊頭山。

安平郡

領縣二

戶五千六百五十八　口一萬九千五百五十七

端氏　二漢屬河東，晉屬平陽，後屬。真君七年省，太和二十年復。濩澤　二漢屬河東，晉屬平陽，後屬。

泰寧郡　孝昌中置，及縣。

領縣四

戶一千三百三十五　口五千三百三十

東永安　西河　西濩澤　高延

汾州　延和三年爲鎮，太和十二年置州。治蒲子城。孝昌中陷，移治西河。

領郡四　縣十

戶六千八百二十六　口三萬一千二百一十

西河郡漢武帝置，晉亂罷。太和八年復。治茲氏城。

領縣三

户五千三百八十八　口二萬五千三百八十八〔七八〕

隰城二漢、晉屬。太延中改爲什星軍，太和八年復。有虞城、陽城。介休二漢屬太原，晉屬。晉亂罷，太和八年復。有木瓜山、鄔城。有郭林宗墓、介休城、太岳山祠。永安太和十七年分隰城置。

吐京郡真君九年置。孝昌中陷，寄治西河。

領縣二

户三百八十四　口一千五百一十三

新城世祖名嶺東，太和二十一年改。吐京世祖名嶺西，太和二十一年改。

五城郡正平二年置，孝昌中陷，寄治西河。

領縣三

户二百五十七　口一千一百一

五城世祖名京軍，太和二十一年改。有雞亭。平昌世祖名刑軍，太和二十一年改。有白馬谷。石城世祖爲定陽，太和二十一年改。

定陽郡舊屬東雍州，延興四年分屬焉。孝昌中陷，寄治西河。

領縣二

戶七百九十七　口三千二百八

定陽延興四年置。昌寧延興四年置。有陰、陽二城。

東雍州世祖置，太和中罷，天平初復〔七九〕。

領郡三　縣八

戶六千二百四十一　口三萬四百

邵郡皇興四年置邵上郡，太和中併河內，孝昌中改復。

領縣四

戶五十二　口一百五十八

白水有馬頭山。清廉有清廉山、白馬山。蒫平有王屋山。西太平

高涼郡

領縣二

戶四千四百四十五　口二萬一千八百五十三

高涼　太和十一年分龍門置。有高涼城、闇閣、麗姬冢。龍門　故皮氏，二漢屬河東，晉屬平陽，真君七年改，屬。有臨汾城。

正平郡　故南太平，神䴥元年改爲征平，太和十八年復。

領縣二

戶一千七百四十四　口八千三百八十九

聞喜　二漢、晉屬河東，後屬。有周陽城。曲沃　太和十一年置。

安州　皇興二年置，治方城，天平中陷，元象中寄治幽州北界。

領郡三　縣八

戶五千四百五　口二萬三千一百四十九

密雲郡　皇始二年置。治提攜城。

領縣三

戶二千二百三十一　口九千一十一

密雲　真君九年併方城屬焉。要陽　前漢屬漁陽，後漢、晉罷，後復，屬。有桃花山。白檀　郡治。

廣陽郡延和元年置益州，真君二年改爲郡。
領縣三
户二千八　口八千九百一十九
廣興延和二年置，真君九年併恒山，屬。燕樂州、郡治。延和九年置，真君九年併永樂〔八〇〕。
方城普泰元年置。
安樂郡延和元年置交州，真君二年罷州置。
領縣二
户一千一百六十六　口五千二百一十九
土垠真君九年置。安市二漢、晉屬遼東，真君九年併當平屬焉。
義州興和二年置，寄治汲郡陳城。
領郡七　縣十九
户三千四百二十八　口一萬六千七百六十四〔八一〕
五城郡永安中置，屬司州，天平中屬北豫州，武定五年屬。
領縣三

户二千一百　口一萬七千六十九

隰城永安中置。有鳳皇臺、安郎神、皇侯神。介休永安中置。五城永安中置。

泰寧郡興和中置。

領縣三

户二百二十八　口一千一百二十七

泰寧興和中置。義興興和中置。郃陽興和中置。

新安郡興和中置。

領縣三

户三百九十四　口一千五百九十五

西垣興和中置。新安興和中置。東垣興和中置。

澠池郡興和中置。

領縣三

户一百六十六　口八百二十八

北澠池興和中置。俱利興和中置。西新安興和中置。

恒農郡興和中置。

領縣三

戶九十三　口五百四十三

恒農興和中置。北郟興和中置。崤興和中置。

宜陽郡興和中置。

領縣三

戶一百六十九　口六百八十六

宜陽興和中置。南澠池興和中置。金門興和中置。

金門郡興和中置。

領縣一

戶二百七十八　口一千二百一十七

北陸興和中置。

南汾州

領郡九　縣十八

戶一千九百三十二　口七千六百四十八

北吐京郡

領縣四

戶八十八　口三百五十一

平昌　北平昌　石城　吐京

西五城郡

領縣三

戶二百四十七　口一千一百一十八

西五城　昌寧　平昌

南吐京郡

領縣一

戶三十二　口七十三

新城

西定陽郡

領縣一

戶四十二　口一百四十

洛陵
定陽郡
領縣一
户五十四　口一百九十
永寧
北鄉郡
領縣二
户二百九　口七百五十九
龍門　汾陰
五城郡
領縣二
户二百一十四　口八百八十四
五城　平昌
中陽郡
領縣二

戶四百六十八　口一千六百三十七

洛陵　昌寧

龍門郡

領縣二

戶五百七十八　口二千四百九十六

西太平　汾陽

南營州孝昌中營州陷，永熙二年置。寄治英雄城。

領郡五　縣十一

戶一千八百一十三　口九千三十六

昌黎郡永興中置。

領縣三

戶五百九　口二千六百五十八

龍城永熙中置。廣興永熙中置。定荒興和中置。

遼東郡永熙中置。

領縣二

戶五百六十五　口二千六百三十四

太平永熙中置。新昌永熙中置。

建德郡永熙中置。

領縣二

戶一百七十八　口八百一十四

石城永熙中置。廣都興和中置。

營丘郡天平四年置。

領縣三

戶五百一十二　口二千七百二十七

富平天平四年置。永安元象中置。帶方元象中置。

樂良郡天平四年置。

領縣一

戶四十九　口二百三

永樂興和二年置。

東燕州太和中分恒州東部置燕州，孝昌中陷，天平中領流民置。寄治幽州宣都城〔八二〕。

領郡三　縣六〔八三〕

户一千七百六十六　口六千三百一十七

平昌郡孝昌中陷，天平中置。

領縣二

户四百五十　口一千七百一十三

萬言〔八四〕天平中置。　昌平天平中置。有龍泉。

上谷郡天平中置。

領縣二

户九百四十二　口三千九十三

平舒孝昌中陷，天平中置。　居庸孝昌中陷，天平中置。

徧城郡武定元年置。

領縣二

户三百七十四　口一千五百一十三

廣武　武定元年置。沃野　武定元年置。

營州治和龍城。太延二年爲鎮，真君五年改置。永安末陷，天平初復。

領郡六　縣十四

戶一千二十一　口四千六百六十四

昌黎郡晉分遼東置，真君八年併冀陽屬焉。

領縣三

戶二百一　口九百一十八

龍城　真君八年併柳城、昌黎、棘城屬焉。有堯祠、榆頓城、狼水〔八五〕。廣興　真君八年併徒何、永樂、燕昌屬焉。有鷄鳴山、石城、大柳城。定荒　正光末置。有鹿頭山、松山。

建德郡真君八年置。治白狼城。

領縣三

戶二百　口七百九十三

石城　前漢屬右北平，後屬。真君八年併遼陽、路、大樂屬焉。有白鹿山祠。廣都　真君八年併白狼、建德、望平屬焉。有金紫城。陽武　正光末置。有三合城。

遼東郡 秦置，後罷。正光中復。治固都城。

領縣二

戶一百三十一　口八百五十五

襄平 二漢、晉屬，後罷。正光中復。有青山。新昌 二漢、晉屬，後罷。正光中復。

樂良郡 前漢武帝置，二漢、晉曰樂浪，後改，罷。正光末復。治連城。

領縣二

戶二百一十九　口一千八

永洛 正光末置。有鳥山。帶方 二漢屬，晉屬帶方，後罷。正光末復，屬。

冀陽郡 真君八年併昌黎，武定五年復。

領縣二

戶八十九　口二百九十六

平剛　柳城

營丘郡 正光末置。

領縣二

戶一百八十二　口七百九十四

富平正光末置。永安正光末置。

平州晉置。治肥如城。

領郡二　縣五

戶九百七十三　口三千七百四十一

遼西郡秦置。

領縣三

戶五百三十七　口一千九百五

肥如二漢、晉屬。有孤竹山祠、碣石、武王祠、令支城、黄山、濡河。陽樂二漢、晉屬，真君七年併令支、含資屬焉〔八六〕。有武歷山、覆舟山、林榆山、太真山。海陽二漢、晉屬。有横山、新婦山、清水。

北平郡秦置。

領縣二

戶四百三十　口一千八百三十六

朝鮮二漢、晉屬樂浪，後罷。延和元年徙朝鮮民於肥如，復置，屬焉。新昌前漢屬涿，後漢、晉屬遼東，後屬〔八七〕。有盧龍山。

恒州天興中置司州，治代都平城，太和中改。孝昌中陷，天平二年置，寄治肆州秀容郡城。

領郡八　縣十四

代郡秦置，孝昌中陷，天平二年置。

領縣四

平城二漢、晉屬雁門，後屬。太平　武周二漢屬雁門，晉罷，後復，屬。永固

善無郡天平二年置。

領縣二

善無前漢屬雁門，後漢屬定襄，後屬。沃陽

梁城郡天平二年置。

領縣二

參合前漢屬代，後漢、晉罷，後復，屬。裋鴻〔八八〕

繁畤郡天平二年置。

領縣二

崞山二漢、晉曰崞，屬雁門，後改，屬。繁畤二漢、晉屬雁門，後改，屬。

高柳郡永熙中置。

領縣二

安陽二漢曰東安陽，屬代郡，晉屬，後改，屬。高柳二漢屬代郡，晉罷，後復，屬。

北靈丘郡天平二年置。

領縣二

靈丘前漢屬代，後漢、晉罷，後復，屬。莎泉

內附郡天平二年置。

靈丘郡天平二年置〔八九〕。

朔州本漢五原郡，延和二年置爲鎮，後改爲懷朔，孝昌中改爲州。後陷，今寄治并州界。

領郡五　縣十三

大安郡

領縣二

狄那　捍殊

廣寧郡
領縣二
石門　中川
神武郡
領縣二
尖山　殊頹
太平郡
領縣三
太平　太清　永寧
附化郡
領縣四
附化　息澤　五原　廣牧〔九〇〕
雲州　舊置朔州，後陷，永熙中改〔九一〕，寄治并州界。
領郡四　縣九

盛樂郡永熙中置。

領縣二

歸順永興中置〔九二〕，州、郡治。還安永熙中置。

雲中郡秦置〔九三〕。

領縣二

延民永興中置。雲陽永熙中置。

建安郡永熙中置。

領縣二

永定永熙中置。永樂永熙中置。

真興郡永熙中置。

領縣三

真興永熙中置。建義永熙中置。南恩永熙中置。

蔚州永安中改懷荒、禦夷二鎮置，寄治并州鄔縣界。

領郡三　縣七

始昌郡永安中置。

領縣二

干門永安中置。蘭泉永安中置。

忠義郡永安中置。

領縣二

葦池永安中置。楊柳永安中置。

附恩郡天平中置。

領縣三〔九四〕

西涼天平中置。利石天平中置。化政天平中置。

顯州永安中置。治汾州六壁城。

領郡四　縣四

定戎郡永安中置，治瓜城。

領縣二

零山永安中置。陽林永安中置。

建平郡永安中置，州治。
領縣二
昇原永安中置。赤谷永安中置。
真君郡天平中置，治東多城。
武昌郡武定四年置，治團城。
廓州武定元年置。治肆州敷城界郭城。
領郡三
廣安郡武定元年置。
永定郡武定元年置。
建安郡武定元年置。
武州武定元年置。治雁門川，武定三年始立州城。
領郡三　縣四
吐京郡武定八年置。

領縣二

吐京　武定三年置。新城　武定三年置。

齊郡　武定元年置，州治。

領縣二

昌國　武定元年置。安平　武定元年置。

新安郡　武定元年置。

西夏州　寄治并州界。

領郡二

太安郡

神武郡

寧州　興和中置，寄治汾州介休城。

領郡四

武康郡　武定四年置，治東多城。

靈武郡　武定元年置。

初平郡　武定元年置。

武定郡　武定元年置。

靈州　太延二年置薄骨律鎮，孝昌中改，後陷關西。天平中置，寄治汾州隰城縣界。郡縣闕。

前自恒州已下十州，永安已後，禁旅所出，户口之數，並不得知。

校勘記

〔一〕蕩城　温曰鑑魏書地形志校録（下簡稱温校）：「當即『蕩陰城』，脱『陰』字。」按上文即云「天平初併蕩陰」，「蕩城」即「蕩陰城」。

〔二〕有南部右部西部尉　「尉」字原闕。殿本考證：「按此句下當脱『尉』字，下文臨漳縣注『有左部、東部、北部尉』，即其證也。」按隋書卷二七百官志中：「鄴又領右部、南部、西部三尉。」考證説是，今據補。

〔三〕後漢屬鉅鹿　「鉅鹿」二字原闕，按後漢書志第二十郡國志二列人屬鉅鹿郡，今據補。

〔四〕二漢屬魏郡　「魏」字原闕。殿本考證：「『郡』字上當有『魏』字，係從來刊本之脱。」按清淵屬魏郡，見漢書卷二八上地理志上、後漢書志第二十郡國志二。今據補。

〔五〕崗城　疑當作「岡成城」。按後漢書志第二十一郡國志三東郡陽平侯國有「岡成城」。

〔六〕枋頭　原作「城頭」。温校及張穆延昌地形志（下簡稱延昌志）卷二、楊守敬北魏地形志札記（下簡稱楊校）並云「城」乃「枋」字之訛。按元和志卷一六衞州衞縣條，東魏汲郡治枋頭，今據改。

〔七〕馬泉　疑當作「焦泉」。延昌志卷二汲郡脩武作「焦泉」：「收志作『馬泉』，涉下『馬鳴泉』而誤。」按水經注卷九清水：「有丁公泉發于焦泉之右。」地望相合。此注「焦泉」下即舉「丁公神」，亦可證。

〔八〕鄧城　原作「郡戒」。按水經注卷九清水云鄧城西北有重泉，此注「郡戒」上即「重泉」，可證「郡戒」乃「鄧城」之訛。今據改。

〔九〕宜陽城　疑爲「南陽城」之訛。按水經注卷九清水：吴陂水「上承吴陂于脩武縣故城西北。脩武，故甯也，亦曰南陽矣」，「故應劭地理風俗記云：『河内，殷國也，周名之爲南陽。』又曰：『晉始啓南陽，今南陽城是也，秦始皇改曰脩武。』」則南陽城即脩武故城。水經注同卷載，脩武故城南陽城西北有「吴陂」，下又見「吴亭」，傍吴陂西。此志上文之「吴城」，當即「吴亭」。

〔一〇〕新洛城　即「新樂城」。水經注卷九清水：「清水又東周新樂城，城在獲嘉縣故城東北。」當時地名慣用同音或音近字，「樂」作「洛」者屢見。

〔一〕太和二十二年復　「二十二年」，北監本、殿本、汲本、局本作「二十一年」。

〔二〕瓦亭城　原作「凡豪城」。按水經注卷八濟水：「酸瀆水又東北逕燕城北，又東逕滑臺城南，又東南逕瓦亭南。春秋定公八年，公會晉師於瓦。」楊守敬水經注疏（下簡稱楊疏）此條下熊會貞按：「地形志，白馬有凡豪城，『凡豪』乃『瓦亭』之誤，在今滑縣南。」今據改。

〔三〕盤祠　「祠」字原闕。楊校：「『盤』字有脱文。按水經河水注：河水東北逕涼城縣，河北有盤祠。則此脱『祠』字。」今據補。

〔四〕東流爲洹　「洹」，原作「垣」。殿本考證：「『垣』應作『洹』。後漢郡國志一河内郡林慮注『徐廣曰：洹水所出，蘇秦合諸侯盟處』是也。」温校、楊校並引水經注卷九洹水證此「垣」乃「洹」字之訛。今據改。

〔五〕栢門水南流名太清水　「栢門水」，原作「桓門水」。温校：「『桓』當作『栢』。水經注清水作『北門陂，陂方五百步，在共縣故城西』，『其水三川南合，謂之清川』。」按水經注戴校本「北門陂」作「百門陂」。元和志卷一六衞州共城縣有「百門陂」。「栢」「百」同音通用，又此水前即舉「栢門山」。温説是，今據改。

〔六〕黑山　原作「累山」。楊校：「水經蕩水注：長沙溝水導源黑山，東流逕晉鄙故壘北，名之爲魏將城。魏將城即此魏德，是黑山近魏德，『累山』當作『黑山』矣。」按元和志卷一六衞州衞縣稱「黑山在縣北五十五里」。楊説是，今據改。

〔一七〕河城　「河」上疑脱「清」字。按水經注卷五河水：「(屯氏別河)又東北逕清河故城西。」

〔一八〕焉鄉城　原作「焉卿城」。按水經注卷一一滱水引中山記「盧奴有三鄉」。楊疏熊會貞謂此「焉卿」乃「焉鄉」之訛。其説是，今據改。

〔一九〕欒陽城　即水經注卷一一滱水之「欒羊城」。温校漢書卷二八上地理志上常山郡之欒陽城當之，遠在盧奴西南，地望不合。

〔二〇〕平樂城　「平」字原半殘，北監本、汲本、殿本、局本注「闕」。按水經注卷一一滱水：胡泉水「逕上曲陽縣南，又東逕平樂亭北」。「平樂亭」當即「平樂城」，今補正。

〔二一〕義臺城　原作「羲臺城」。按本書卷二太祖紀皇始二年十月魏燕「戰於義臺塢」。晉書卷一二四慕容寶載記：「麟出據新市，與魏師戰於義臺。」通鑑卷一〇九晉紀三一隆安元年十月魏燕「戰於義臺」，胡注：「魏收魏書地形志，『新市縣有義臺城』。」是胡三省所見魏書，本作「義臺城」。今據改。

〔二二〕孝章建初中爲淮陽　永元二年復　「建初中爲淮陽」之説誤。按卷後宋人校語：「今案後漢書，章帝建初四年四月徙常山王昞爲淮陽王，和帝永元二年五月紹封故淮陽王昞子側爲常山王。昞傳云徙淮陽王，以汝南之新安、西華益淮陽國。昞自常山徙封淮陽，非改常山爲淮陽，蓋魏收之誤。」

〔二三〕房山　原作「所山」。温校：「『所』當作『房』。」後漢書章帝紀元和三年幸趙，祠房山於靈壽。

蓋漢人隸書『房』或作『防』，因訛爲『所』耳。」按元和志卷一七恒州房山縣：「房山一名王母山，在縣西北五十里，漢武帝於此山上立祠，今王母觀是也。」房山縣開皇十六年置，北魏此山當在靈壽境。志於「所山」下即舉「西王母祠」，可證「所山」乃「房山」之訛，今據改。

〔二四〕二漢晉屬趙國　「二漢」下疑脱「屬鉅鹿」三字。温校：「漢志下曲陽屬鉅鹿，不屬趙國。」按漢書卷二八上地理志上鉅鹿郡下曲陽師古曰：「常山有上曲陽，故此云下。」後漢書志第二十郡國志二鉅鹿郡有下曲陽。

〔二五〕後漢屬晉罷　温校：「郡國志二鉅鹿郡無稾城，蓋後漢省也。」

〔二六〕有肥壘　錢大昕考異卷二九：「按漢志真定有肥纍縣，晉以後蓋省入稾城，當云『有肥纍城』，後人轉寫作『壘』，又脱『城』字，誤以爲壘壁之『壘』矣。」

〔二七〕鄡　原作「鄵」，南監本、北監本、殿本、局本作「鄵」。按錢大昕考異卷二九：「『鄵』不成字，當作『鄡』。説文：『鄡，鉅鹿縣，從邑，梟聲。』漢志作『鄡』，『県』與『梟』文異而音義同。」按錢説是，今據改。下「鄵城」同改。

〔二八〕安陽赤泉神　「赤泉神」，疑當作「亭泉神」。按水經注卷一一滱水：蒲水「側有古神祠。……又南逕安陽亭東」。楊疏熊會貞按：「地形志蒲陰縣有『安陽赤泉神』，疑『赤』爲『亭』之誤，謂下『安陽亭』。『泉神』，即此水側神祠也。」

〔二九〕孫山　疑當作「孤山」。按水經注卷一一滱水：高昌城東「有山孤峙，世以山不連陵，名之曰孤山」。楊疏熊會貞云：「地形志，望都有孫山，『孫』與『孤』形近，乃『孤』之誤。」

〔二〇〕太和二十二年復屬　「二十二年」，南監本作「二十一年」。「復」，原作「後」，據局本改。按上稱「神瑞二年，併廣川」，知「後」乃「復」之訛，下文索盧縣也是神瑞二年併廣川，即云「太和二十二年復，屬」，可證。

〔二一〕脩前漢晉屬號脩後改　按錢大昕考異卷二九：「『脩』，與漢、晉無異文，何以云改？據列傳高氏、封氏皆稱『勃海蓨人』，乃知晉以前本作『脩』，後魏改從艸耳。上『脩』字當作『蓨』。」楊校：「按元和志：德州蓨縣，本漢條縣，即條侯國，屬信都，後漢屬渤海，晉改『條』爲『脩』，隋廢渤海郡，改『脩』爲『蓨』。漢志信都國脩縣，顏氏亦音『條』；周亞夫封條侯，功臣表作『脩』，郡國志亦作『脩』，宋志始以『脩』作『蓨』；後魏志仍作『脩』，而高湖、高肇等傳皆作『蓨』。是『脩』『蓨』『條』古通用。」按三字通用，誠然。但此縣既標名作「脩」，與漢、晉同，何以又說「後改」，不能釋錢氏之疑。疑縣名本作「蓨」，否則「號脩」之「脩」作「條」。

〔二二〕晉置屬　「屬」上原有「勃」字。按晉書卷一四地理志上冀州渤海郡有東安陵。元和志卷一七德州安陵：「本漢蓨縣地，晉立安陵縣，屬渤海郡。」此處本繫於勃海郡下，無須更說「屬勃海郡」，知「勃」字衍，今刪。

〔二三〕神光二年併武邑太和十八年復　「二年」，原作「一年」。按年號稱元年爲慣例，無作「一年」者，今據南監本、北監本、殿本改。楊校：「後魏無『神光』之號，而有『神瑞』，此『光』爲『瑞』

之誤。」按「神光」顯誤，但太和前魏有「神瑞」，也有「始光」、「神麚」，未知孰是。

〔二四〕二漢晉屬平原　「平原」二字原闕。按温校：「『晉屬』下當有『平原』二字。」元和志卷一七德州平原：「本漢舊縣，屬平原郡，後漢屬平原國，後魏屬安德郡。」晉書卷一四地理志上冀州平原國有平原。今據補。

〔二五〕出帝太昌中霸朝置大丞相府　「太昌」，原作「永昌」。楊校：「孝武帝改元太昌，非永昌也。此『永』爲『太』之誤。」北史卷六齊本紀上稱：「并州平，神武以晉陽四塞，乃建大丞相府而定居焉。」按「并州平」在太昌元年七月，見本書卷一一出帝紀。楊説是，今據改。

〔二六〕中都　此下疑脱「城」字。温校：「『中都』下脱『城』字。郡國志（志五并州太原郡）中都縣引杜預曰：界休縣南中都城是也。」按鄔縣在界休東北，此城若在界休南，不得入鄔縣注，下「太岳山」即霍山，也是中隔界休。又，中都（城）不入中都縣注、上文榆次城入中都縣而不入榆次縣，若非誤記，則魏末政區改異所致，難以索解。

〔二七〕橡水　原作「豫水」。按本書卷一一二下靈徵志下正光三年六月：「并州静林寺僧在陽邑城西橡谷掘藥。」元和志卷一三太原府太谷縣：「蔣谷水，今名象谷水，源出縣東南象谷。」水經注卷六洞過水有「蔣谷水」。楊疏據上引靈徵志及元和志證地形志「豫水」乃「橡水」之訛，亦即蔣谷水。楊説是，今據改。

〔二八〕得車嶺　疑當作「軒車嶺」。按水經注卷六洞過水：「有蔣谷大道，度軒車嶺，通於武鄉。」楊疏據此認爲「得車嶺」乃「軒車嶺」之訛。

〔三九〕汾陽追城　「追」字疑衍，或爲「故」字之訛。按水經注卷六汾水：「汾水又南逕汾陽縣故城東。」

〔四〇〕涂水　原作「徐水」。按水經注卷六洞過水：涂水「出陽邑東北大嵰山涂谷西南」。温校、楊校並據此證「徐水」爲「涂水」之訛。今據改。

〔四一〕余五城　即「余吾城」。按漢書卷二八上地理志上上黨郡有余吾縣，後漢書志第二十三郡國志五上黨郡屯留縣注引上黨記「有余吾城，在縣西北三十里」。水經注卷一〇濁漳水有「余吾故縣城」，楊疏：「地形志，屯留有余五城，『五』乃『吾』之訛，在今屯留縣西北十八里。」按此亦當是音近通用。

〔四二〕有廉山濁漳出焉　「廉山」，楊校：「水經濁漳注：水出鹿谷山。此『廉』爲『鹿』之誤，並脱『谷』字。」温校引漢書卷二八上地理志上上黨郡長子縣「鹿谷山，濁漳水所出」，但以爲「鹿谷山」乃「廉山」之異名。

〔四三〕雞鳴嶺一名火山　「火山」，原作「大山」。按元和志卷一五、寰宇記卷四五潞州上黨縣並作「火山」，今據改。

〔四四〕二漢爲猗氏屬晉　「晉」下疑有脱文，或爲衍字。楊校：「按元和志，漢猗氏，至晉省，則此脱『省』字。」檢元和志卷一二晉州冀氏縣：「本漢猗氏縣地也，屬上黨郡。至晉省。後魏莊帝於猗氏城南置冀氏縣，屬晉州。」但晉書卷一四地理志上河東郡有猗氏並注「古猗頓城」，卷五一王接傳謂其「河東猗氏人」。寰宇記卷四六蒲州猗氏縣又稱「後漢及晉不改，西魏恭帝二年改猗氏爲桑泉縣。周明帝復改桑泉縣爲猗氏縣」。則晉省猗氏，殊非定説。

〔四五〕絳水　原作「給水」。楊校：「寄氏不聞有給水，一統志引『給』作『絳』是也。」按山西通志卷一九引本志亦作「絳水」。今據改。

〔四六〕藍水出其南東流入濁漳　「入」，原作「令」，南監本作「合」，據北監本、汲本、殿本、局本改。

〔四七〕石梯水東行入漳　「石梯水」，原作「石弟水」。楊校：「寰宇記石梯山下引水經注曰：銅鞮縣有石梯山。今水經注云銅鞮水『出銅鞮縣西北石隥山』，是『石隥山』即『石梯山』，『銅鞮水』即『石梯水』也。此『弟』爲『梯』之脱爛。」按元和志卷一五潞州銅鞮縣有「石梯山」，今據改。

〔四八〕真君九年併沾　「沾」，原作「治」。楊校：「元和志太原府樂平縣『樂平縣，本漢沾縣』。『沾』與『治』形近，此『治』爲『沾』之誤。」楊説是，今據改。

〔四九〕前漢屬太原後罷　按此云「後罷」不確，温校：「按郡國志上艾屬常山國，未嘗廢也。」

〔五〇〕妒女泉及祠　「妒女泉」，原作「宏女泉」。温校：「『宏』當爲『妒』字之訛……元和郡縣志廣陽縣下云：『澤發水一名阜漿水，亦名妒女泉，源出縣東北董卓壘東。……泉旁有祠，土人祀之。』」温説是。又，魏收當避魏諱「宏」字，即本名作「宏」，也當改字。今據改。

〔五一〕縣十八　此三字原闕，據局本補。

〔五二〕侯城　疑當作「侯世城」。按水經注卷一一滱水，滱水逕博陵縣故城後，「又東北逕侯世縣故城南」。楊疏熊會貞按：「地形志博野有侯城，疑即侯世城也。」

〔五三〕景城　原作「京城」。按寰宇記卷六六瀛州景城縣：「漢舊縣，屬渤海郡，後漢省，後魏延昌二年自今縣南二十里徙成平縣來理之。」温校、楊校並以爲「京」乃「景」字之訛。今據改。

〔五四〕有成平城　「成」字原闕。按楊校據前引寰宇記卷六六瀛州景城縣云：「『平』上脱『成』字。蓋成平移治景城，其故城在縣境，故云『有成平城』也。」按寰宇記景城縣下有「成平故城」：「後魏徙理景城，因而荒廢。」楊説是，今據補。

〔五五〕有文安城　「城」字原闕。温校：「『文安』下脱『城』字。」按寰宇記卷六七霸州文安縣：「古文安城，在今縣東北三十里。」温説是，今據補。

〔五六〕廣陵　温校疑下脱「城」字。按也可能與下「趙君神」連讀。

〔五七〕治阿陵城　「阿」字原闕。按寰宇記卷六六莫州任丘縣：「故阿陵城，在縣東北二十里阿陵故城是。後漢省，後魏曾徙鄚縣理此。」温校、楊校並據此文證「陵城」上脱「阿」字，今據補。

〔五八〕後漢建武中復　殿本考證：「景帝三年改趙國爲邯鄲郡，五年即復爲趙國，是以前志列趙國，豈遲至光武復置乎？」

〔五九〕舊楊城　温校：「按『舊楊城』即楊氏縣也。」元和志趙州寧晉縣本春秋時晉楊氏邑，漢以爲縣，屬鉅鹿郡，晉省。」按舊唐書卷三九地理志二趙州寧晉縣：「漢楊氏縣，屬鉅鹿郡。今治即楊氏城也。後改爲廮陶，元魏改爲廮遥，隋復爲陶。天寶元年，改爲寧晉。」按「楊」下當有「氏」字，下廮遥縣注「治楊城」同。或當時習稱省「氏」字。

〔六〇〕沾水　疑當作「沽水」。温校引漢書卷二八下地理志下漁陽郡漁陽注「沽水出塞外，東南至泉州入海」及水經注卷一四沽水改「沾」爲「沽」。按水經注沽水，沽河逕泉州故城，「又東南合清河，今無水」，即鮑丘水之笥溝，在章武北。温説疑是。

〔六一〕有富平城邵續居之號邵城　「富平城」，原作「富城」。温校：「當作『富平城』，脱『平』字。」按水經注卷五河水五：「商河又東北流，逕馬嶺城西北，屈而東注，南轉逕城東……又東北逕富平縣故城北。」馬嶺城即厭次縣治，此「富城」自即「富平城」。又寰宇記卷六四棣州陽信縣：富平故城「在今縣東三十里……今名邵城」，與此志合。今據補。

〔六二〕和帝永元六年復爲廣陽郡　温校：「按後漢書和帝紀永元八年復置廣陽郡，此作『六年』誤也。郡國志作『永平八年』，蓋『永元』之誤。」

〔六三〕漢高帝置涿郡後漢章帝改　殿本考證：「按二漢俱名涿郡。晉志曰：范陽國，『漢置涿郡，魏文更名』。是改稱范陽非後漢章帝也。」温校同。按晉書卷一四地理志上：「范陽國，漢置涿郡。魏文更名范陽郡。武帝置國，封宣帝弟子綏爲王。」是改涿郡爲范陽郡者爲魏文帝。

〔六四〕永陽城　疑當作「武陽城」。按水經注卷一一易水：「易水又東逕武陽城南。蓋易自寬中歷武夫關東出，是兼武水之稱，故燕之下都，擅武陽之名。」下引傅逮述遊賦有「登金臺，觀武陽」之句。「武陽」燕之下都，水經注所記甚詳，范陽附近地名「永陽」者不見記載。傅逮之賦，「武陽」與「金臺」並舉，而此注「永陽城」下即「金臺」，可證「永陽城」乃「武陽城」之訛。

〔六五〕前後漢屬涿晉屬　温校：「按郡國志涿郡無『容城縣』，『後』字衍。『屬涿』下當云『後漢省』也。」按今檢後漢確無容城縣，但志例稱「二漢」，不稱「前後漢」，當非本書原誤。

〔六六〕□樂城　「□」，原作一字空格，南監本作墨釘，北監本、殿本注「闕」，汲本、局本作「有」。按「有」字已出上文「漁陽城」上，不應重複。水經注卷一四濕餘水、沽河皆見「安樂縣故城」，並引晉書地道記，云晉封劉禪安樂公，即此地。縣在漁陽縣東，地望相合，所闕疑是「安」字。

〔六七〕二漢屬河東晉屬即漢晉之北屈也　延昌志卷三平陽郡禽昌縣：「漢、晉北屈縣在今吉州東北，魏禽昌縣在今平陽東，相距絶遠，斷非一地。」

〔六八〕真君六年併禽昌　「併」，原作「復」，據三朝本、南監本、殿本、局本改。

〔六九〕晉水　原作「晉永」。温校：「『永』疑『水』之訛。水經注：平水出平陽縣西壺口山，又東逕平陽城南，東入汾，俗以爲晉水，非也。」楊校同。「永」字顯誤，今據改。

〔七〇〕建義元年　據前後文及史例，「元年」下當脱「置」字。

〔七一〕領縣三　楊校：「郡所領只二縣，『三』爲『二』誤。」按上云晉州領縣三十一，此處如只領二縣，則合計只三十縣，疑下脱去一縣。

〔七二〕會交川　疑當作「澮交川」。按水經注卷六澮水：「澮水又西南，與諸水合，謂之澮交。」

〔七三〕建義元年罷　「罷」，疑爲「置」字之訛。按郡於建義初置，建義也只有元年，不當在元年罷此縣。且此縣乃新置，先不言置，忽記其罷，不合常理。

〔七四〕沁城　温校：「當作『沁水城』。水經注：『蓋藉水以立名矣。』」

〔七五〕温　温校：「今本逸『城』字。寰宇記孟州温城在温縣西南三十里。」

〔七六〕浿水　楊校：「左傳杜注：『湨水出河内軹縣。』水經濟水注有『湨水』。義橋石像碑『沇、湨雙吐』字從『狊』，不從『貝』，此『浿』爲『湨』之誤。」温校亦引杜注，謂當作「湨水」。

〔七七〕治玄氏城　「玄氏」，北監本作「泫氏」。按漢書卷二八上地理志上、後漢書志第二十三郡國志五、晉書卷一四地理志上均作「泫氏」。楊守敬隋書地理志考證以爲此處「玄」字乃「泫」字之脱爛。按元和志卷一五澤州高平縣：「本漢泫氏縣，屬上黨郡，在泫水之上，故以爲名，後魏改爲玄氏。」則此處作「玄氏」，未必誤。當時地名常用同音或音近字，去水去土俱爲書寫異文。見於此志者，如「樂浪」之作「樂良」，「渤海」之作「勃海」，「湖陸」之作「胡陸」，「湖城」之作「胡城」，本非改名，亦非脱爛，此「泫氏」之作「玄氏」，亦屬此類。

〔七八〕口二萬五千三百八十八　此十字原闕，據南監本、殿本、局本補。

〔七九〕東雍州世祖置太和中罷天平初復　按本書卷五八楊播傳附楊侃傳：「建義初，除冠軍將軍、東雍州刺史，其年州罷。」與此異。又，卷一一出帝紀太昌三年二月見「行東雍州事泉企」，則亦不待「天平初」方復。

〔八〇〕真君九年併永樂　「永樂」，原作「氷樂」，北監本、汲本、殿本、局本作「水樂」，據南監本改。

〔八一〕口一萬六千七百六十四　殿本作「口一萬六千七百二十四」，南監本、局本作「口二萬三千六十五」。按南監本、局本所載數目與此州合加數相符。

〔八二〕寄治幽州宣都城　「宣都」，疑爲「軍都」之訛。按錢大昕考異卷二九：「按幽州無『宣都城』，一本作『宜都』，亦誤，當是『軍都』之訛。」楊校：「幽州燕郡有『軍都縣』，此『宜都』當作『軍都』。」

〔八三〕縣六　此二字原闕，據南監本、北監本、汲本、殿本、局本補。按下三郡所領實是六縣。

〔八四〕萬言　隋書卷三〇地理志中涿郡昌平縣：「開皇初郡廢，又省萬年縣入焉。」温、楊並據謂「言」爲「年」字之訛。

〔八五〕狼水　疑當作「白狼水」。按水經注卷一四大遼水：「白狼水又東北逕昌黎縣故城西。」寰宇記卷七一營州柳城縣引魏氏風土記：「黄龍城西南有白狼河東北流。」

〔八六〕併令支含資屬焉　「含資」，原作「合資」。按後漢書志第二十三郡國志四幽州樂浪郡、晉書卷一四地理志上幽州帶方郡並有「含資」，今據改。

〔八七〕前漢屬涿後漢晉屬遼東後屬　温校：「按此縣亦後魏僑置，當從朝鮮注爲例。且營州遼東郡新昌縣『二漢、晉屬』。此復書『後漢、晉屬遼東』，而以前漢涿郡之新昌合而爲一，牴牾甚矣。漢志，新昌明是兩縣：一屬涿郡，後漢省，今固安縣南三十里；一屬遼東，在今海城縣東。」

〔八八〕桓鴻　原有小注「一本作袛鴻」。温校：「通鑑注引此作『旋鴻』。考水經注：如渾水出涼城旋鴻縣。今志作『桓』及『袛』，未詳。」楊校亦引水經注卷一三如渾水注，云：「作『桓』作『袛』皆非。」今删小注。

〔八九〕天平二年置　「二年」，「二」字原闕，據北監本、殿本補。

〔九〇〕廣牧　原作「廣收」。按通鑑卷一五四梁紀一〇中大通二年十月「廣牧斛斯椿」胡注：「廣牧縣，漢朔方東部都尉治所也。魏省朔方，以廣牧縣屬新興郡。魏收志屬朔州附化郡。考椿傳，椿，廣牧富昌人，則又似廣牧自爲一郡也。」廣牧，兩漢屬朔方，漢末建安二十年屬新興郡，見漢書卷二八下地理志下、後漢書志第二十三郡國志五。胡注引此志亦作「廣牧」。今據改。

〔九一〕永熙中改　「永熙」，原作「永」。按魏末原北鎮改爲州郡，異動頻繁，涉及年號有永安、永興、永熙，而永熙中改置尤劇，今據北監本、殿本、汲本補。

〔九二〕永興中置　按此州他縣並云「永熙中置」，獨此縣及下雲中郡延民縣稱「永興」。雲中之置朔州，見於史傳者最早在太武帝拓跋燾時（魏書卷三七司馬楚之傳），永興是明元帝拓跋嗣年號，當時是否立州，已不可知。疑兩處「永興」皆「永熙」之訛。

〔九三〕秦置　按晉已罷郡爲縣，屬新興郡，或魏置朔州時復置，或永熙復置。疑此下有脱文。

〔九四〕領縣三　「三」，原作「二」，據南監本、殿本、汲本、局本改。按此郡下實列三縣。

魏書卷一百六中

地形志二中第六

兗州　後漢治山陽昌邑，魏、晉治廩丘〔一〕，劉義隆治瑕丘，魏因之。

領郡六　縣三十一

户八萬八千三十二　口二十六萬六千七百九十一

泰山郡　漢高帝置。

領縣六

户二萬六千八百　口九萬一千八百七十三

鉅平　二漢、晉屬，治平樂城。有亭亭山祠、霍城、陽關城、鉅平城、祝丘、防城、龍山祠。奉高　二漢、晉屬。有梁父山、岱岳祠、玉符山、故明堂基。博平　二漢、晉曰博，屬，後改。有博平城、防城、龍山祠、野首山〔二〕、牟山祠、伍子胥廟。嬴　二漢、晉屬。有馬耳山祠，汶水出焉。唐阜、嬴城、銅冶山〔三〕。牟　漢、晉屬。有萊蕪城、平州城、牟城、望石山。梁父　二漢、晉屬。有菟裘澤，徂來山在北，梁父城、龜山、羊續碑、貞女山祠、雲母山。

魯郡　秦置，爲薛郡，高后改爲魯國。皇興中改。

領縣六〔四〕　户一萬五千一百六十　口四萬七千三百二十九

魯　二漢、晉屬。有牛首亭、五父衢、尼丘山、房山、魯城、叔梁紇廟、孔子墓、廟、沂水、泗水、季武子臺、顔母祠、魯昭公臺、伯禽冢、魯文公冢、魯恭王陵、宰我冢、兒寬碑。汶陽　二漢、晉屬。有桑杜丘、新甫山、嵎山、春舒城、汶陽城。鄒　二漢、晉屬。有叔梁紇城、嶧山、鄒山。陽平　劉駿置，魏因之。有滕城。新陽　前漢屬東海，後罷，劉駿復，魏因之。

高平郡　故梁國，漢景帝分爲山陽國，武帝改爲郡，晉武帝更名。

領縣四　户一萬一千一百二十四　口二萬五千八百九十六

高平　二漢屬山陽，晉屬。前漢橐也，後漢章帝更名。有洸水、千秋城、胡陸城、齊城、高平山、承雀山、伏羲廟。方與　二漢屬山陽，晉屬。有方與城。金鄉　後漢屬山陽，晉屬。有金鄉山、范巨卿冢碑。平陽　二漢、晉曰南平陽。漢屬山陽，晉屬。有平陽城、漆城、白馬溝。

任城郡 後漢孝章帝分東平爲任城國，晉永嘉後罷，神龜元年分高平置。

領縣三

戶八千五十　口二萬一千七百八十九

任城 前漢屬東平，後漢、晉屬。有任城、唐陽城、華陽城。亢父 前漢屬東平，後漢、晉屬。有亢父城、女媧冢、風伯祠。鉅野 二漢屬山陽，晉屬高平，後屬。有鉅野城、武安城、武平城、任山祠。

東平郡 故梁國，漢景帝分爲濟東國，武帝改爲大河郡，宣帝爲東平國，後漢、晉仍爲國，後改。

領縣七

戶二萬七百五十二　口六萬一千八百一十

無鹽 二漢、晉屬。有龍山、無鹽城、南章、北章城。范 有淶溝。須昌 前漢屬東郡，後漢、晉屬。治須昌城。有濟溝。壽張 有郈城[五]。平陸 二漢、晉屬，曰東平陸，後改。有廣武城。富城 二漢、晉屬。有富城、卜城、武强城、左丘明冢。剛 前漢屬泰山，後漢屬濟北，晉曰剛平，後改。治剛城。

東陽平郡 故東平地，劉義隆置，尋罷。劉駿復，魏因之。治平陸城。

領縣五

戶六千一百四十六　口一萬八千九十四

元城劉義隆置，魏因之。有寧陽城。樂平劉義隆置，魏因之。有青山祠、魯溝水。頓丘劉駿置，魏因之。有乘城。館陶劉義隆置，魏因之。有唐陽城。平原劉駿置，魏因之。有苦城、鉅野澤。

青州後漢治臨淄，司馬德宗治東陽，魏因之。

領郡七　縣三十七

戶七萬九千七百五十三　口二十萬六千五百八十五〔六〕

齊郡秦置。

領縣九

戶三萬八百四十八　口八萬二千一百

臨淄二漢、晉屬。有公孫接冢、晏嬰冢、齊莊公冢、營丘、齊臺、堯山祠。昌國二漢、晉屬。有紀信冢。益都魏置。有釣室。盤陽前漢屬濟南，後漢、晉屬。有朱虛城、大峴山。有甗山、鉅平山、太山祠。平昌前漢屬琅邪，後漢屬北海，晉屬城陽。延興三年屬。廣饒二漢、晉屬。有吳頭山。西安二漢、晉屬。有逢山、八士山。安平二漢、晉曰東平〔七〕，後改。前漢屬淄川，後漢屬北海，後屬。有覆釜山。廣川　有牛山、仲父冢、黑山、石硯山、齊桓公冢、四豪冢。

北海郡　漢景帝置，治平壽城。

領縣五

戶一萬七千五百八十七　口四萬六千五百四十九

下密　前漢屬膠東國，後漢屬，晉屬齊郡，後屬。劇　二漢屬，晉屬琅邪，後屬。有倉山。都昌　二漢屬，晉屬齊郡，後屬。有徐偉長冢。平壽　二漢屬，晉屬齊郡，後屬。有浮山。有金關山。膠東　前漢曰膠東國，後漢屬北海，晉屬齊郡，後屬。有逢萌冢。

樂安郡　漢高帝爲千乘國，後漢和帝更名樂安國，晉改。

領縣四

戶五千九百一十六　口一萬三千二百三十九

千乘　前漢屬千乘，後漢屬，晉罷，後復，屬。博昌　前漢屬千乘，後漢、晉屬。安德　般

勃海郡　故臨淄地，劉駿置，魏因之。

領縣三

戶五千二百七十九　口一萬三千七百五

重合　脩　長樂　有王陵冢。

高陽郡故樂安地，劉義隆置〔八〕，魏因之。

領縣五

户六千三百二十二　口一萬七千六百六十七

高陽　新城　鄚　安次　安平

河間郡劉義隆置，魏因之。

領縣六

户五千八百三十　口一萬四千八百一十八

阜城　城平　武垣　樂城　章武有張釋之冢。南皮劉駿置，魏因之。有望海臺。

樂陵郡故千乘地，劉義隆置，魏因之。

領縣五

户七千九百七十一　口一萬八千五百一十五

陽信有千乘城、博昌城。樂陵有薄姑城〔九〕。厭次　新樂　濕沃

齊州治歷城。劉義隆置冀州，皇興三年更名。

領郡六　縣三十五

户七萬七千三百七十八〔一〇〕　口二十六萬九千六百六十二

東魏郡 劉駿置，魏因之。治歷城，後徙臺城。

領縣九

户一萬九千一百三十　口七萬三千五百七十

蠡吾 劉駿置，魏因之。有龍山。頓丘 劉駿置，魏因之。有飛鳥峴。肥鄉 有平陵城、巨合城。聊城 有臺城、菅城〔一一〕。衛國 有挺城、石湯水、鷄山。博平 有土鼓城〔一二〕、逢陵城、長白山。安陽 有魚溝。東魏 有嶂山，出鐵〔一三〕。有蒼浪溝、時水。臨邑 劉駿置，魏因之。有刀環水、鵲山、隰陰城。

東平原郡 劉裕置，魏因之。治梁鄒。

領縣六

户一萬三千九百二十九　口四萬四百三

平原 有黄山。鬲 有高苑城、平原城。臨濟 有鄒平城、建新城。茌平 有□城〔一四〕。廣宗 有胡山、平郭城。高唐

東清河郡 劉裕置，魏因之。治盤陽城。

領縣七
戶六千八百一十　口二萬二千五百七十四
清河 繹幕有隴水。鄃有淳于髡冢、金雀山。零武城有昌國城。貝丘有萊蕪城。饒陽舊屬青州，太和十八年分屬。

廣川郡劉裕置，魏因之。
領縣三
戶三千九百四十五　口一萬三千四百七十二
武強 索盧 中水有長城、三總山。

濟南郡漢文帝爲濟南國，景帝爲郡，後漢建武中復爲國，晉改。
領縣六
戶二萬一十七　口六萬八千八百二十
歷城二漢、晉屬。有黄臺、華不注山、華泉、匡山、舜山祠、娥姜祠。著二漢、晉屬，治著城。平陵二漢、晉屬，曰東平陵，後改。有章丘城、洛盤城、平陵城、女郎山祠。土鼓二漢屬，晉罷，後復。有龍盤山。逢陵有於陵城。朝陽二漢屬，後漢曰東朝陽，後改。晉屬樂安，後屬。有朝陽城。

太原郡 劉義隆置，魏因之〔一五〕。

領縣四

戶一萬三千五百六十　口五萬八百二十三

太原 司馬德宗置，魏因之。治升城。有靡溝、垣城〔一六〕。祝阿 二漢屬平原，晉屬濟南，後屬。有唐城〔一七〕、陽城。山茌 二漢、晉屬泰山，後屬〔一八〕。有咸山、祇山、格馬山。盧 前漢屬太山，後漢、晉屬濟北，後屬。有盧城、平陰城、孝子堂。

鄭州 天平初置潁州，治長社城〔一九〕。武定七年改治潁陰城。

領郡三　縣九

戶六萬二千一百七十三　口二十七萬四千二百四十二

許昌郡 天平元年分潁川置。

領縣四

戶二萬五千三百二十七　口一十萬四千四百六十三

許昌 二漢、晉屬潁川，即許都也。治許昌城。有西梁城。扶溝 前漢屬淮陽，後漢、晉屬陳留，真君七年併長平，屬焉，後屬。有白亭城、蔡河、扶溝城、康溝水、龍洲陂、刀陵岡。鄢陵 二漢、晉屬潁川。有鄢陵城、馬領城、向城、張揚城、蔡澤陂、深陂、三門陂、唐且冢。新汲 二漢、晉屬潁川。有新汲城、長合城〔二〇〕、臨春城、平侯城、鴨子陂。

潁川郡 秦置，漢高改曰韓國，尋復。

領縣三

户二萬二千四十四　口一十萬五千九百九

長社 二漢、晉屬。有長葛城、長平城、望馬臺、雞鳴城、鍾皓墓、白雁陵。臨潁 二漢、晉屬。真君七年併潁陰屬之，有殷湯城〔二一〕。潁陰 二漢、晉屬。真君七年併臨潁，元象二年復。有荀爽墓、東西二武城、博望城。

陽翟郡

領縣二

户一萬四千八百二　口六萬三千八百七十

黄臺 興和元年分陽翟置。有葛溝水、黄臺岡。陽翟 二漢屬潁川，晉屬河南尹，興和元年屬。有陽翟城、康城、禹山祠、赤沙澗、九山祠、吕不韋墓。

濟州 治濟北碻磝城。泰常八年置。

領郡五　縣十五

戶五萬三千二百一十四　口一十四萬五千二百八十四[二]

濟北郡 漢和帝置。

領縣三

戶九千四百六十七　口二萬九千三百九十九

臨邑 二漢屬東郡，晉屬。有昌鄉城、臨邑城、吴城。東阿 二漢屬東郡，晉屬。有東阿城、衞城、濟城。盧 前漢屬泰山，後漢、晉屬。有柳舒城、鼓城[三]、盧子城。

平原郡 漢高帝置。皇始中屬冀州，太和十一年分屬，武泰初立南冀州，永安中罷州。

領縣四

戶二萬二千二百五十　口五萬九千四百三十七

聊城 二漢屬東郡，晉屬。魏置太平鎮，後罷併郡。有王城，郡、縣治。有畔城。博平 二漢屬東郡，晉屬。有博平城、桑葉城、漯水。茌平 前漢屬東郡，後漢屬濟北，晉屬。治鼓城。有茌平城、陽城。西聊 孝昌中分聊城置。治聊城。

東平郡 泰常中置，太和末罷，建義中復。治秦城。

領縣二

戶八千八百九十六　口二萬五千一百三

范 二漢屬東郡，晉屬兗州東平，後屬。治秦城。壽張 前漢曰壽良，屬東郡，光武改。後漢、晉屬兗州東平，後屬。有梁山、高陽城、豐城、雲城。

南清河郡 普泰中分平原置。治莒城〔二四〕。

領縣三

戶一萬一百三十五　口一萬三千九百八十五

鄃 二漢、晉屬清河，太和中屬平原。治鄃城。零 二漢、晉屬清河，太和中屬平原，後屬。治零城。有莒城。高唐 二漢、晉屬平原，後罷，景明三年復。

東濟北郡 孝昌三年置。

領縣三

戶二千四百六十四　口六千六百七十八

肥城 前漢屬泰山，後漢屬濟北，晉罷，後復，屬。治肥城。穀城 後漢屬東郡，晉屬濟北，後屬。

虵丘 前漢屬泰山，後漢、晉屬濟北，後屬。

光州 治掖城。皇興四年分青州置，延興五年改爲鎮，景明元年復〔二五〕。

領郡三　縣十四

戶四萬五千七百七十六　口一十六萬九百五十〔三六〕

東萊郡　漢高帝置。

領縣四

戶一萬九千一百九十五　口六萬二千四十四

掖　州、郡治。二漢屬，晉罷，後復。有掖山祠、秀陽山、斧山。西曲城　二漢、晉曰曲城，屬，後改。有倉石山。東曲城〔三七〕　皇興中分曲城置。有昌丘、日山。盧鄉　二漢、晉屬。有高君山、方山。

長廣郡　晉武帝置。治膠東城。

領縣六

戶一萬五千八百三十三　口五萬一千五百六十七

昌陽　二漢屬東萊，後罷，晉惠帝復，後屬。有挺城、望石山、凡馬祠、五龍廟、浮遊水。長廣　前漢屬琅邪，後屬東萊，晉屬。有馬山祠、即墨城、康王山祠、金泉山、昌城、沽水。不其　前漢屬琅邪，後漢屬東萊，晉屬。有牢山、魚脊山。挺　前漢屬膠東，後漢屬北海，晉屬。有樂毅城。即墨　郡治。前漢屬膠東國，後漢屬北海，晉屬。有三戶山、膠水、甯戚冢。當利　二漢、晉屬東萊，後屬。有當利城。

東牟郡〔二八〕

領縣四

户一萬七百四十八　口四萬七千三百三十八

牟平 二漢屬東萊，晉罷，後復。有之罘山、成山、牟城〔二九〕、東牟城、劉寵墓、風山。黄 二漢、晉屬東萊。有黄城、萊山祠、龍溪。惤 二漢、晉屬東萊。有弦城、羅山。觀陽 前漢屬膠東，後漢屬北海，後罷。興和中復，屬。有淳于城、觀陽城、昌城、馬賓山、牛耳山。

梁州 天平初置。治大梁城。

領郡三　縣十〔三〇〕

户四萬三千八百一十九　口一十八萬一千九百三〔三一〕

陽夏郡 孝昌四年分東郡、陳留置。治雍丘城。

領縣五

户一萬六千五百四十九　口六萬三千五百五十九

陽夏 前漢屬淮陽，後漢屬陳國，晉初併梁，惠帝復。真君七年併扶溝，太和十二年復。治陽夏城。有大小扶溝。**雍丘** 二漢、晉屬陳留。郡治。有抱城〔三二〕、廣陵城、高陽城、少姜城、華城、白楊陂。**濟陽** 二漢、晉屬陳留，延和二年置徐州，皇興初罷。有濟陽城、外黄城、東緡城、崔城。**圉城** 二漢、晉曰圉。前漢屬淮陽，後漢、晉屬陳留，後罷。景明元年復，後改。有沙城。**襄邑** 二漢、晉屬陳留，後罷，景明元年復。有直陽城、牖鄉、牖倉。

開封郡 天平元年分陳留置。治開封城。

領縣二

户八千二百七　口三萬六千六百二

開封 二漢屬河南，晉屬滎陽。真君八年併苑陵，景明元年復，孝昌中屬陳留。有開封城、陳留城、孔侯城。**尉氏** 二漢、晉屬陳留。興安初併苑陵，太安三年復。治尉氏城。有陵有亭〔三三〕。

陳留郡 漢武帝置，太和十八年罷，孝昌中復。

領縣三

户一萬九千六百十二　口八萬二千七百四十二

浚儀 州、郡治。二漢、晉屬，後罷，孝昌二年復。有信陵君冢、張耳冢、董仲舒冢、樊於期冢、邊讓冢、倉垣城。渠水在大梁城東分爲蔡渠〔三四〕。聖女淵、雉臺。**封丘** 二漢、晉屬。真君九年併酸棗，景明二年復。治封丘城。有封丘臺、白溝。**小黄** 二漢、晉屬。真君八年併外黄，太和中復。

有昭靈后冢、陳冢、蔡邕冢、小黄城。

豫州劉義隆置司州，治懸瓠城。皇興中改。

領郡九　縣三十九

户四萬一千一百七十二〔三五〕　口九萬六千九百一十六

汝南郡漢高帝置。

領縣八

户一萬五千八百八十九　口三萬七千六十一

上蔡州、郡治。二漢、晉屬。有武陵城。臨汝劉裕置，魏因之。有固城。平輿二漢、晉屬。有平輿城。安城二漢、晉屬。西平二漢、晉屬。瞿陽二漢、晉爲濯陽〔三六〕，屬，後改。有瞿陽城。陽安二漢、晉屬。保城劉駿置，魏因之。

潁川郡太和六年置。

領縣三

户八千三百九十六　口二萬六百四十

邵陵二漢屬汝南，晉屬。有邵陵城、鄧城。臨潁二漢、晉屬。有葛丘、王陵城。曲陽前漢屬東海，後漢屬下邳，晉罷，後復，屬。有華岳祠、郾城。

汝陽郡

領縣三

户七千二百五十四　口一萬五千二百四十五

汝陽　郡治。二漢、晉屬汝南，後屬。有章華臺。武津　有武津城。征羌　後漢屬汝南，後屬。

義陽郡　永安三年置郢州，天平四年罷州置。

領縣五

户一千七百九十　口四千五百九十五

義陽　清丘　有鍾離城。平陽　有馬鄉城。真陽　有宜春城。安陽　後漢屬汝南，晉罷，後復，屬。有真陽城。

新蔡郡　晉置，孝昌中陷，後復。治石母臺。

領縣三

户一千九百一十七　口四千七百七十八

新蔡　二漢屬汝南，晉屬汝陰。孝昌中陷，後復，屬。鮦陽　二漢屬汝南，晉屬汝陰，司馬衍併新蔡，後復，屬，魏因之。永安中陷，武定中復。有蔡城。固始　二漢屬汝南，晉屬汝陰。前漢寢，後漢光武更名，後屬。

初安郡延興二年置，孝昌中陷，後復。

領縣四

戶二千二十六　口五千九百二十二

新懷有樂山。安昌前漢屬汝南，後屬。懷德有清水山、銅山、浮石山。昭越有木連山。

襄城郡晉武帝置，治襄城。

領縣三

戶一千四百四十六　口四千六十三

義綏　遂寧　武陽

城陽郡太和三年置，後罷，武定初復。

領縣五

戶五百四十六　口一千三百八十八

安定　淮陰　真陽　建興　建寧

廣陵郡興和中分東豫州置。

領縣五

戶一千九百六　口三千二百二十四

宋安　興和中置。光城　興和中置。安鑾　興和中置。新蔡　興和中置。汝南　興和中置。

北豫州　後漢治譙，魏治汝南安城，晉治項。司馬德宗置司州。泰常中復，治虎牢，太和十九年罷，置東中府，天平初罷，改復。

領郡三　縣十二

戶四萬七百二十八　口一十八萬二千五百五十一〔三七〕

廣武郡　天平初分滎陽置。治中左城〔三八〕。

領縣五

戶一萬五千五百九十六　口七萬四千五百一十九

曲梁　孝昌中分密置。有武陵城、曲梁城。原武　二漢屬河南，晉罷。孝昌中復，後屬。有五馬淵、白馬淵、原武城。陽武　二漢屬河南，晉屬滎陽，天平初屬。有陽武城、黃雀溝。中牟　二漢屬河南，晉屬滎陽。真君八年併陽武，景明元年復，天平初屬。有中湯城〔三九〕、管城、堯祠。苑陵　二漢屬河南，晉屬汝陽，天平初屬。有新鄭城、鄭莊公廟、子產祠、苑陵城。

滎陽郡

領縣五

户二萬一千四百七十二　口九萬二千三百一十

滎陽 二漢屬河南，晉屬。有滎陽山、滎陽城、敖倉、廣武城、石門城、管叔冢、周苛、紀信冢、滎澤。

成皋 二漢、晉屬河南，後屬。京 二漢屬河南，晉屬。有萬尹山祠、高陽城、管城、索水、京水、樊噲冢。密 二漢屬河南，晉屬。治密城〔四〇〕。有承雲山、青烟谷、開陽山、大龜山、子産墓、卓茂冢、祠。卷 二漢屬河南，晉屬。真君八年省，太和十一年復。有卷城。

成皋郡 天平元年分滎陽置。

領縣二

户三千六百六十　口一萬五千七百四十

西成皋 天平元年分滎陽之成皋置，州、郡治。有厄井、漢高祖壇、汜水、成皋城。鞏 二漢、晉屬河南，天平初屬。有長羅川、鞏城、九山祠。

徐州 後漢治東海郡，魏、晉治彭城。

領郡七　縣二十四

户三萬七千八百一十二　口一十萬八千七百八十七〔四一〕

彭城郡 漢高帝置楚國，宣帝改，後復爲楚國，後漢章帝更名彭城國，晉改。

領縣六

户六千三百三十九　口二萬三千八百四十一

彭城 前漢屬楚國，後漢、晉屬。有寒山、孤山、龜山、黄山、九里山、桓魋冢、亞父冢、楚元王冢、龔勝冢。呂 前漢屬楚國，後漢、晉屬。有呂梁城、茱萸山、偪陽城、明星陂、龍泉塘、石頭山、項羽山。薛 二漢、晉屬魯國，後屬。有奚公山、奚仲廟、薛城、孟嘗君冢。龍城 有楚王墓、龍漢赤唐陂〔四二〕、龍城。留 二漢、晉屬。有微山、留城、微子冢、張良冢、祠、廣戚城、薛城、戚夫人廟、黄山祠。睢陵 前漢屬臨淮，後漢、晉屬下邳。晉亂，屬濟陰。武定五年屬。有睢陵城、九子山、荆山。

南陽平郡 治沛南界，後寄治彭城。

領縣三

户三千七十一　口六千三百五十八

襄邑　陽平　濮陽

蕃郡 孝昌三年置，元象二年併彭城，武定五年復。

領縣三

户四千三百九十二　口一萬八千八百四十二

蕃　二漢、晉屬魯國，後屬。治蕃城〔四三〕。永興　皇興初置，屬建昌郡，太和十五年罷郡〔四四〕，屬彭城，武定五年屬。永福　皇興初置，屬建昌郡，太和十九年罷郡，屬彭城，武定五年屬。

沛郡　故秦泗水郡，漢高帝更名，後漢爲國，後改。

領縣三

户四千四百一十九　口一萬二千二百七十八

蕭　二漢、晉屬。有蕭城、漢高祖廟、谷水、華山。沛　二漢、晉屬。有漢高祖廟、沛城、吕母冢。

相　二漢、晉屬。有厥城、相城、相山廟、羅山。

蘭陵郡　晉置，後罷。武定五年復，治承城〔四五〕。

領縣四

户七千四百二十四〔四六〕　口一萬五千七百七十六

昌慮　二漢、晉屬東海，後屬。有挑山、孤山。承　二漢、晉屬東海，後屬。有抱犢山、承城、坊山。

合鄉　二漢、晉屬東海，後屬。有三孤山。蘭陵　二漢、晉屬東海，後屬。有蘭陵山、石孤山、荀卿冢。

北濟陰郡　劉駿置，魏因之。治單父城。

領縣三

户八千五百四十六　口二萬一千九百八十八

豐　二漢、晉屬沛，後屬。有豐城、漢高祖舊宅、廟碑。離狐　晉亂置。郡治。有單襄公祠、宓子賤祠、漢高祖祠、平洛城。城武　前漢屬山陽，後漢、晉屬濟陰，後屬。治郜城。

碭郡　孝昌二年置，治下邑城。

領縣二

户三千六百二十一　口八千七百五十四

安陽　孝昌二年置，治麻城。碭　二漢屬梁國，晉罷，後復，屬。治魯城。

西兗州　孝昌三年置，治定陶城，後徙左城。

領郡二　縣七

户三萬七千四百七　口一十萬三千八百九十四

沛郡　興和二年置，治孝昌城。

領縣三

户七千五百七十一　口二萬三百一十四

考〔四七〕　己氏前漢屬梁國，後漢、晉屬濟陰，後屬。有新中城、安陽城。新安興和中置。

濟陰郡

領縣四

戶二萬九千八百三十六　口八萬三千五百八十

定陶二漢、晉屬。有定陶城。離狐〔四八〕前漢屬東郡，後漢、晉屬。有離狐城、桃城。冤句二漢、晉屬。治冤句城。有南陽城。乘氏二漢、晉屬。有大鄉城、梁丘城、廩城。

南兗州正光中置〔四九〕。治譙城。

領郡七　縣二十一

戶三萬七千一百三十　口一十萬五千五百三十九〔五〇〕

陳留郡

領縣五

戶六千二百三十　口一萬六千七百四十九

小黃劉裕置，魏因之。有曹騰墓、曹嵩墓、鄧艾祠。浚儀有城父城。谷陽有苦城、陽都陂、老子廟、欒城。東燕有蔡水、馮唐冢。武平正始中置。有武平城、賴鄉城。天平二年置鎮，武定七年罷。

梁郡 故秦碭郡，漢高帝爲梁國，後改。治梁國城。

領縣二

户一萬三百五十九　口二萬五千九百九十五

襄邑 二漢、晉屬陳留，後屬。治胡城。 **睢陽** 二漢、晉屬。郡治。

下蔡郡 太和十九年置，孝昌中陷，興和中復。

領縣四

户三千三百六十二　口七千九百七十三

樓煩 孝昌中陷，興和中復。 **下蔡** 前漢屬沛，後屬。孝昌中陷，興和中復。 **臨淮** 永平二年置。孝昌中陷，興和中復。 **龍亢** 二漢屬沛，晉屬譙國，後罷。永安三年復，屬，孝昌中陷，興和中復[五一]。

譙郡 二漢縣，屬沛，晉以爲郡[五二]。太昌中陷，武定中復。

領縣三

户五千一百三十二　口一萬二千九百九十一

蒙 二漢、晉屬梁國，後屬。 **蘄** 二漢屬沛，晉屬。 **寧陵** 前漢屬陳留，後漢、晉屬梁國，後屬。孝昌中陷，後復。

北梁郡

領縣二

戶八千二百三十一　口四萬一千七百三十八

城安　孝昌中置，郡治。有蛟龍城。孝陽〔五三〕　孝昌中置。治亳城。

沛郡　延昌中置，正光中陷，後復。治黄楊城。

領縣二

戶一千八百四十八　口四千五百六十五

蕭　延昌中置。治虞城。相　延昌中置。

馬頭郡　司馬德宗置，魏因之。正光中陷，天平中復。治建平城。

領縣三

戶一千九百六十八　口五千五百二十八

蘄　正光中陷，天平中復。己吾　後漢屬陳留。正光中陷，興和中徙治平石城。下邑　前漢、晉屬梁國。孝昌元年置臨涣郡，縣屬。興和中罷郡，屬。

廣州永安中置。治魯陽。武定中陷，徙治襄城。

領郡七　縣十五

户二萬八千六百九十六　口九萬六千七百八十〔五四〕

南陽郡

領縣二

户七千四百八十九　口二萬六千七百二十八

南陽有大劉山祠。　郟城有郟城。

順陽郡太和中置縣，後改。

領縣二

户二千四十五　口七千二百五十二

龍陽太和十七年置。　龍山太和十七年置。有龍山。

定陵郡永安中置。

領縣三

户三千六百九十　口八千七百五十六

北舞陽皇興元年置。有木陂。　雲陽太和十一年置。　西舞陽天安元年置，正光中陷，興和二年復。

魯陽郡太和十一年置鎮，十八年改爲荆州，二十二年罷，置。

領縣二

戸二百四十五　口七百七十五

山北太和十一年置。有應山、應城。河山太和二十一年置。

汝南郡永安元年置。治符壘城。

領縣二

戸七百八十三　口二千三百四十四

汝南太和十八年置。符壘太和中置。有沙水。

漢廣郡永安中置。

領縣二

戸六千二百　口八千一十七

昆陽二漢屬潁川，晉屬襄城，後屬。有漢廣城、昆陽城、新安。高陽太和元年置。有滍水、南襄城、東西二蒲城、高陽山、皮城、首山祠。

襄城郡晉置。

領縣二　戶八千二百四十四　口四萬二千八百七十八

繁昌　晉屬。有繁昌城、潁鄉城、安陽城、陽城陂。襄城　二漢屬潁川，晉屬。有潁陽城、繁丘城。

膠州　永安二年置。治東武陵〔五五〕。

領郡三〔五六〕　縣十四　戶二萬六千五百六十二　口六萬三百八十二

東武郡　永安二年置。

領縣三　戶八千六百一十七　口一萬八千七百五十七

姑幕　二漢屬琅邪，晉屬城陽，後罷。永安中復，屬。有荊苔山、公冶長墓。扶其　永安中置。有常山祠、扶其水、沙城、雲母山、盧水。梁鄉　永安中置。有梁鄉城。五弩山，膠水出焉。紀丘山、琅邪臺、秦始皇碑。興和中立臨海郡，尋罷，屬焉。

高密郡　漢文帝爲膠西國，宣帝更爲高密國，後漢併北海，晉惠帝復，劉駿併北海。延昌中復。

領縣五

户七千五百五　口一萬六千一百五十三

高密　前漢屬，後漢屬北海，晉屬城陽，後屬。有高密城、維水、鄭玄墓。夷安　前漢屬，後漢屬北海，晉屬城陽，後屬。有夷安城、夷安澤。黔陬　前漢屬琅邪，後漢屬東萊，晉屬城陽，後屬。有黔陬城、野艾山祠〔五七〕。平昌　前漢屬琅邪，後漢屬北海，晉屬城陽。魏初屬平昌郡，延昌中屬。治平昌城。有龍臺山，上有井，云與荆水通。東武　二漢屬琅邪，晉屬城陽，後屬。有平昌城。

平昌郡　魏文帝置，後廢，晉惠帝復。

領縣六

户一萬四百四十　口二萬五千四百七十二

昌安　前漢屬高密，後漢屬北海，晉屬城陽，後屬。有巨丘亭、昌安城。淳于　二漢屬北海，晉屬城陽，後屬。有淳于城、鐵山。營陵　二漢屬北海，晉屬琅邪，後屬。有營陵城、高密城。安丘　二漢屬北海，晉屬琅邪。有石□墓〔五八〕、邴原墓。朱虛　前漢屬琅邪，後漢屬北海，晉屬琅邪，後屬。有九山〔五九〕，丹水所出。琅邪　二漢屬琅邪，晉罷，後復，屬。有管寧墓。

洛州　太宗置，太和十七年改爲司州，天平初復。

領郡六　縣十二

戶一萬五千六百七十九　口六萬六千五百二十一

洛陽郡天平初置。

領縣二

戶三千六百五十九　口一萬五千七十二

洛陽二漢、晉屬河南。天平初置。緱氏二漢、晉屬河南。太和十七年併洛陽，天平初復，屬。有緱氏城。

河陰郡元象二年置。

領縣一

戶二千七百六十七　口一萬四千七百一十五

河陰晉置，太宗併洛陽，正始二年復，屬河南。

新安郡天平初置。

領縣三

戶四百九十　口一千九百一十一

新安二漢屬恒農，晉屬河南。太和十二年改爲郡，十九年復，後屬。東垣二漢、晉屬河東，後屬。河南二漢、晉屬河南，後屬。

中川郡天平初置。

領縣二

户二千七十八　口八千二百二十五

堙陽太和十三年分潁陽置。潁陽天安二年置。

河南郡秦置三川守，漢改爲河南郡。後漢、晉爲尹，後罷。司馬德宗置，後罷。太宗復，太和中遷都，爲尹，天平初改。

領縣一

户三千六百四十二　口一萬四千七百一十五

宜遷天平二年置。

陽城郡孝昌二年置。

領縣三

户三千四十三　口一萬一千八百八十三

陽城二漢屬潁川，晉屬河南，後罷。正光中復，屬。有少室山、嵩高山、許由墓、啓母廟。潁陽二漢屬潁川，後屬。康城孝昌中分陽城置。有陽城關、箕山、許由隱窟、刑山、鄭子產廟。

南青州治團城〔六〇〕。顯祖置，爲東徐州，太和二十二年改。

領郡三　縣九

戶一萬五千二十四　口四萬五千三百二十二

東安郡二漢縣，晉惠帝置。

領縣三

戶四千六百四十　口一萬六千五百五十一

蓋二漢屬泰山，晉屬琅邪，後屬。有東安城、靈山廟。新泰有蒙山。發干有岣山廟〔六一〕。

東莞郡晉武帝置。

領縣三

戶九千六百二十　口二萬六千五百六

莒前漢、晉屬城陽，後漢屬琅邪，後屬。有莒城。東莞二漢、晉屬琅邪，後屬。諸二漢屬琅邪，晉屬城陽，後屬。

義塘郡武定七年置，治黃郭城。

領縣三

户七百六十四　口二千二百六十五

義塘 武定七年置。歸義 武定七年置。有盧山、鹽倉。懷仁 武定七年置。有吴山、魏山、莒城。

北徐州 永安二年置。

領郡二　縣五

户一萬四千七百八十一　口四萬一百二十五

東泰山郡 皇興三年分泰山置，屬兗州，永安中屬。

領縣三

户五千七　口一萬六千三百八十一

南城 前漢屬東海，後漢、晉屬泰山。有東安城、武城、□石山〔六二〕。新泰 魏置，晉屬泰山，後屬。有巇山。武陽 二漢、晉爲南武陽，屬泰山，後改。有顓臾城、蒙山。

琅邪郡 秦置，後漢建武中省城陽國，以其縣屬。

領縣二

户九千七百七十四　口二萬三千七百四十四

即丘　前漢屬東海，後漢、晉屬。有繒城、臨沂城、即丘城、魯國山廟、王休徵冢。費　前漢屬東海，後漢屬泰山，晉屬。有費城。

北揚州　天平二年置。治項城。

領郡五　縣十九

戶九千八百四十五　口三萬二千一百三十九〔六三〕

陳郡　漢高帝置，爲淮陽國，後漢章帝更名陳國，晉初併梁國，後復，改。

領縣四

戶三千二十四　口七千六百六十九

項　二漢屬汝南，晉屬梁國，後屬。有方城。長平　前漢屬汝南，後漢屬陳國，晉屬潁川。有長平城、習陽城。晉初省，惠帝永康元年復。西華　二漢屬汝南，晉初省，惠帝永康元年復，屬潁川，後屬。治西華城。襄邑　治思都城〔六四〕。

南頓郡　晉惠帝置。

領縣四

戶二千五百二十　口七千二百六十五

南頓二漢、晉屬汝南，後屬。有潁陰城、南頓城、漢光武廟。和城有高陽丘。平鄉有平鄉城。新蔡二漢屬汝南，晉屬汝陰，後屬。

汝陰郡晉武帝置，太和十八年爲東郢州，後罷。治社亭城。

領縣三　戶一千七百九十四　口八千四百九十八

汝陰二漢屬汝南，晉屬。宋前漢曰新郪，屬汝南，後漢改，晉屬，後罷，太和元年復，屬。許昌

丹楊郡

領縣四　戶二千一百四十四　口七千九百三十一

秣陵有次水。邵陵　南陽　白水

陳留郡武定六年置，及縣。

領縣四　戶三百六十七　口七百七十五

小黄　宋　雍丘　新蔡

東楚州司馬德宗置宿豫郡。高祖初，立東徐州，後陷，世宗初，改爲鎮，後陷。武定七年復，改。爲宿豫郡〔六五〕。

領郡六　縣二十〔六六〕

戶六千五百三十一　口二萬七千一百三十二〔六七〕

宿豫郡

領縣四

戶一千六百五十五　口七千三百七

宿豫武定七年置。新昌武定七年置。臨泗武定七年改蕭衍平原、清河置。有東西二竹城。

潼夷

高平郡治大徐城。

領縣四

戶九百二十　口三千九十六

高平武定七年改蕭衍東平、陽平、清河、歸義四郡置。朱沛武定七年改蕭衍朱沛、脩儀、安豐三郡置。有朱沛水。徐君墓，即延陵季子掛劍處。白水武定七年改蕭衍濟陰郡置。襄邑武定七年改蕭衍館陶、下邳、梁招、高平四縣置。

淮陽郡　蕭衍置，魏因之。

領縣四

户一千六百一十七　　口七千二百七十七

角城　武定七年改蕭衍臨清、天水、浮陽三縣置。有昌武城。綏化　武定七年改蕭衍綏化、呂梁二郡置。有單甫城。招義　武定七年改蕭衍恩撫郡二縣置。淮陽　武定七年改蕭衍西淮郡七縣置。

晉寧郡　蕭衍置，魏因之。

領縣四

户一千二百二十二　　口五千二十三

臨清　武定七年置。魏興　武定七年改蕭衍梁興、臨沂、興義三縣置。有鵲城。富城　武定七年改蕭衍下邳、扶風、清河三郡置。招農　武定七年改蕭衍蘭陵郡十二縣置。有晉寧城。

安遠郡　武定七年改蕭衍安遠戍置。治安遠城。

領縣二

户五百八十　　口二千三百八十二

鉅鹿　郡治。武定七年改蕭衍鉅鹿郡六縣置。淮浦　武定七年改蕭衍太山郡四縣置。有寧浦。

臨沭郡蕭衍置，魏因之。

領縣二　戶五百三十五　口二千一百七

臨沭　招遠有馬微城。

東徐州孝昌元年置，永熙二年州郡陷，武定八年復。治下邳城。

領郡四　縣十六　戶六千二百八十一〔六八〕　口三萬六百六十五

下邳郡

領縣六　戶一千一百四十八　口三千七百三十九

下邳前漢屬東海，後漢、晉屬。有沂水、巨川神祠。　良城前漢屬東海，後漢、晉屬。有栢山。　僮前漢屬臨淮，後漢、晉屬。　坊亭武定八年改晉寧置。　柵淵武定八年分宿豫置。　歸正武定七年置。有陳珪墓。

武原郡武定八年分下邳置。

領縣三

户二千八百一十七　口二萬五十五

武原前漢屬楚國，後漢、晉屬彭城，後屬。有武原水、武原城、徐偃王墓。開遠武定八年分良城置。有睹闌山祠。艾山武定八年分僮置。

郯郡秦置，漢高改爲東海，後漢爲國，晉復，武定八年改。治郯城。

領縣四

户一千二百一十九　口三千三百八

郯二漢、晉屬。有建陵山。臨沂前漢屬，後漢、晉屬琅邪，武定八年復。建陵前漢屬。有建陵山。郡治。有海王神、白馬澤、馬嶺山。歸昌武定八年置。

臨清郡孝昌三年置盱眙郡，武定八年改。

領縣三

户一千五百一十七　口三千五百六十三

下相前漢、晉屬臨淮，後漢屬下邳，後屬。睢陵武定七年置。有睢水。歸義武定七年置。

海州劉子業置青州，武定七年改。治龍沮城。

領郡六　縣十九

戶四千八百七十八　口二萬二千二百一十〔六九〕

東彭城郡蕭衍置，魏因之。

領縣三

戶八百　口三千四百六十九

龍沮蕭衍置，魏因之。有即丘城、房山。安樂蕭衍置彭城縣，武定七年改。有伊萊山神、聖母祠。勃海蕭衍置清河縣，武定七年改。有東海明王神。

東海郡蕭衍改置北海郡，武定七年復。

領縣四

戶一千二百四十二　口五千九百四

贛榆前漢屬琅邪，後漢、晉屬。安流蕭衍置都昌縣，武定七年改。廣饒蕭賾置，魏因之。下密蕭衍置，魏因之。有堯廟。

海西郡蕭鸞置東海郡，武定七年改置。

領縣三

戶八百六十　口三千九百五十

襄賁　二漢、晉屬。海西　武定七年分襄賁置。臨海　蕭衍置，魏因之。

沭陽郡　蕭衍置僮陽郡，武定七年改。

領縣四

户一千三百九十七　口七千五百八十三

下城　武定七年置。有浮瀆神。臨渣　武定七年置。懷文　武定七年置。服武　武定七年置。有武都山。

琅邪郡

領縣三

户三百五十六　口一千三百七十一

海安　蕭衍置，魏因之。有墜屋山、蘆石山。朐　二漢屬東海，晉曰臨朐，屬。蕭衍改爲招遠，武定七年復。有朐城、朐山。郡治。山寧　蕭衍北譙郡，武定七年改置。

武陵郡

領縣二

户二百二十三　口七百三十三

上鮮　蕭衍齊郡，武定七年改置。洛要　蕭衍高密縣，武定七年改。有武陵城。

東豫州太和十九年晉治廣陵城〔七〇〕。孝昌三年陷，武定七年復。

領郡六　縣十六

戶三千九十九　口一萬一千二十一〔七一〕

汝南郡孝昌三年陷，武定七年復。

領縣五

戶一千六百二十九　口六千四百八十二

南新息孝昌三年陷，武定七年復。　北新息　安陽　汝陽　長平

東新蔡郡

領縣四

戶二百四十七　口六百七十七

固始太和二年置，孝昌中陷，武定七年復。　鮦陽太和二十三年置，孝昌中陷，武定七年復。　苞

信孝昌中陷，武定七年復。　汝陽孝昌三年陷，武定七年復。

新蔡郡孝昌中陷，武定七年復。

領縣二

戶四百六十五　口一千五百一十三

苞信孝昌三年陷，武定七年復。長陵

弋陽郡孝昌三年陷，武定七年復。

領縣一

戶一百三十七　口五百三十三

弋陽孝昌三年陷，武定七年復。有弋陽城、黄水。

長陵郡蕭衍置，魏因之。

領縣三

戶三百八十七　口一千三百六十三

長陵蕭衍置，魏因之。苞信蕭衍置，魏因之。安寧蕭衍置，魏因之。有期思城、孫叔敖廟。

陽安郡

領縣一

戶二十二　口一百三十一

永陽

義州 蕭衍置，武定七年内屬。

户二百一十五　口三百二十二

潁州 孝昌四年置，武泰元年陷，武定七年復。

領郡二十　縣四十

户三千六百一〔七二〕　口一萬三千三百四十三

汝陰、弋陽二郡 蕭衍置雙頭郡縣，魏因之。

領縣七

户一千六百六十五　口六千七十八

汝陰 陳留 蕭衍置，魏因之。有高塘陂、蟹谷陂。樓煩 建義中陷，武定七年復。宋 蕭衍置，魏因之。有荆亭城。弋陽 新息 太和十九年置弋陽，後陷，武定七年復。蕭衍置新息，合弋陽，魏因之。期思 蕭衍置，魏因之。

北陳留、潁川二郡 蕭衍爲陳州，武定七年改置。

領縣五

户三百五十一　口一千二百七十二

許昌蕭衍置，魏因之。　圍城　雍丘有蓬丘、校水。　陳留　小黄治安陽城。

財丘、梁興二郡蕭衍置，魏因之。

領縣四

户二百八十三　口一千六十九

梁興蕭衍置，魏因之。有艾亭丘。　財丘　梁城蕭衍置，魏因之。　汝陽蕭衍置，魏因之。

西恒農、陳南二郡蕭衍置，魏因之。

領縣三

户二百三十一　口八百六十四

恒農　胡城蕭衍置，魏因之。有爥丘、雉餇二陂、神廟。　南頓蕭衍置，魏因之。有閏水、東陵城。

東郡、汝南二郡治牛心丘。

領縣二

户一百四十七　口六百二十一

白馬　濟陽蕭衍置，魏因之。有石歷陂。

清河、南陽二郡蕭衍置，魏因之。

領縣三

户一百三十二　口五百五十五

清河蕭衍置，魏因之。南陽　汝南蕭衍置，魏因之。

東恒農郡蕭衍置，魏因之。

領縣三

户一百一十九　口四百四十

滎陽　陽武蕭衍置，魏因之。淮陽武定七年置。有平陸。

新蔡、南陳留二郡蕭衍置，魏因之。

領縣一

户三百五十七　口一千二百四十二

鮦陽蕭衍置，魏因之。

滎陽、北通二郡蕭衍置，魏因之。

領縣四

户一百七十七　口四百七十二

北通　臨淮蕭衍置，魏因之。臨沂　汝陰蕭衍置，魏因之。

汝南、太原二郡 蕭衍置，魏因之。

領縣四

戶八十七　口四百六

平豫　安城 蕭衍置，魏因之。太原　新息 蕭衍置，魏因之。

新興郡 蕭衍置，魏因之。

領縣四

戶一百一十二　口三百二十四

安城 郡治。蕭衍置，魏因之。都立 蕭衍置，魏因之。新興 蕭衍置，魏因之。義興 蕭衍置，魏因之。

譙州 景明中置渦陽郡，孝昌中陷，武定七年復，置州。治渦陽城。

領郡七　縣十七

戶二千六百一十七〔七三〕　口七千八百二十一

南譙郡 司馬昌明置，魏因之。

領縣四

户四百七十六　口一千七百三十四

渦陽　武定六年置。有北平城、曹操祠。茅岡　武定六年置。有石山祠。栢橋　武定六年置。

蜀坡　武定六年置。

汴郡　蕭衍置，魏因之。

領縣二

户二百五十三　口八百二十九

蕭　有平阿山。潁川

龍亢郡　蕭衍置，魏因之。

領縣二

户三百三十三　口一千六十六

葛山　武定六年置。龍亢　武定六年置。

蘄城郡　蕭衍置，魏因之。

領縣二

户三百二十四　口七百六

廣平　武定六年置。有艾平城、黄丘。蘄城　武定六年置。有蘄城。

下蔡郡蕭衍潁川郡，武定六年改置。

領縣二

戶三百四十　口八百七十八

黃城蕭衍黃城戍，武定六年改置。肥陽蕭衍寧陵縣，武定六年改。有大浮城、石子澗。

臨渙郡蕭衍置，魏因之。

領縣三

戶七百九　口二千六十二

白撣治白撣城。丹城治費城。渙北有石城。

蒙郡蕭衍置，魏因之。

領縣二

戶一百八十一　口五百四十六

勇山有丹城、勇山祠。蒙郡治。

北荆州武定二年置。

領郡三　縣八

户九百三十三　口四千五十六

伊陽郡武定二年置。治伏流城。後陷，寄治州城。

領縣一

户四十八　口二百八十三

南陸渾

新城郡天平中置。治孔城。後陷，徙治州城。

領縣二

户三百三十一　口一千四百八十四

新城二漢、晉屬河南。北陸〔七四〕武定五年陷。

汝北郡孝昌三年置。治陽仁城。天平二年罷，武定元年復。移治梁崔塢〔七五〕。五年陷，□年復。

治楊志塢。

領縣五

户五百五十四　口二千二百八十九

石臺有平州城。南汝原有汝水、石澗水。治城　東汝南有石樓山、黄陂、隔陂。梁有

廣城澤。

陽州天平初置，尋陷，武定初復。

領郡二　縣七

宜陽郡孝昌初置，屬□州〔七六〕，天平初屬。

領縣三

宜陽　西新安孝昌三年置。東亭

金門郡天平初置。

領縣四

金門　南澠池　南陜　盧氏

南司州劉彧置司州，正始元年改爲郢州，孝昌三年陷，蕭衍又改爲司州，武定七年復，改置。

領郡三　縣七

齊安郡正始元年置。

領縣三

保城劉駿置，魏因之。有羅山廟。酈有石城山，有霸山廟。齊安正始元年置。

義陽郡 魏文帝置，後罷，晉武帝復。

領縣二

平陽 有師水。 義陽 晉屬。

宋安郡 劉彧置，魏因之。

領縣二

樂寧 有成陽關〔七七〕、雞頭山。 東隨 有黃峴關、長平山廟。

楚州 蕭衍置北徐州，武定七年改。治鍾離城。

領郡十二 縣二十九

彭、沛二郡

領縣三

南陽 有曲陽城。 中陽 洛陽

馬頭郡

領縣二

蘄 平預

沛郡

領縣三

蕭　相　己吾有當塗山、荆山。

安定郡

領縣四

濮陽　臨涇　新豐　南陽

廣梁郡

領縣一

相邑

魯郡蕭衍置，魏因之。

領縣三

鄒　碭　魯

北譙郡治陰陵城。

領縣二

南蔡　北譙有苟甫城〔七八〕、龍淵。

濟陽郡
領縣四
樂平　睢陽　頓丘　齊丘
北陽平郡
領縣二
陽平　濮陽
鍾離、陳留二郡
領縣五
燕有孤山、白石山。朝歌有九山城、黄溪水。零　浚儀　灌丘有郡陽城〔七九〕。
合州蕭衍置，魏因之。治合肥城。
領郡八　縣十七
汝陰郡州治。
領縣二
汝陰　天水

南頓郡
領縣二
南頓　和城
南梁郡
領縣二
慎　南高
北梁郡
領縣二
北蒙　北陳
南譙郡
領縣二
蘄　邵陵
廬江郡
領縣三
灊有野父山。　北始新　南始新

西汝南郡
領縣二
安城　有金牛山。　新野
北陳郡
領縣二
西華　有野王城、舒水。　陽夏
霍州　蕭衍置，魏因之。
領郡十七　縣三十六
安豐郡　治洛步城。
領縣一
安豐　郡治。
平原郡
領縣一
清化

北潁川郡　領縣三

潁川　邵陵　天水

梁興郡　領縣一

陽夏郡治。

陳郡　領縣三

開　陽夏　鮦陽

北陳郡治衛山城。　領縣一

陽夏

扶風郡〔八〇〕治烏溪城。

北沛郡　領縣五

沛　曲陽　相　順　新蔡郡治。

南陳郡州治。

領縣二

南陳治玄康城。　邊水

新蔡郡

領縣三

汝陽　新蔡　固始

岳安郡

領縣二

安成　義興

邊城郡治麻步山。

領縣一

史水

西邊城郡

領縣三

史水　宇樓　開化

西沛郡

領縣三

蕭　沛　平陽

淮南郡

領縣三

淮南　新興　清河

樂安郡

領縣三

新蔡　樂安　潁川

南潁川郡

領縣一

譙

睢州　蕭衍置潼州，武定六年平，改置〔八一〕。治取慮城。

領郡五　縣十二

淮陽郡武定六年置。

領縣二

淮陽武定六年置。睢陵武定六年置。有馬牙城。

穀陽郡治穀陽城。太和中置鎮，世宗開置平陽郡〔八二〕。孝昌中陷，武定六年復，改。

領縣二

連城武定六年置，有豪城、濊水。高昌武定六年置。郡治。有項羽祠。

睢南郡蕭衍置沛郡，武定六年改。

領縣二

斛城武定中改蕭衍淮陽置。有五丈陂、扶離城。新豐武定六年置。

南濟陰郡治竹邑城。孝昌中陷，蕭衍爲睢州，武定五年復。

領縣二

頓丘　定陶有諸陽山。

臨潼郡治臨潼城。孝昌中陷，武定六年置。

領縣四

晉陵郡治。武定六年置。取慮州治。寧陵武定六年置。夏丘武定六年置。有夏丘城。

南定州蕭衍置，魏因之。治蒙籠城。

領郡五　縣七

弋陽郡州治。

領縣二

汝南　期思

汝陰郡治汝陰城。

領縣一

汝陰

安定郡

領縣一

安定

新蔡郡治新蔡城。

領縣一

新蔡

北建寧郡

領縣二

建寧　陽武

西楚州蕭衍置，魏因之。治楚城。

領郡三　縣七

汝陽郡蕭衍置，魏因之。

領縣一

義陽蕭衍置，魏因之。

仵城郡蕭衍置，魏因之。

領縣二

城陽蕭衍置，魏因之。淮陰蕭衍置，魏因之。

城陽郡蕭衍置，魏因之。

領縣四

淮陰蕭衍置，魏因之。平春蕭衍置，魏因之。義興蕭衍置，魏因之。晈城蕭衍置，魏因之。

蔡州治豫州鮦陽縣新蔡城。

領郡二　縣四

新蔡郡治四望城。

領縣二

南趙　新蔡

汝南郡治白馬澗。

領縣二

新息　南頓

西淮州蕭衍置，魏因之。治豫州界白苟堆。

領郡一　縣二

淮川郡州治。

領縣二

真陽　梁興

譙州蕭衍置，魏因之。治新昌城。

領郡四　縣十五

高塘郡治高塘城。

領縣四

平阿　盤塘　石城　蘭陵

臨徐郡〔八三〕治葛城。

領縣三

懷德　烏江　酇

南梁郡

領縣四

慎　梁　蒙　譙

新昌郡州治。

領縣四

赤湖　荻港　薄陽　頓丘

揚州後漢治歷陽，魏治壽春，後治建業。晉亂，置豫州，劉裕、蕭道成並同之。景明中改，孝昌中陷，武定中復。領郡十　縣二十一

梁郡州治。

領縣二

崇義有楚城、韓城。蒙有馬頭城。

淮南郡

領縣三

壽春故楚。有倉陵城。汝陰有楊泉城、少溝水。西宋

北譙郡永平元年置。

領縣二

安陽　北譙

陳留郡

領縣二

浚儀 有竹城。雍丘 有曹城。

北陳郡

領縣一

長平 有沙陵城。

邊城郡

領縣一

期思 郡治。有九日山〔八四〕、豐城。新息〔八五〕

新蔡郡

領縣二

新蔡 郡治。有太蘇山。固始 有大城陂。

安豐郡

領縣二

安豐 有□城。松茲 有□城、□城。

下蔡郡

領縣二

下蔡　樓煩

潁川郡

領縣三

相　西華有澤水。許昌有峽石山。

淮州蕭衍置，魏因之。治淮陰城。

領郡四　縣九

盱眙郡治盱眙城。

領縣三

盱眙郡治。陽城　直瀆

山陽郡治山陽城。

領縣二

山陽郡治。左鄉

淮陰郡

領縣三
富陵　懷恩州、郡治。魯
陽平郡治陽平城。
領縣一
太清郡治。
仁州蕭衍置，魏因之。治赤坎城。
領郡一　縣二
臨淮郡
領縣二
己吾州、郡治。義城
光州蕭衍置，魏因之。治光城。
領郡五　縣十
北光城郡

領縣二

光城　州治。樂安

弋陽郡

領縣二

北弋陽　郡治。南弋陽

梁安郡

領縣二

濟陽　郡治。陽城

南光城郡

領縣二

光城　郡治。南樂安

宋安郡　治大城。

領縣二

樂寧　郡治。宋安

南朔州 蕭衍置，魏因之。治齊坂城。

領郡六　縣六

梁郡

領縣一

新息

新蔡郡

領縣一

鮦陽

邊城郡 治石頭城。

領縣一

邊城

義陽郡

領縣一

義陽

新城郡 治新城。有關城。

領縣一

新城

黄川郡

領縣一

安定

南建州蕭衍置，魏因之。治高平城。

領郡七　縣十七

高平郡

領縣四

高平　譙　弋陽　義昌

新蔡郡

領縣二

新蔡　安定

陳留郡

領縣三

陳留　郡治。　京兆　潁川

魯郡

領縣二

魯　義興

南陳郡

領縣二

南陳　環城

光城郡

領縣三

光城　邊城　婆水

清河郡

領縣一

清河

南鄀州蕭衍置，魏因之。治赤石關。

領郡三　縣四

定城郡

領縣二

宇婁　邊城

邊城郡

領縣一

茹由

光城郡治赤石城。

領縣一

光城

沙州蕭衍置，魏因之。治白沙關城。

領郡二　縣二

建寧郡

領縣一

建寧

齊安郡

領縣一

梁豐

北江州 蕭衍置，魏因之。治鹿城關。

領郡六　縣六〔八六〕

義陽郡

領縣一

義陽 州、郡治。

齊昌郡

領縣一

齊昌

新昌郡

領縣一

興義

梁安郡治建昌城。

領縣一

梁興

光城郡

領縣一

光城

齊興郡

領縣一

西平

湘州蕭衍置，魏因之。治大治關城〔八七〕。

領郡三　縣三

安蠻郡

領縣一

新化州、郡治。

梁寧郡

領縣一

灄陽

永安郡

領縣一

新城

汴州蕭衍置，魏因之。治汴城。

領郡二　縣四

沛郡

領縣三

蕭　潁川　相

臨淮郡

領縣一

臨淮

財州武定八年置。治豫州鮦縣固始城。

前件自陽州已下二十三州並緣邊新附，地居險遠，故郡縣户口有時而闕。

校勘記

〔一〕魏晉治廪丘　「廪」字原闕，局本、殿本注「闕」字。按楊守敬北魏地形志札記（下簡稱楊校）：「宋志（宋書卷三五州郡志一兖州），『魏、晉治廪丘』，則此闕『廪』字也。」殿本考證、錢大昕考異卷二九、温曰鑑魏書地形志校録（下簡稱温校）並云當脱「廪」字。今據補。

〔二〕野首山　温校：「『野首』疑爲『社首』之誤。史記集解引應劭曰：山在博縣。」按元和志卷一〇兖州乾封縣，唐之乾封，即漢之博、後魏之博平，「社首山，在縣西北二十六里」。温説疑是。

〔三〕銅冶山　汲本同，三朝本、南監本、北監本、局本、殿本作「銅冶山」。

〔四〕領縣六　「六」，南監本、局本作「五」。按下只舉五縣，然上文兖州下稱領縣三十一，若此作

「五縣」，則少一縣。金石萃編卷二九載魏魯郡太守張府君清頌之碑，即世所稱張猛龍碑，碑陰題名見魯、汶陽、鄒、陽平、弁、新陽六縣。碑稱張猛龍「以熙平之年除魯郡太守」，即孝明帝時，知此六縣即北魏末魯郡屬縣。漢書卷二八下地理志下魯國、後漢書志第二十郡國志二魯國、晉書卷一四地理志上豫州魯郡屬縣，並有「卞」。宋書卷三五州郡志一兖州魯郡有卞令，「明帝泰始二年立」，則晉宋間曾廢縣，北魏當是承宋而置。「卞」，張猛龍碑作「弁」，或是同音異寫，或是北魏改字。疑下文脱去此縣。

〔五〕郈城　原作「郃城」。温校改作「郈城」，云：「漢志（漢書卷二八下地理志下東平國）『無鹽有郈鄉』。」按「郈鄉城」見水經注卷二四汶水，在無鹽、壽張間，温改是，今據改。

〔六〕口二十萬六千五百八十五　南監本作「口二十萬六千五百九十三」，與下分郡口數總計正合，疑是據計而改。

〔七〕二漢晉曰東平　温校：「按宋志（卷三六州郡志二青州）：『安平令，六國時，其地曰安平，二漢魏晉曰東安平。』此脱『安』字。」

〔八〕高陽郡故樂安地劉義隆置　「樂安」，汲本、局本作「安樂」。楊校：「按當作『西安』，此漢晉西安縣地。」按水經注卷二六淄水：「時水又北逕西安城西，又北，京水、系水注之。」魏所置高陽僑郡亦見淄水，即在系水入時水處，故楊云「此漢晉西安縣地」。又，温校據宋書卷三六州郡志二冀州高陽郡注，云「劉義隆置」當作「劉駿置」。

〔九〕薄姑城　「薄」，原作一字空格，三朝本、南監本同，北監本、汲本、殿本、局本不空。温校：「當作『薄姑城』，脱『薄』字。史記正義引括地志：薄姑故城在博昌縣東北。」按水經注卷八濟水二：「濟水又經薄姑城北，後漢郡國志（志四青州樂安國）曰：『博昌縣有薄姑城。』」温説是，今據補。

〔一〇〕户七萬七千三百七十八　南監本作「户七萬七千三百九十一」，與下分郡户數總計正合，疑是據計而改。

〔一一〕菅城　原作「管城」。温校：「『管』字誤，當作『菅』，即漢志（卷二八上地理志上）濟南郡菅縣也。」按水經注卷八濟水二，濟水「東北過臺縣北，又東北過菅縣南」。此注上即「臺城」。温説是，今據改。

〔一二〕土鼓城　原作「七鼓城」。楊校：「按漢縣（漢書卷二八上地理志上濟南郡）有『土鼓』，逢陵縣、長白山均在其東，此『七』爲『土』之誤。」按楊説是，今據改。

〔一三〕有嶂山出鐵　「鐵」，南監本同，他本並作「錫」。

〔一四〕茌平有□城　「茌平」，北監本、殿本、局本作「茬平」。按下濟州平原郡自有「茌平」，注云乃漢舊縣，周書卷一五寇洛傳謂洛父提封茌平縣伯。其縣或北魏暫置，「茌」字未必誤。又，「有」下原殘存一劃，三朝本、南監本同，北監本、汲本空一字，殿本、局本注「闕」。今代以方圍。

〔一五〕太原郡劉義隆置魏因之　「太原郡」，疑當作「東太原郡」。按上卷并州已見太原郡，水經注卷八濟水二：半水「出山茌縣，西北流，逕東太原郡南。郡治山茌」。此郡屬縣正有山茌。

〔一六〕靡溝垣城　「垣城」，錢大昕考異卷二九云：「當云『垣苗城』，史脫『苗』字。慕容白曜傳（本書卷五〇），『既至升城，垣苗、麋溝二戍拒守不下』。是二城距升城不遠也。『麋』『靡』音相近。」按二城並見水經注卷八濟水二。「靡」作「湄」，音近通用。但「垣苗」作「垣」或是省稱，非必脫文。

〔一七〕唐城　溫校：「疑即『高唐城』，脫『高』字。左傳注（襄十九年）：『高唐在祝阿縣西北。』」按水經注卷五河水五云：「祝阿縣西北有高唐城。」溫說疑是。

〔一八〕山茌二漢晉屬泰山後屬　「山茌」，原作「山荏」，據局本改。按其縣，漢、晉、宋均作「山茌」，不聞改名。水經注卷八濟水二：半水「出山茌縣，西北流，逕東太原郡南。郡治山茌。西北與賓溪谷水合。水出南格馬山賓溪谷」。此縣下正有格馬山。本書卷七一裴叔業傳附裴芬之傳、卷一一二上靈徵志上山崩類景明元年並見「山茌」。「山荏」別無所見，「荏」乃「茌」字之訛。

〔一九〕長社城　原作「長城」。溫、楊並云脫。楊校：「北齊書清河王岳傳（卷一四）：武定六年，討王思政於長社。元和志（卷八許州長社縣）：長社故城在長社（原誤「葛」）縣西一里，西魏大統十三年詔遣河南行臺、大都督王思政進據潁川，東魏遣將清河王岳率衆十萬圍潁川，即此城。是東魏潁川郡治長社，潁州當亦治長社，此脫『社』字。」按溫、楊說是，今據補。

〔二〇〕長合城　楊校：「水經洧水注（卷二二）：濩陂水南逕新汲縣故城東。又南，積而爲陂。陂之西北即長舍城。全氏祖望謂『長舍』即『長社』之變，則此『合』爲『舍』誤。」延昌志卷二亦據洧水注謂「合」爲「舍」之訛，但以「長舍」非即「長社」，中隔許昌一縣，駁全說。按若「長舍」非即「長社」，則洧水注作「長舍」未必是，此志作「長合」未必誤。

〔二一〕殷湯城　按水經注卷二二潁水云：「潁水又東逕濦陽城南，竹書紀年曰：孫何取濦陽。」楊疏以地形志「殷湯城」即「濦陽」，云：「『溵』與『濦』同，『殷』爲『溵』之省，『湯』爲『陽』之誤。」

〔二二〕户五萬三千二百一十四口一十四萬五千二百八十四　南監本作「户五萬三千二百一十二口一十三萬四千六百二」，與下分郡所列户、口數總計正合，疑是據計而改。

〔二三〕鼓城　按下平原郡茌平治鼓城，漢之茌平即魏之碻磝，魏之茌平則徙於碻磝西北，並見水經注卷五河水五。此盧縣在碻磝南，距鼓城甚遠。此「鼓城」與柳舒城、盧子城並列。寰宇記卷一三鄆州須城縣有「柳舒故城」，云：「左傳（哀二十七年）：晉伐鄭，齊陳成子救之，及留舒，去穀七里，穀人不知。」上之「柳舒」即春秋時之留舒，此「鼓城」疑即「穀城」之訛，即春秋時之「穀」，或世俗音轉，北魏時已稱「鼓城」。

〔二四〕南清河郡普泰中分平原置治莒城　「普泰」，原作「晉泰寧」。錢大昕考異卷二九云：「按晉世紀元，有『太寧』而無『泰寧』。考房亮傳（本書卷七二）：普泰中，濟州刺史張瓊表所部置南清河郡。乃知『晉』字本『普』字之訛，又衍一『寧』字耳。」按錢說是，今據改。

〔二五〕皇興四年分青州置延興五年改爲鎮景明元年復　按本書卷七上高祖紀上太和七年正月、卷七下高祖紀下太和十九年十月、卷一一二上靈徵志上地震類太和十九年，並見「光州」。疑延興五年於光州置東萊鎮，州實未廢，或廢而旋復，疑「景明元年復」爲罷鎮而非復州。

〔二六〕口一十六萬九百五十　南監本作「口一十六萬九百四十九」，與下分郡所列口數總計正合，疑是據計而改。

〔二七〕東曲城　原作「東西城」，據南監本、殿本、局本改。按上已見西曲城。

〔二八〕東牟郡　下原有注，云：「孝昌四年分東郡、陳留置，治雍丘。」錢大昕考異卷二九云：「『孝昌』以下十三字，當在陽夏郡下，誤重出於此。」按錢說是，今據刪。

〔二九〕牟城　溫校：「按牟城已見泰山牟縣下，當作『牟平城』，寰宇記（卷二〇登州），在蓬萊縣東南九十里。」

〔三〇〕縣十　原作「縣七」，據南監本、局本改。按下三郡縣數合計實是十縣。

〔三一〕户四萬三千八百一十九口一十八萬一千九百三　南監本作「户四萬四千三百六十八口一十八萬二千九百三」，與下分郡所列户、口數總計正合，疑是據計而改。

〔三二〕抱城　延昌志卷二東郡陽夏縣作「杞城」，云：「今本收志『杞』訛作『抱』。元和志（卷七汴州雍丘縣）：『雍丘故城，今縣城是也，春秋時杞國城也。』」

〔三三〕有陵有亭　延昌志卷二東郡尉氏作「陵樹亭」，云：「今本作『有陵有亭』，謬。渠水注（水經注卷二二）：康溝東逕平陸縣故城北，建武元年，以户不滿三千，罷爲尉氏縣之陵樹鄉，又有陵樹亭，漢建安中封尚書荀攸爲陵樹鄉侯，故陳留風俗傳曰：陵樹鄉，故平陸縣也。」水經注渠水此條下楊疏亦以爲此處下「有」爲「樹」字之訛。

〔三四〕渠水在大梁城東分爲蔡渠　「渠水」，原作「柒水」，南監本作「滦水」，北監本、汲本、殿本、局本作「灤水」。楊校：「浚儀不聞有灤水，據水經（卷二二渠水），渠水東至浚儀縣。『渠』與『灤』形近，此『灤水』爲『渠水』之誤。」按底本及三朝本作「柒」，乃「渠」字殘缺，南監本「滦」只右角微訛，痕跡甚顯。楊説是，今據改。

〔三五〕户四萬一千一百七十二　南監本作「户四萬一千一百七十」，與下各郡户數總計正合，疑是據計而改。

〔三六〕二漢晉爲瀷陽　「瀷陽」，原作「濾陽」。温校：「宋志（卷三六州郡志二豫州汝南郡）瞿陽令，漢舊縣。作『瀷陽』。應劭曰（漢書卷二八上地理志上汝南郡瀷陽注）：『瀷水出吴房，東入瀙。』説文亦同。蓋以水氏縣也。『濾』字訛。」按温説是，今據改。

〔三七〕口一十八萬二千五百五十一　南監本作「口一十八萬二千五百六十九」，與下分郡户數總計正合，疑是據計而改。

〔三八〕中左城　温校：「當作『中牟城』。」隋志（卷三〇地理志中）：滎陽郡管城縣，舊曰中牟，東魏置廣武郡。」

〔三九〕中湯城　延昌志卷二滎陽郡中牟改作「中陽城」，引水經注卷二二渠水：「承水又東北入黃瓮澗，北逕中陽城西……竹書紀年：梁惠成王十七年，鄭釐侯來朝中陽者也。」楊疏於同條下亦云地形志「湯」爲「陽」字之訛。

〔四〇〕密城　原作「容城」，延昌志卷二滎陽郡密縣改作「密城」，云「今本地形志作『容』誤」。楊校：「志例：縣已移治者，於故城則曰有某城；未移治者則云治某城。『容』與『密』形近，其爲『密』之誤無疑。」温校徑改作「密」，無說。按楊說是，今據改。

〔四一〕口一十萬八千七百八十七　南監本作「口一十萬七千八百三十七」，與下各郡口數總計正合，疑是據計而改。

〔四二〕龍漢赤唐陂　此處疑有訛字。

〔四三〕治蕃城　「治」，原作「合」。温校改作「有」，無說。楊校：「按『合』當『治』之誤。」按「合」字不可通，與「治」形近而訛，今據楊說改。

〔四四〕皇興初置屬建昌郡太和十五年罷郡　「十五年」，疑爲「十九年」之訛。按下永福注云建昌郡「太和十九年罷郡」。據志，太和十五年未見州郡調整之事，建昌之罷亦當是太和十八年遷都後之事。

〔四五〕承城　原作「永城」。温校：「『永』當作『承』。」無說。楊校：「隋志（卷三一地理志下彭城郡）：『蘭陵，舊曰承，置蘭陵郡。』則郡治承城，此『永』爲『承』之誤。」按楊説是，今據改。

〔四六〕户七千四百二十四　「七」，原作「十」，南監本、局本作「七」，殿本考證云：「『十』必是誤字。」按蘭陵郡户作「七千四百二十四」，與另六郡户數相加，與徐州三萬七千八百一十二之總户數正合。今據南監本、局本改。

〔四七〕考　楊校：「『考』下當有『城』字，蓋後魏置考城於此，至孝昌中，又於故考城置縣，因曰『考陽』。」

〔四八〕離狐　原作「離孤」。殿本考證云：「『孤』當作『狐』，又注『有離孤城』，亦誤，漢志可證。」温校徑改作「狐」，無説。楊校：「前漢志（卷二八上地理志上）及晉志（卷一四地理志上）並作『離狐』。水經濟水注（卷八）稱『離狐故城』，則此兩『孤』字皆『狐』之誤。」按「孤」字顯訛，今據改。

〔四九〕南兗州正光中置　「正光」，疑爲「正始」之訛。按神龜二年寇演墓誌稱「時南兗州初開，樹基譙墎……屈君爲征虜府長流參軍」。墓誌集釋卷五云：「案魏書范紹傳（卷七九）：『中山王英攻鍾離敗，詔以徐豫二境，民稀土曠，令紹量度處所，更立一州。紹以譙城形要之所，置州爲便，遂立南兗。』……以世宗紀繫元英坐鍾離敗退除名爲民事於正始四年證之，州蓋正始年置。演卒於神龜初，則南兗之置在正光前無疑矣。」

〔五〇〕口一十萬五千五百三十九　南監本、殿本作「口一十一萬五千五百三十九」，與所屬七郡口數相加正合，疑南監本據計而改，殿本從之。

〔五一〕龍亢二漢屬沛晉屬譙國後罷永安三年復屬孝昌中陷興和中復　「永安」，疑爲「永平」之訛。按「永安」乃孝莊帝年號，在孝昌之後，不得先稱「永安三年復」，又稱「孝昌中陷」。上臨淮條稱「永平二年置」，龍亢是廢縣，或亦在永平中復置。

〔五二〕譙郡二漢縣屬沛晉以爲郡　殿本考證云：「譙郡始置於曹魏，不始於晉也，志誤。」按晉書卷一四地理志上總序、宋書卷三六州郡志二豫州譙郡並云魏武所置。温校引晉、宋志證此志誤。上龍亢稱「晉屬譙國」，疑此「晉以爲郡」乃「晉以爲國」之訛，且更有脱文。

〔五三〕孝陽　温校徑改作「考陽」，無説。楊校：「隋志（卷三〇梁郡）『考城，後魏曰考陽』，此『孝』爲『考』之誤。」

〔五四〕口九萬六千七百八十　局本作「口九萬六千七百二十八」，南監本作「口九萬六千七百五十」。按南監本與所屬七郡口數相加正合。疑局本涉下南陽郡口數而訛，南監本乃據計而改，非別有據。

〔五五〕東武陵　温校、楊校、錢大昕考異卷二九並以爲乃「東武城」之訛，疑是。按元和志卷一一河南道密州，魏之膠州，隋開皇五年改爲密州，唐因置，治諸城。諸城縣又云：「本漢東武縣……後魏屬高密郡。隋開皇十八年，改東武爲諸城縣。」隋密州治諸城即因襲魏膠州之治東武。「陵」字訛。

〔五六〕領郡三　「三」，原作「二」，據南監本、局本改。按下實是三郡。

〔五七〕野艾山祠　按水經注卷二六膠水云：拒艾水「出縣西南拒艾山，即齊記所謂『黔艾山』也」。溫校、楊校並據謂「野艾」爲「黔艾」之訛。

〔五八〕石□墓　「□」，原作一字空格，他本並作「崇」。溫校：「寰宇記（卷三河南府）河南縣下引戴延之西征記，石崇冢在邙上，與此地不合。」按晉書卷三三石苞傳附石崇傳，崇被殺，在洛陽，傳稱後「葬以卿禮」，自亦在洛陽，且崇爲勃海南皮人，無由墓在安丘。今代以方圍。

〔五九〕九山　溫校徑改作「丸山」。按水經注卷二六巨洋水：朱墟城「東北二十里有『丹山』，世謂之『凡山』」。並云：「『丹』『凡』字相類，音從字變也。」楊疏熊會貞云：「酈注以『丹』爲正，史記封禪書、漢書郊祀志、地理志並作『凡山』；而史記五帝本紀作『丸山』。自徐廣以來諸家，紛紜不一。」今按，「九」字必訛，作「丸」「凡」「丹」，均各有據，然下文亦云「丹水所出」，疑水以山名，此處本作「丹山」。

〔六〇〕團城　原作「國城」。按錢大昕考異卷二九云：「高閭傳（本書卷五四）：以本官領東徐州刺史，與張讜對鎮『團城』。劉休賓傳（本書卷四三）亦云東徐州刺史張讜所戍『團城』，領二郡。則『國城』當爲『團城』之訛。」楊校：「水經沂水注（卷二五）：東莞城，東燕録謂之『團城』，魏南青州治。此尤州治『團城』之確證。」溫校同。按「國」字顯訛，今據改。

〔六一〕有峗山廟　「峗山」，原作「危山」。按水經注卷二五沂水云：「沂水又南逕爆山西。」楊疏：

「按名勝志，『爆山』，即泰山記所云『雹山』，音相類……元和志（卷一一沂州沂水縣）：雹山在沂水縣西北二十八里。齊乘：『雹山』一作『峋山』。故寰宇記（卷二三沂州沂水縣）引地形志，發干縣有『峋山』。今地形志『峋』作『危』，誤。」温校亦引寰宇記，無斷語。按「爆」「雹」「峋」音近互稱，「危」字顯訛，今據改。

〔六二〕□石山　「□」原字殘，似「闕」之右半，他本並注「闕」。按水經注卷二五沂水：治水「出泰山南武陽縣之冠石山。地理志（漢書卷二八上）曰：『冠石山，治水所出。』……東流逕蒙山下。有祠。治水又東南逕顓臾城北」。下武陽縣有顓臾城、蒙山，以地望揆之，疑當作「冠石山」。

〔六三〕户九千八百四十五口三萬二千一百三十九　南監本作「户九千八百四十九口三萬二千一百三十八」，與五郡分列之户、口數總計正合，疑是據計而改。

〔六四〕思都城　按水經注卷二三洧水：「洧水又南逕一故城西，世謂之思鄉城。」楊疏：「按地形志，襄邑治思都城，『都』爲『鄉』之誤，當以此正之。在今西華北二十里。」

〔六五〕「東楚州司馬德宗置宿豫郡」至「武定七年復改爲宿豫郡」　按錢大昕考異卷二九云：「按隋志（卷三一地理志下）：宿豫郡（隋志本作下邳郡，即此宿豫郡）『後魏置南徐州，梁改爲東徐州，東魏又改東楚州』。與此志異。」考異卷二八「世宗紀太和二十三年南徐州刺史沈陵外叛」條又云：「按是時沈陵據宿豫以叛，則南徐州治宿豫也，而地形志謂『宿豫郡，高祖初，立東徐州』，似誤。太和之世，東徐治團城，不應更置於宿豫也。」楊校：「元和志（卷九泗州）亦云後魏置東徐州，而水經泗水注（卷二五）云：宿豫城，後魏太和中南徐州治。輿地廣記同。隋志、通典（卷一八〇泗州）並謂後魏置南徐州於下邳，始名東徐矣（「始名」上當有「梁」字）。宿豫郡句有誤。按隋志、通典，東魏爲東楚州。此『武定七年復改』當斷句。依志例，『爲宿豫郡』當作『治宿豫郡』。」按本書卷六一沈文秀傳附沈陵傳、卷四七盧玄傳附盧淵傳並稱陵爲南徐州刺史。唯南齊書卷七東昏侯紀永元元年稱「僞東徐州刺史沈陵降」。此州曾名「東徐」，見於南齊書、元和志，非如錢氏、楊氏所説必誤。考沈陵傳，陵在太和二十二年前已官南徐州刺史。疑此州初置本名南徐，太和二十二年改治團城之東徐州爲南青州，而改治宿豫之南徐爲東徐。不及數月，沈陵降齊，州亦旋廢，故魏書猶稱其故官。此處云「高祖初立東徐州」誤，「東」當作「南」。然「爲宿豫郡」疑當作「治宿豫郡」，楊説是。

〔六六〕縣二十　此三字原闕，據南監本、汲本、殿本、局本補。按南監本以下亦當是依史例據六郡所領縣數而補。

〔六七〕户六千五百三十一口二萬七千一百三十二　南監本作「户六千五百二十九口二萬七千一百九十二」，與各郡分列之户、口數總計正合，疑是據計而改。

〔六八〕户六千二百八十一　南監本作「户六千七百二」，與下四郡分列之户數總計正合，疑是據計而改。

〔六九〕口二萬二千二百一十　南監本作「口二萬三千一十」，與下六郡分列之户數總計正合，疑是據計而改。

〔七〇〕太和十九年晉治廣陵城　殿本考證云：「『年』字下當有『置』字，各本俱脱。」按若謂脱「置」字，則「晉治廣陵城」不可解。本書卷六一田益宗傳，太和十七年蠻酋益宗遣使歸附，十九年授以南司州刺史，「後以益宗既渡淮北，不可仍爲司州，乃於新蔡立東豫州，以益宗爲刺史……二十二年，進號征虜將軍」。疑此處「晉」爲「置」字之訛。

〔七一〕户三千九十九口一萬一千二十一　南監本作「户二千八百八十七口一萬六百九十九」，與各郡分列之户、口數總計正合，疑是據計而改。

〔七二〕户三千六百一　南監本作「户三千六百六十二」，與下二十郡分列之户數總計正合，疑是據計而改。

〔七三〕户二千六百一十七　南監本作「户二千六百一十六」，與七郡分列之户數總計正合，疑是據計而改。

〔七四〕北陸　温校作「北陸渾」，無説。楊校：「伊陽郡有『南陸渾』，此與之對，當作『北陸渾』。」

〔七五〕梁崔塢　温校改作「梁雀塢」，云：「今本『雀』訛爲『崔』。史記正義引括地志，周承休城一名『梁雀塢』，在梁縣東北二十五里。水經注作『梁雀鄉』。」按水經注卷二一汝水朱謀㙔本、戴震本並作「梁瞿鄉」，趙一清本改作「梁雀鄉」。楊疏以爲趙改非。此處「崔」字必訛，原作「瞿」或「雀」難判斷，然「崔」「雀」形尤近，疑作「雀」是。

〔七六〕屬□州　「屬」原與「州」分行，不注闕。「州」當有名，今姑作一方圍。按太和遷都置司州，西至潼關。孝昌立宜陽郡，當分恒農置。疑「州」上脱「司」字。

〔七七〕成陽關　温校：「『成』當是『武』字之訛。按義陽三關，謂平靖、武陽、黄峴也。元和志（卷二七安州），關在應山縣東北一百三十里。」按武陽關亦見元和志卷九申州義陽縣，温説是。

〔七八〕苟甫城　「甫」字原幾成墨釘，不可辨識，三朝本、南監本、北監本、殿本作「苟甫」，汲本、局本作「荀甫」。按水經注卷三〇淮水：「鵲甫水出東鵲甫谷，西北流，逕鵲甫亭南，西北流，注於洛水」。此「鵲甫亭」即在北譙郡治陰陵城南。楊疏熊會貞云：「按初學記（卷八淮南道）引此亦作『鵲甫亭』。」又引寰宇記（卷一二八濠州）定遠廢定遠縣城有「芰蒲塘」「芰蒲亭」，一本又作「艾甫塘」「艾甫亭」，云：「考名勝志引輿地紀勝，定遠縣西八十里有『芍甫城』，並稱梁典作『芍甫』。『芍』音『鵲』，疑『苟』『荀』『芰』『艾』皆『芍』之誤，『芍甫』『鵲甫』一也。」按熊考甚詳，疑「苟甫」「荀甫」皆是「芍甫」之訛，今姑據三朝本以下作「苟甫」。

〔七九〕郡陽城　温校：「『郡』當作『邵』。」通鑑（卷一四〇齊紀六）建武二年三月，「魏主如邵陽，築城於水（當作「洲」）上，栅斷水路，夾築二城」。注：「邵陽城在鍾離城北淮水中。」

〔八〇〕扶風郡　按下不記領縣，當是脱去。但若本有領縣，又超出州領縣三十六之數，亦不合。

〔八一〕睢州蕭衍置潼州武定六年平改置　「武定六年」，原作「武定元年」，北監本、殿本同，三朝本字殘，「元」字殘剩下半部，南監本、汲本、局本作「武定九年」。按錢大昕考異卷二九云：「武定紀元止於八年，則以爲九年者誤矣。據下文淮陽、穀陽、睢南、臨潼諸郡俱云六年置，則睢州之置亦當在六年。字形相涉，誤爲『元』爾。」按梁書卷三武帝紀下太清元年（當東魏武定五年）十一月稱東魏將慕容紹宗「進圍潼州」，即此睢州。攻圍在武定五年十一月，如即占領，已在歲末，改名「睢州」，當在次年。此「元年」乃「六年」之訛，錢説是，今據改。

〔八二〕世宗開置平陽郡　楊校：「晉志（卷一五徐州後序）、宋志（卷三五徐州）作『陽平』，後魏置郡，當因舊名。志作『平陽』，恐誤。」

〔八三〕臨徐郡　按錢大昕考異卷二九云：「『徐』當作『滁』。」楊校：「郡領有烏江、酇等縣，皆近滁水。『滁』一作『涂』，此『徐』爲『涂』之誤。」

〔八四〕九日山　原作「九彐山」，北監本、汲本、殿本作「九曰山」，中間一字並不成字。今姑據三朝本、南監本、局本作「日」。

〔八五〕新息　他本無此縣，南監本、殿本、局本以上期思縣下注文之「豐城」作正文，大字。殿本考證云：「按此與期思並屬邊城郡，監本誤刊『豐城』二小字於期思注下，則邊城郡少一縣也。今改正。」按上明云邊城郡領縣二，無新息便只期思一縣，與上文不合。南監本以期思下注「豐城」二字作大字正文，當是意改以足二縣之數，殿本、局本從之。殿本不知所脱爲「新息」，反以北監本「期思」二字作小字注文爲誤。

〔八六〕領郡六縣六　原作「領郡一」，據南監本、北監本、汲本、殿本、局本改、補。按下所領實是六郡六縣。

〔八七〕治大治關城　楊校：「元和志（卷二七黄州），『大活關』在黄陂縣北二百里；寰宇記（卷一三一黄州），『大闊關』在縣東南一百九十步。此『治』爲『活』之誤。」

魏書卷一百六下

地形志二下第七

雍州　漢改曰涼，治漢陽郡隴縣，後治長安。

領郡五　縣三十一

京兆郡　秦爲内史，漢高帝爲渭南郡，武帝爲京兆尹，後漢因之，屬司隸，魏改，屬。

領縣八

長安　漢高帝置，二漢、晉屬。有昆明池、周靈臺、鎬池、彪池水。杜　二漢、晉屬。二漢曰杜陵，晉曰杜城，後改。鄠　二漢屬右扶風，晉屬始平，真君七年分屬。豐水出焉。山北　有風涼原。有苦谷，滻水出焉。有杜城。新豐　漢高帝置，二漢、晉屬。有驪山、戲亭、首谷水。霸城　郡治。二漢曰霸陵，晉改，屬。有軹道亭、長門亭、灞水、温泉、安昌陂。陰槃　二漢屬安定，晉屬。真君七年併新豐，太和十一年復。有鴻門亭、靈谷水、戲水。藍田　二漢、晉屬，真君七年併霸城，太和十一年復。有白鹿原。

馮翊郡 故秦內史，漢高帝二年更名河上郡，九年復爲內史，武帝爲左內史，後爲左馮翊，後改。

領縣六

高陸 郡治。二漢曰高陵，屬。晉屬京兆，魏明帝改，屬。有薄水。**頻陽** 秦置，二漢、晉屬。有廣武城、南鹵原、鹽池。**萬年** 漢高帝置，二漢、晉屬京兆〔一〕，後屬。有漆沮水。**蓮芍** 二漢、晉屬。有據城、下封城。**廣陽** 景明元年置。**鄣**〔二〕太和二十二年置。

扶風郡 故秦內史，漢高帝二年更名爲中地郡，九年復爲內史，武帝爲右內史，太初中更名主爵都尉，爲右扶風，後改。世祖真君年中併始平郡屬焉。

領縣五

好畤 郡治。前漢屬，後漢、晉罷，後復〔三〕。有武都城。**始平** 魏置，晉屬始平。有溫泉、新市城。**美陽**〔四〕 **槐里** 二漢、晉屬始平〔五〕，周曰犬丘，秦更名廢丘，漢高帝改。有板橋泉。**盩厔** 漢武帝置，屬。後漢、晉罷，後復，真君七年併武功屬焉。

咸陽郡

領縣五

石安 石勒置。秦孝公築渭城，名咸陽宮。有四皓祠、安陵城、杜鄠亭、竇氏泉、周文王祠。**池陽**

郡治。二漢屬左馮翊，晉屬扶風，後屬。有鄭白渠。**靈武** 前漢屬北地，後漢罷，晉復，真君七年分屬焉。**寧夷** 有甘泉、九嵏山。**涇陽** 真君七年併石安，景明二年復，屬。

北地郡 魏文帝分馮翊之祋祤置〔六〕。

領縣七

富平 真君八年罷泥陽、弋居屬焉。有北地城、漢武帝祠。**泥陽** 二漢、晉屬。真君七年併富平，景明元年復。有慈城山〔七〕。**弋居** 二漢屬，晉罷，後復。真君七年併富平，後復。**雲陽** 二漢屬左馮翊，晉罷，後復，屬。有蒲池水、雲陽宮。**銅官** 真君七年置。有關山、石槃山。**土門** 景明元年置。有土門山。**宜君** 真君七年置。有宜君水。

岐州 太和十一年置。治雍城鎮。

領郡三　縣八

平秦郡 太延二年置。

領縣三

雍 二漢、晉屬右扶風，後屬。有周城。**周城** 真君六年置。**橫水** 真君十年分周城置。

武都郡 太延年置。

領縣三

平陽 真君六年置，有新谷、五丈原、郿塢。南由〔八〕 高車

武功郡 太和十一年分扶風置。

領縣二

美陽 二漢、晉屬扶風，真君七年罷郡屬焉，後屬〔九〕。有岐山、太白山、美原廟〔一〇〕、駱谷、邵亭。莫西〔一一〕 太和十一年分好畤置。有梁山、武都城。

秦州 治上封城。

領郡三 縣十三〔一二〕

天水郡 漢武帝置，後漢明帝改爲漢陽郡，晉復。

領縣五〔一三〕

上封 前漢屬隴西，後漢屬漢陽，晉屬。犯太祖諱改。有席水。顯親 後漢屬漢陽，晉屬，真君八年併安夷，後屬。平泉 當亭 真君八年置。

略陽郡 晉武帝分天水置。

領縣五

安戎 前漢曰戎邑，屬天水，後漢、晉罷，後改，屬。有董城。綿諸 前漢屬天水，後漢、晉罷，後復，屬。有榆亭〔一四〕。隴城 前漢屬天水，後漢屬漢陽，晉罷，後復，屬。有隴城、略陽城。清水 前漢屬天水，後漢罷，晉復，屬。阿陽 前漢屬天水，後屬漢陽，晉罷，太和十一年復，屬。

漢陽郡 真君七年分天水置。

領縣三

黄瓜 真君八年置。有始昌城。陽廉 有鄧松山。階陵

南秦州 真君七年置仇池鎮，太和十二年爲渠州〔一五〕，正始初置。治洛谷城。

領郡六　縣十八

天水郡 真君七年置。

領縣三

水南 郡治。真君二年置。平泉 真君三年置。平原

漢陽郡 真君五年置。

領縣二

穀泉 蘭倉 郡治。真君三年置。有雷牛山、黄帝洞。

武都郡漢武帝置。

領縣四

石門郡治。真君九年置。有羌道城。白水真君九年置郡，後改。東平真君九年置。孔提

武階郡

領縣三

北部　南五部太和四年置郡，後改。赤萬太和四年置郡，後改。

脩城郡〔一六〕

領縣四

平洛太和四年置。柏樹〔一七〕太和八年置。下辨二漢、晉屬武都郡，太和四年分屬焉。廣長郡治。太和四年置。

仇池郡

領縣二

階陵真君四年置。有牛頭山。倉泉太和四年置。

南岐州

領郡三

固道郡延興四年置。

廣化郡

廣業郡

東益州治武興。

領郡七　縣十六

武興郡

領縣四

景昌　武興州、郡治。　石門　武安

仇池郡

領縣二

西鄉　西石門

槃頭郡

領縣二

武世　葨舉

廣葨郡

領縣二

葨廣　新巴

廣業郡

領縣二

廣業　廣化

梓潼郡

領縣二

華陽　興宋

洛叢郡〔一八〕

領縣二

武都　明水

益州　正始中置。

領郡五　縣十

東晉壽郡司馬德宗置，魏因之〔一九〕。

領縣四

黄　石亭　晉安司馬德宗置，魏因之。晉壽晉惠帝置〔二〇〕，屬梓潼，後屬。

西晉壽郡

領縣一

陰平

新巴郡司馬德宗置，魏因之。

領縣一

新巴司馬德宗置，魏因之。

南白水郡

領縣二

始平　京兆

宋熙郡

領縣二

興樂　元壽

巴州 郡縣闕。

梁州 蕭衍梁、秦二州，正始初改置。

領郡五　縣十四

晉昌郡

領縣三

龍亭 有安國城、鎮勢山〔三一〕、灙水。興勢 延昌三年置。南城

褒中郡

領縣三

褒中 二漢、晉屬漢中，後罷。永平四年復，屬。武鄉 延昌元年置。有牛頭山。廉水

安康郡 劉準置，魏因之。

領縣二

安康 二漢曰安陽，屬漢中，漢末省，魏復，武帝更名，屬魏興郡，後屬。有直水。寧都

漢中郡 秦置。

領縣三

南鄭 二漢、晉屬。漢陰 有胡城。城固 二漢、晉屬。

華陽郡

領縣三

華陽 有黄牛山、廉水、蕭何城。沔陽 二漢、晉屬漢中，後屬。有白馬城、黄沙城、諸葛亮廟。嶓冢 有嶓冢山、漢水出焉。

南梁州 郡縣闕。

東梁州

領郡三 縣四

户一千二百二十二

金城郡

領縣一

户二百八十六

直城

安康郡

領縣一〔三〕

户六百一十八

安康

魏明郡

領縣二

户三百一十八

漢陽　寧都

涇州治臨涇城。

領郡六　縣十七

安定郡漢武帝置，太和十一年罷石堂郡，以其縣屬。

領縣五

安定 前漢屬，後漢、晉罷，後復。有銅城。臨涇 二漢、晉屬。有洪城。朝那 二漢、晉屬。有當原城、胡城。烏氏〔二三〕 二漢、晉屬。有岐山、涇鄉城、陽邑城、撫夷城。石堂 有自度山。

隴東郡

領縣三

涇陽 前漢屬安定，後漢、晉罷，屬，後復〔二四〕。有薄落山，涇水出焉。白城、方石淵、隴山。祖居 前漢屬，罷，後復，屬武威〔二五〕，晉罷，後復，屬。撫夷 前漢屬安定，後漢、晉罷，後復，屬。

新平郡 後漢獻帝建安中置。

領縣四

白土 二漢屬上郡，晉屬金城，後屬。有歧亭嶺。爰得 前漢屬安定，後漢、晉罷，後復，屬。有邑成、東魏城。三水 二漢屬安定，晉罷，後復，屬。有隨意城。高平 二漢屬安定，晉罷，後復，屬。有石門山。

趙平郡〔二六〕

領縣二

鶉觚 前漢屬北地，後漢、晉屬安定，後屬〔二七〕。有□孤原、亭〔二八〕、臺山。東槃〔二九〕

平涼郡

領縣二

鶉陰　郡治。前漢屬安定，後漢屬武威，晉罷，後復，屬。有瓦亭〔三〇〕、涇陽〔三一〕、平涼城。陰密　前漢屬安定，後漢罷，晉復，後屬。

平原郡

領縣一

陰槃　二漢屬安定，晉屬京兆，後屬。有安城、安武城。

河州　有伏乾。□□〔三二〕真君六年置鎮，後改。治枹罕〔三三〕。

領郡四　縣十四〔三四〕

金城郡　漢昭帝置，後漢建武十三年□隴西〔三五〕，孝明復。

領縣二

榆中　二漢、晉屬。大夏　二漢屬隴西，晉屬晉興。皇興三年改爲郡，後復，屬。有白水、金柳城。

武始郡　晉分隴西置。

領縣三

勇田真君八年置郡，後改。狄道二漢屬隴西，晉屬。陽素

洪和郡

領縣三

水池真君四年置郡，後改。藍川真君八年置郡，後改。蕈州〔三六〕延興四年置。

臨洮郡二漢、晉縣，屬隴西。真君六年改置。

領縣三

龍城太和十年置。石門太和九年置。赤水

渭州

領郡三　縣六

隴西郡秦置。

領縣二

襄武　首陽

南安陽郡〔三七〕

領縣二

桓道　中陶

廣寧郡

領縣二

彰　新興　真君八年罷中陶、禄部、襄武屬焉。

原州　太延二年置鎮，正光五年改置，并置郡縣。治高平城。

領郡二　縣四

高平郡

領縣二

高平　里亭

長城郡

領縣二

黄石　白池

涼州　漢置，治隴。神䴥中爲鎮，太和中復。

領郡十　縣二十
戶三千二百七十三
武安郡
領縣一
戶三百七十三
宜盛〔三八〕
臨杜郡〔三九〕
領縣二
戶三百八十九
安平　和平
建昌郡
領縣三
戶六百五十七
榆中　治城　蒙水
番和郡

領縣二

戶一百三十九

彰　燕支

泉城郡

領縣一

戶七十二〔四〇〕

新陽

武興郡

領縣三

戶三百八十五

晏然　馬城　休屠

武威郡漢武帝置。

領縣二

戶三百四十〔四一〕

林中　襄城有休屠城、武始澤。

昌松郡

領縣三　戶三百九十七

温泉　揖次〔四二〕　莫口

東涇郡

領縣一　戶一百九十一

台城〔四三〕

梁寧郡

領縣二　戶三百三十一

園池　貢澤

鄯州　郡縣闕。

瓜州郡縣闕。

華州太和十一年分秦州之華山、澄城、白水置〔四四〕。

領郡三　縣十三

華山郡

領縣五

華陰前漢屬京兆，後漢、晉屬恒農，後屬。有華山、集仙館、巨靈原、潼關〔四五〕、北鄉城、重泉城。鄭二漢、晉屬京兆，後屬。有廣鄉原、鄭城、赤城。夏陽二漢、晉屬馮翊，後屬。故少梁，秦惠文王更名。有梁山、龍門山、黑水城。敷西太和十一年分夏陽置。有武平城、高平城。郃陽二漢、晉屬馮翊，後罷。太和二十年復，屬。

澄城郡真君七年置。

領縣五

澄城真君七年置。有杏城。五泉真君七年置。有五泉水、漯水、石谷城。三門真君七年置。有陽苑城、衙城。宮城真君七年置。南五泉太和十一年置。

白水郡太和二年分澄城置。

領縣三

姚谷　太和二年置。有黃崖山。白水　太和二年置。有五龍山、粟邑城。南白水　太和十一年分白水置。有□□□□〔四六〕。

北華州　太和十五年置東秦州，後改。治杏城。

領郡二〔四七〕　縣七

户一萬千五百九十七〔四八〕

中部郡

領縣四

户八千九百二十四

中部　姚興置，魏因之。石保　有回女山。狄道　有狄兔城、淺石山。長城　有五郊城。

敷城郡

領縣三

户五千六百七十二

敷城　有女陰山。洛川　真君中置。定陽

豳州　皇興二年爲華州，延興二年爲三縣鎮〔四九〕，太和十一年改爲班州，十四年爲邠州，二十年改焉。

領郡三　縣十

西北地郡　秦昭王置。

領縣三

彭陽　二漢屬安定，晉罷，後復，屬。富平　二漢、晉屬北地，後屬。有神泉、靈州城、彰獵山。安武　前漢屬安定，後漢、晉罷，後復，屬。

趙興郡　真君二年置。

領縣五

陽周　前漢屬上郡，後漢、晉罷，後復，屬。有橋山、黄帝冢、泥陽城、高平城、秋水。獨樂　前漢屬上郡，後漢、晉罷，後復，屬。定安　真君二年置。趙安　真君二年置。高望　真君二年置。有高望山。

襄樂郡　太和十一年置。

領縣二

襄樂　前漢屬上郡，後漢、晉罷，後復，屬。膚施　二漢屬上郡，晉罷，後復，屬。有五龍山、黄帝祠。

夏州赫連屈孑所都，始光四年平，爲統萬鎮，太和十一年改置。治大夏。

領郡四　縣九

化政郡太和十二年置。

領縣二

革融　巖緑〔五〇〕

闡熙郡太和十二年置。

領縣二

山鹿　新囶

金明郡真君十二年置。

領縣三

永豐真君十三年置。　啓寧　廣洛真君十年置。

代名郡太安二年置。

領縣二

呼酋 太安二年置。有橫水。渠搜 太和二年置。

東夏州 延昌二年置。

領郡四 縣九

偏城郡 太和元年置。

領縣二

廣武 前漢屬太原，後漢、晉屬雁門，後屬〔五一〕。有三城、徧城。沃野 二漢屬朔方，晉罷，後復，屬。

朔方郡 漢武帝置。

領縣三

魏平 政和 朔方 二漢屬，晉罷，後復。有貴壖澤。

定陽郡 二漢縣，屬上郡，太安中改置。

領縣二

臨戎 二漢屬朔方，晉罷，後復，屬。臨真 有丹陽山、白泉。

上郡 秦置。

領縣二

石城　因城

泰州神䴥元年置雍州，延和元年改，太和中罷，天平初復，後陷〔五二〕。

領郡三〔五三〕　縣七

河東郡秦置。治蒲坂。

領縣五

安定太和元年置。蒲坂二漢、晉屬。有華陽城、雷首山。南解二漢、晉曰解，屬，後改。有桑泉城。北解太和十一年置。有張楊城。猗氏二漢、晉屬河東，後復，屬〔五四〕。有介山塘。

北鄉郡

領縣二

北猗氏太和十一年置。有解城。汾陰二漢、晉屬河東，後屬。有北鄉城、后土祠。

陝州太和十一年置。治陝城。八年罷〔五五〕，天平初復，後陷。

領郡五　縣十一

恒農郡前漢置，以顯祖諱，改曰「恒」。

領縣三

陝中二漢、晉曰陝，屬。有曲沃城、鄧芝祠。　北陝太和十一年置。有三崤山、白楊谷。　崤

西恒農郡

領縣一

恒農二漢、晉屬恒農，後屬。有桃林。

澠池郡

領縣二

俱利　北澠池太和十一年置。有馬頭山、俱利城、生耳山。

石城郡正始二年置縣，後改。

領縣一

同堤

河北郡

領縣四

北安邑二漢、晉曰安邑，屬河東，後改。太和十一年置爲郡，十八年復，屬。南安邑太和十一年置。有中條山。河北二漢、晉屬河東，後屬。有芮城、立城、嬀水、首陽山、伯夷叔齊墓。太陽二漢、晉屬河東，後屬。有虞城、夏陽城。

洛州太延五年置荆州，太和十一年改〔五六〕。治上洛城。

領郡五　縣七

上洛郡晉武帝置。

領縣二

上洛前漢屬恒農，後漢屬京兆，晉屬。有丹水、南秦水、漢高祖祠、四皓祠、高東祠〔五七〕。拒陽

上庸郡皇興四年置東上洛，永平四年改。

領縣二

商前漢屬恒農，後漢屬京兆，晉屬上洛，後屬。有京城。豐陽郡治。太安二年置。有圏地。

魏興郡太延五年置。

領縣一

陽亭太和五年置。

始平郡景明元年置。

領縣一

上洛

萇和郡景明元年置。

領縣一

南商

荆州後漢治漢壽，魏、晉治江陵，太延中治上洛，太和中治穰城。

領郡八　縣四十八〔五八〕

南陽郡秦置。

領縣十

宛二漢、晉屬。有清水〔五九〕、梅溪水。新城太和二十二年置。有覆釜山、赤石山。冠軍漢武帝置，二漢、晉屬。有湍水、羊角〔六〇〕。舞陰二漢、晉屬。有横山。酈二漢、晉屬。有大鼓谷、懸鼓山。云陽二漢、晉曰育陽，屬。司馬昌明改，魏因之。西平有精山、赭山。涅陽二漢、晉屬。有涅〔六一〕。上陌　西鄂二漢、晉屬。有棘山、華城、張衡碑。

順陽郡魏分南陽置，曰南鄉，司馬衍更名，魏因之。

領縣五

南鄉後漢屬南陽，晉屬南鄉。丹水前漢屬恒農，後漢屬南陽，晉屬南鄉。臨洮有洮山。槐里

順陽二漢屬南陽，晉屬南鄉。漢哀帝置，即博山也。後漢明帝改。

新野郡晉惠帝置。

領縣三

穰二漢屬南陽，晉屬義陽，後屬。新野二漢屬南陽，晉屬義陽，後屬。池陽

東恒農郡太和中置。

領縣六

西城二漢屬漢中，晉屬魏興，後屬。北酈有長山。南鄉左南鄉有凡亭山。上憶

東石

漢廣郡

領縣二

南棘陽二漢屬南陽，晉屬義陽，二漢、晉曰棘陽，後改，屬。有漢廣城。西棘陽

襄城郡

領縣九

方城有赭陽城、七石山。郟城有崩石山。伏城有廣陽山。舞陰有唐山。清水　翼陽有招泉。鄭　北平有因城。赭城有陵中山。

北清郡〔六二〕

領縣二

武川有湼城、鹿鳴山、農山。北雉二漢、晉曰雉，屬南陽，後改，屬。有西鄂城。

恒農郡

領縣四

國〔六三〕　恒農　南鄺　邯鄲

襄州孝昌中置。

領郡六　縣二十

襄城郡蕭道成置，魏因之。治赭陽城〔六四〕。

領縣六

方城　郟城　伏城　舞陰　翼陽　赭城

舞陰郡孝昌中置。

領縣二〔六五〕

舞陰　安陽

南安郡太和十三年置郢州，十八年改爲南中府，天平初罷府置，後陷。

領縣四

安南　南舞　葉　南定

期城郡孝昌中置。

領縣四

西舞陽　東舞陽　南陽　新安

北南陽郡孝昌中置，爲宣義郡，後改。州治。

領縣二〔六六〕

北平　白水

建城郡太和十八年置，景明末罷郡置戍，永熙二年復。

領縣二

赭陽　北方城

南襄州　領郡三　縣五

西淮郡〔六七〕　領縣二

鍾離　襄城

襄城郡　領縣二

陳陽　上馬

北南陽郡　領縣一

南陽

南廣州　領郡五　縣七

襄城郡
領縣一
襄城
魯陽郡
領縣二
冠軍　繁昌
高昌郡
領縣一
高陽
南陽郡
領縣一
南陽
襄城郡
領縣二
扶城　南陽

郢州

領郡三　縣八

安陽郡

領縣四

真陽　安陽　清陰〔六八〕　淮陰

城陽郡

領縣三

平春　義陽　義興

汝南郡

領縣一

上蔡

南郢州〔六九〕

領郡十二　縣二十九

北遂安郡
領縣一
新安
馮翊郡
領縣四
山陽　彭城　城　建安
江夏郡
領縣二
屈陽　鄀陽
□子郡
領縣四
南新陽　西新　北新陽　新興
香山郡
領縣二
北新安　鄖陽

永安郡〔七〇〕

領縣二

永安　南新興

新平郡

領縣二

□城　安城

永安郡

領縣二

劉剛　上城

宕都郡

領縣三

西新化　東平陽　安城

宜民郡

領縣三

西新安　新安　平陽

南遂安郡
領縣一
安興
□□郡
領縣三
東新市　西新市　長安
析州
領郡五　縣十一
脩陽郡
領縣二
蓋陽　脩陽
固郡
領縣三
懷裏　南鄉　固

朱陽郡

領縣二

黃水　朱陽

南上洛郡

領縣二

單水　南上洛

析陽郡

領縣二

西析陽　東析陽

校勘記

〔一〕二漢晉屬京兆　温曰鑑魏書地形志校録（下簡稱温校）：「漢志（卷二八上）屬『左馮翊』。」按後漢書志第十九郡國志一亦屬左馮翊。此處「二漢」下當有「屬」字，或是脱去。

〔二〕鄣　原作「郭」。温校：「『郭』當作『鄣』。寰宇記（卷二六雍州）：後魏太和中分萬年置鄣縣。水經注（卷一九渭水下）：『渭水又東逕鄣縣西，蓋隴西郡之鄣徙也。』」楊守敬北魏地形志札記(下簡稱楊校)同。按「隴西之鄣」亦見水經注卷一七渭水上,作「彰」。「郭」乃「鄣」字形近而訛,今據改。

〔三〕好畤郡治前漢屬後漢晉罷後復　此處所注不確。按既云後漢罷,不言復,則晉不得再罷。好畤縣,漢書地理志、後漢書郡國志、晉書地理志俱不載。然據後漢書卷一九耿弇列傳,弇封好畤侯,「食好畤、美陽二縣」,傳至五代孫協,不聞改封。則是後漢以爲國。晉書卷六〇索靖傳附索綝傳記綝以郎中出除好畤令,是西晉時已復。

〔四〕美陽　按下武功郡下亦有「美陽」,與此重出。武功郡之美陽下注云:「二漢、晉屬扶風,真君七年罷郡屬焉,後屬。」太和十一年置武功郡,此縣即屬武功,扶風不應又有「美陽」。觀扶風屬縣惟美陽下無注,疑此處「美陽」爲衍文。然無之則五縣闕其一,或別脱一縣,或本有注説明重出之故,傳本脱去。

〔五〕槐里二漢晉屬始平　按槐里縣,漢書卷二八上地理志上、後漢書志第十九郡國志一俱屬右扶風,始平郡始設於西晉,二漢焉能屬,此處「二漢」下當有「屬右扶風」四字,或是脱去。

〔六〕北地郡魏文帝分馮翊之祋祤置　按北地郡,秦置,二漢魏晉俱置,下富平、泥陽二縣,亦漢晉北地郡所屬舊縣,不得言魏文帝置。疑「魏文帝」云云誤,或有脱文。

〔七〕慈城山　温校:「御覽(卷四四)引四夷郡國縣道記:『巀嶭山在雲陽縣東北十里,一名慈峨山,俗云嵯峨山。』疑『城』字當爲『峨』字,形相涉而誤。」按寰宇記卷三一耀州雲陽縣巀嶭山條與御覽同，唯多「王褒雲陽宫記：東有慈峨山，今土人謂之嵯峨山」。

〔八〕南由　原作「南田」。温校：「『田』當作『由』。元和志（卷二隴州）南由縣下：『後魏孝明帝於縣西南由谷口（原引脱「口」字）置。』隋志（卷二九扶風郡）亦作『南由』。」按水經注卷一七渭水上：「逕南由縣南。」楊疏：「朱謀㙔『由』誤作『田』，全同，趙、戴改作『由』。」又云：「周書（卷三三）趙昶傳、兩唐志（舊唐書卷三八、新唐書卷三七地理志一隴州）、寰宇記（卷三二隴州）並作『由』，而通典（卷一七三隴州）作『田』。」按「田」字訛，今據改。

〔九〕美陽二漢晉屬扶風真君七年罷郡屬焉後屬　「二漢晉屬扶風」下疑有脱文。按上武功郡下注云：「太和十一年分扶風置。」則太和十一年前美陽仍屬扶風。此所謂「真君七年罷郡屬焉」，所罷何郡不詳，「屬焉」也不明屬何郡。

〔一〇〕美原廟　温校：「『美原』疑即『姜嫄』，形似而誤。水經注（卷一八渭水中）：漦縣故城東北有姜嫄祠。元和志（卷二京兆下武功）：祠在武功縣西南二十二里。」楊疏於渭水篇此條下引地形志作「姜嫄廟」，無説。

〔一一〕莫西　原作「漢西」。温校：「隋志（卷二九京兆郡上宜縣）作『莫西』。寰宇記（卷三一乾州永壽縣）：『莫谷水，源出高泉山……後魏於水西置縣，因名莫西。』此『漢』字當是『莫』字之誤。」楊守敬隋書地理志考證卷一京兆上宜縣「有舊莫西縣」條云：「考魏書江悦之傳（卷七一），宣武帝時封士孫天與爲莫西男，則當以作『莫西』爲是。」按此縣又見寰宇記卷三一乾州好時，亦作「莫西」。今據改。

〔一二〕縣十三　南監本、局本作「縣十二」。按下三郡所列實是十二縣，然天水郡領縣有疑，今仍從底本。

〔一三〕領縣五　南監本、局本作「領縣四」。按下所列實爲四縣，然此作「領縣五」，與上秦州三郡領縣十三之數正合。若非此領縣之數訛誤，則是此郡下脱一縣之名。

〔一四〕楡亭　按水經注卷一七渭水上：「渭水又東南出橋亭西。」楊疏：「按地形志略陽郡綿諸有『楡亭』，相其地望，即此亭也，乃與此作『橋』異。據注下文東亭水『亦謂之橋水』，則亭因水得名，作『橋』是也。在今秦州東。」

〔一五〕太和十二年爲渠州　楊校：「渠州無考，一統志（卷二七七階州二仇池故城條）引作『梁州』，亦無考。按魏書氐傳（卷一〇一），楊難當已於劉義隆時拜秦梁二州牧、南秦王。是時南鄭之梁州尚爲宋有，至太和十二年，梁州亦仍屬齊。此改爲梁州者，或即以楊氏已爲秦梁二州牧，因以立之。厥後夏侯道遷以南鄭降魏，故以此地爲南秦州，而南鄭之梁州如故，後又於巴西置南梁州，於情事頗合。」按，本書卷四五裴駿傳附裴宣傳云：「出爲征虜將軍、益州刺史。宣善於綏撫，甚得羌戎之心。復晉壽更置益州，改宣所莅爲南秦州。」此處「渠州」或是「梁州」之訛，然疑本當作「益州」。

〔一六〕脩城郡　原作「脩武郡」。温校、楊校並引隋志（卷二九順政郡）作「脩城」。楊守敬隋書地理志考證云：「水經注（卷二〇漾水）：漢水東南，逕脩城道南。又周書（卷三三）趙昶傳：世宗初，鳳州人仇周貢、魏興等反，分兵圍廣業、脩城二郡。又杜杲傳（卷三九）：世宗初，轉脩城郡守。據此則地形志作『脩武』誤也。」按楊說是，今據改。

〔一七〕柏樹　原作「和樹」，「和」不成字，局本作「和樹」。楊校：「周書氐傳（卷四九）作『柏樹』，隋志脩城縣下同。此『和』爲『柏』之誤。」按局本當是以意改，「和」乃「柏」字之形訛，今據改。

〔一八〕洛叢郡　原作「洛聚郡」。温校：「隋志（卷二九順政郡鳴水縣）作『落叢』，元和志（卷二二興州鳴水縣）：『後魏宣武帝於此置落叢郡，因落叢山爲名。』」楊校引隋志同，云：「『叢』一作『藂』，此『洛聚』二字並脱艸頭。」按通典卷一七六興州鳴水縣亦作「落叢」，隋書卷七四燕榮傳封「落叢郡公」。「洛」「落」音同通用，「聚」字當如楊說，脱艸頭，今據改。

〔一九〕東晉壽郡司馬德宗置魏因之　温校：「寰宇記（卷一三五利州）：『齊明帝永泰元年分晉壽郡之興安縣置東晉壽郡於烏奴北一里，即今州是也。』若晉之晉壽郡，晉志（卷一四梁州後序）『孝武分梓潼北界立』。宋志（卷三七梁州晉壽郡）稱『晉地記：孝武太元十五年梁州刺史周馥表立』，亦非司馬德宗置。」

〔二〇〕晉壽晉惠帝置　温校：「宋志（卷三七梁州晉壽郡晉壽縣）：『晉起居注，武帝太康元年改梓潼之漢壽曰晉壽。漢壽之名，疑是蜀立，云惠帝立非也。』元和志（卷二二興元府利州）：『蜀先主改葭萌爲漢壽縣，屬梓潼郡，晉改爲晉壽。』」按晉書卷一四地理志上梁州前序云武帝泰始三年「改漢壽爲晉壽」。據宋志，此處以晉壽爲惠帝置者乃是承何承天志之誤。

〔二〇〕鎮勢山　温校：「『鎮』當作『興』。寰宇記（卷一三八洋州），興勢山在興道縣西北四十三里……元和志（卷二二興元府洋州），興勢山在興道縣北二十里……水經注（卷二七沔水），小成固城北百二十里有興勢坂。」

〔二一〕領縣一　「一」字原闕，據他本補。

〔二二〕烏氏　原作「烏氐」。温校：「郡國志（志五安定郡）作『烏枝』。」按漢書卷二八下地理志下安定郡「烏氏」，顏師古注：「氏音支。」本書卷四五韋闐傳附梁穎傳稱梁嵩遵封「烏氏縣開國伯」。「氐」乃「氏」字之形訛，今據改。

〔二三〕涇陽前漢屬安定後漢晉罷屬後復　按所云「後漢、晉罷，屬」，不知屬何郡，且既云「罷」，則當「併」或「入」他縣，無所謂「屬」。疑「屬」字本在「後復」下，本云：「後漢、晉罷，後復，屬。」同下撫夷及新平郡爰得、三水、高平諸縣例。

〔二四〕祖居前漢屬罷後復屬武威　殿本考證云：「祖居，即二漢之祖厲縣也，前屬安定，後屬武威。此注『前漢屬』下似脱『安定』二字，衍『罷』字，又訛『後漢』『漢』字爲『復』字。」按無「安定」二字，似前漢已有隴東郡，祖厲屬之，誤。考證云脱「安定」二字是。但所云「罷，後復，屬武威」，「後復」即指後漢復，或兩漢間確曾罷縣，魏收別有所據。

〔二五〕趙平郡　原作「隨平郡」。温校：「隋志（卷二九安定郡鶉觚縣）作『趙平』，又考靈徵志（本書卷一一二下景明二年）『趙平郡上言鶉觚縣木連理』。此『隨』字誤。」楊校引元和志卷三涇州靈臺縣、寰宇記卷三四邠州宜祿、輿地廣記卷一五涇州靈臺縣並作「趙平郡」，證此志「隨」爲「趙」字之訛。按本書卷四四費于傳附費穆傳，穆以擒梁將曹義宗，「進封趙平郡開國公」。據卷一〇孝莊紀，事在永安元年。「隨」字訛，今據改。

〔二七〕鶉觚前漢屬北地後漢晉屬安定後屬　「鶉觚」，原作「鶉鵤」；「北地」，原作「山城」；句末「屬」字原闕。楊校：「縣，前漢曰鶉孤，屬北地，續漢志（郡國志五涼州安定郡）、晉志（卷一四雍州馮翊郡）『孤』作『觚』。此誤『觚』爲『鵤』，又誤『北地』爲『山城』，『後』下脫『屬』字。」按楊説是，今據改補。

〔二八〕有□孤原亭　「□」，原作一字空格，三朝本同，他本俱不空字。按寰宇記卷三四邠州宜祿縣云：「鶉觚原一名淺水原。」「孤」上疑是「鶉」字。「亭」屬上讀，或上有脫文。

〔二九〕東槃　温校：「當作『東陰槃』。」無説。按元和志卷三邠州宜祿縣云「後魏爲東陰槃縣」，寰宇記卷三四宜祿縣引周地圖記云「後魏孝明熙平二年析鶉觚縣置東陰盤縣」。疑此處「東」下脫「陰」字。

〔三〇〕瓦亭　原作「凡亭」。温校：「『凡亭』爲『瓦亭』之訛。」按水經注卷一七渭水上云：隴水「東北出隴山，其水西流，右逕瓦亭南。隗囂聞略陽陷，使牛邯守瓦亭，即此亭也。一水亦出隴山，東南流，歷瓦亭北，又西南合爲一水，謂之瓦亭川」。楊疏熊會貞據謂此志「凡」乃「瓦」字之訛。元和志卷三原州平高縣有「瓦亭故關」、卷三九秦州隴城縣有「瓦亭」，寰宇記卷三三原州平高縣同元和志。「凡」爲「瓦」字之形訛，今據改。

〔三一〕涇陽　温校：「『涇陽』下脱『城』字。元和志（卷三原州）：涇陽故城在平陽縣西四十里。」

〔三二〕河州有伏乾□□　「□□」，原注「闕二字」，今代以二方圍。錢大昕考異卷三〇云：「按乞伏國仁嘗自稱河州牧，當云『乞伏乾歸置』。『有』蓋『乞』之訛。」

〔三三〕枹罕　原作「抱至」。温、楊並云爲「枹罕」之訛。楊校：「元和志（卷三九蘭州）：今（河）州即（漢）金城郡之枹罕縣也。又云：太和十六年，改枹罕鎮爲河州。是後魏河州治枹罕城。此『抱至』爲『枹罕』之誤，又脱『城』字。」按「抱至」顯訛，今據改。下亦當有「城」字，但他處也多此例，今皆不補。

〔三四〕縣十四　按諸郡所領縣合計只十一，疑「四」字訛。

〔三五〕後漢建武十三年□隴西　「□」，原作「执」，不成字。三朝本注「闕一字」，南監本作一字空格，北監本、殿本、局本注「闕」，汲本作墨釘。温校：「據元和志（卷三九蘭州）當是『省入』二字。」楊校亦引元和志，云「此乃闕『併』字也」。按所闕止一字，楊説疑是，但與底本訛字不類，今代以方圍。

〔三六〕蕈州　温校：「隋志（卷二九枹罕郡）作『蕈川』。考水經注（卷二河水二）：『洮水又北出門峽，歷東歷川（戴本「東歷」作「未厥」，温乃用趙本），蕈川水注之。』蓋縣以水名也。」楊校同。

〔三七〕南安陽郡　按錢大昕考異卷三〇云：「此『陽』字疑衍。隋志（卷二九隴西郡），隴西縣舊曰内陶（即中陶），置南安郡。」按元和志卷三九渭州隴西縣云：「本漢豲道縣也，屬天水郡，後漢末於此置南安郡。」晉書卷一四地理志上秦州有南安郡，統豲道、新興、中陶三縣。「豲」音「桓」。今此南安陽郡統桓道、中陶二縣，則郡必因漢晉舊置，忽加「陽」字而無注言改，疑錢說是。

〔三八〕宜盛　楊校：「兩漢、魏、晉武威郡並有『宣威縣』，此作『宜盛』，以形近致誤。」

〔三九〕臨杜郡　「郡」下原注「『杜』一作『社』」。楊校：「寰宇記（卷一五二涼州）：『後魏太和中置臨松郡，故城在臨松山下。』則『杜』『社』皆『松』字之誤。」按隋書卷二九地理志上張掖郡張掖縣云：「又有臨松縣，後周廢，有甘峻山、臨松山。」晉書卷一四地理志上涼州後序云：「張天錫又別置臨松郡。」則魏當因前涼舊名。疑楊說是，今删原注。

〔四〇〕户七十二　他本並作「户七十九」。

〔四一〕户三百四十　三朝本、殿本作「户三百四」。

〔四二〕揟次　此下原注云：「本作『撮沙』，又作『揖次』。」晉書卷一四地理志上涼州武威郡作「揖次」。錢大昕考異卷一九云：「當作『揟次』，漢隸『胥』『咠』二字多相亂，故訛爲『揖』。」按漢書卷二八下地理志下、後漢書志第二十三郡國志五武威郡並作「揟次」，今删原注。

〔四三〕台城　温校：「通鑑注引作『治城』。」按胡注引本志見通鑑卷一二一宋紀三元嘉六年五月

「暮末擊破之，進至治城」句。

〔四四〕太和十一年分秦州之華山澄城白水置　按華山等三郡當本屬治蒲坂之「泰州」，「泰」爲「秦」字之訛，參見本卷校記〔五二〕。

〔四五〕潼關　原作「濕關」。温校引元和志卷二華州華陰「潼關」條，楊校引左傳文十三年杜注「桃林在華陰縣東潼關」條，證此「濕關」爲「潼關」之訛。按華陰下舉關塞，無不舉「潼關」之理，「潼關」也不聞別名「濕關」，必是形近而訛，今據改。

〔四六〕太和十一年分白水置有□□□□　「年」下原無「分」字，注「闕五字」，另起行接「白水置有」四字；南監本、北監本、汲本、殿本、局本「年」下並有「分」字，南本於「分」下注「闕」，局本於句末注「闕」，汲本、殿本於「分」下及句末並注「闕」。按句末作「置有」，語義未完，顯有闕字，今據南監本以下補「分」字，則闕四字，補於句末，作方圍，並删注文。

〔四七〕領郡二　原作「領郡一」，據南監本、殿本、局本改。按下實列二郡。

〔四八〕户一萬千五百九十七　三朝本同，北監本、汲本、殿本作「户一萬一千五百九十七」，南監本、局本作「户一萬四千五百九十六」。按南監本與下二郡分列户數總計正合，疑是據計而改，局本從之，非別有據。

〔四九〕延興二年爲三縣鎮　「三縣鎮」，「鎮」原作「⿰木疑」，三朝本同，南監本、北監本、汲本、殿本、局本「縣」下注「疑」字。温校：「據元和志（卷三寧州序）當作『三縣鎮』。」按元和志云「後魏延興二年爲三縣鎮」云云即引此志。當是「鎮」字殘缺，後人旁注「疑」字，與殘存筆畫相合，今據改。

〔五〇〕巖緑　此下原有旁注「一本作『嚴緣』」，南監本旁注作「一本作『嚴緑』」。汲本、局本作「復緑」，旁注「一本作『巖緣』」。按隋書卷二九地理志上朔方郡有巖緑縣，同書卷五四李徹傳謂徹爲「朔方巖緑人」。元和志卷四夏州朔方縣云：「本漢舊縣……漢末荒廢，後魏更置巖緑縣，隋因之。」是此作「巖緑」無誤，今删旁注。

〔五一〕廣武前漢屬太原後漢晉屬雁門後屬　温校：「此注已見上卷雁門郡廣武縣下。」按雁門之廣武在今山西代縣境内，此廣武在今陝西延安境内，相去甚遠。隋書卷二九地理志上延安郡豐林縣云：「後魏置，曰廣武，及偏城郡。」元和志卷三延州豐林縣云：「本漢高奴縣地，後魏孝文帝置廣武縣，屬偏城郡。」此廣武與雁門之廣武無涉，疑此處注誤。

〔五二〕泰州神䴥元年置雍州延和元年改太和中罷天平初復後陷　「泰州」，原作「秦州」。錢大昕考異卷三〇云：「延和元年改雍州爲秦州，其時赫連定甫平，秦州初入版圖，豈有復置秦州之理？予積疑者數載……史言泰州者多矣，而地形志無之。乃悟蒲坂之秦州當爲『泰州』之訛，字形相涉，讀史者不能是正，非一日矣。」温校：「北史魏諸宗室傳（卷一五常山王遵傳），贊弟淑，孝文時爲河東太守，爲之謡曰：『泰州河東，杼軸代春。』連下所屬河東郡書之，更明。」楊校：「隋太僕卿元公墓誌：曾祖忠，爲相、太二州刺史。『太』『泰』往往通用，亦後魏有泰州之證。」又正光三年肅宗充華盧令媛墓誌稱：「祖淵，夫人李氏，父孝伯，平西將軍、泰州刺史。」墓誌集釋卷二跋此誌，以爲本書卷五三李孝伯傳作「秦州」，傳誤而誌是。今按錢氏所舉史證，其中似亦有「秦州」訛「泰州」者，但結論可信。元、盧二誌，當時石刻，足爲堅證。元誌「泰」作「太」，也見於其他史籍碑刻。本書卷四四薛野賭傳，北齊書卷一七斛律金傳、卷二〇薛脩義傳，文館詞林卷六二二北齊文宣帝征長安詔，山右石刻叢編卷二六周故譙郡太守曹□□□碑，均作「太州」，而觀其地望，征長安詔和曹□□□碑皆確指蒲坂。「泰」「太」同音通用，若本作「秦」，音形皆殊，史籍碑誌無由記作「太州」，此州應作「泰州」無疑。

然水經注卷四河水四，酈注於經文「又南過蒲坂縣西」下云：「魏秦州刺史治，太和遷都罷州。」故楊疏爲酈注解釋，以爲此志稱延和元年改秦州不誤，只是略去改泰州事。關於延和元年是否曾名秦州，後又改泰州，涉及考證，今不具論。李孝伯出爲泰州刺史，據本傳在興安二年，薛野賭之爲太州刺史，在和平中，則至遲文成帝時，直到孝文帝太和十八年遷都改置州郡，以河東入司州前，河東所在之州都名泰州。至魏末復置，故「泰州」或「太州」屢見記載。此志本以所謂「永熙綰籍」即北魏末年之州郡爲準，即使延和元年曾爲秦州，依志例，亦不應不標「泰州」，而遠取百年前久廢之故名。則此「秦州」必爲「泰州」之訛，今據改。

〔五三〕領郡三　按下只有河東、北鄉二郡，二郡領縣七，與總數相符，知非脫一郡。「三」疑爲「二」

字之訛。

〔五四〕猗氏二漢晉屬河東後復屬 按注不言晉後有改、罷、併或改屬，忽言「後復屬」，疑有脱文。

〔五五〕八年罷 錢大昕考異卷三〇云：「當云『十八年罷』，蓋遷洛之後，以畿内罷州也。」

〔五六〕太和十一年改 錢大昕考異卷三〇云：「當作『太和十八年』，字誤。」按本書卷一〇六中地形志中洛州注云：「太宗置，太和十七年改爲司州。」太和十一年治洛陽之洛州尚在，不得又於上洛置洛州。檢地形志，太和十八年、二十一年均曾對洛陽附近州郡大行改置，此處「十一年」也可能爲「二十一年」之脱誤。

〔五七〕高東祠 楊校：「御覽（卷四三）引高士傳：高車山上有四皓碑及祠，皆漢惠帝所立也。漢高后使張良迎四皓之處，因名『高車山』。此『東』爲『車』之誤。」温校同，唯未注明引自御覽。

〔五八〕縣四十八 南監本、局本作「縣四十一」。按此州下八郡所列領縣總計及所列縣，正合「四十一」之數，然南監本當亦是據計而改，局本從之。

〔五九〕清水 疑是「淯水」之訛。按南陽一帶較大之水只有「淯水」，水經注卷三一淯水稱淯水「又南逕宛城東」。元和志卷二一鄧州南陽縣、新野縣並有「淯水」，别無所謂「清水」。唯寰宇記卷一四二鄧州南陽縣引隋圖經有「清水」，而所流經之獨山、史定伯碑、瓜里津等並同淯水，明是一水。雖也可能「淯水」一名「清水」，但諸地志未言。

〔六〇〕羊角 殿本考證云：「『羊角』下疑有脱字。」

〔六一〕有涅　殿本考證云：「以縣在涅水之陽，故名。『有涅』之下，當有『水』字。」水經注卷二九湍水：涅水「東南逕涅陽縣故城西……應劭曰：在涅水之陽矣」。楊校據謂：「當作『有涅水』。」

〔六二〕北清郡　錢大昕考異卷三〇云：「『清』當作『淯』。肅宗紀（本書卷九孝昌元年十一月詔）：『北淯懸危，南陽告急。』楊大眼傳（卷七三）：『出爲荆州刺史，北淯郡嘗有虎害，大眼搏而獲之。』」按「北淯」以淯水得名，錢説疑是。

〔六三〕國　錢大昕考異卷三〇云：「『國』當作『圉』，字之訛也。宋志（卷三七州郡志三），雍州之弘農郡寄治五壠，領邯鄲、圉、盧氏三縣。」按南齊書卷一五州郡志下雍州弘農郡同。錢説疑是。

〔六四〕治赭陽城　此下原有「方城翼陽」四字，大小同正文，他本所無。按方城、翼陽爲下分列六縣之二縣，此四字當是竄亂至此。今據删。

〔六五〕領縣二　此句同欄原列「南定」「東舞陽」五字，據北監本、汲本、殿本、局本删。郡下「領縣」一欄例不著縣名，且下欄所列正是二縣，且「東舞陽」亦見下期城郡屬縣，當是錯簡或衍文。

〔六六〕領縣二　此下原有小注「太和十二年置郢州十八年爲南中府天平初罷府置後」，北監本、汲本、殿本、局本無。按州下郡數、郡下縣數，志例不出注。此二十二字顯是上南安郡下小注竄亂重出，且有訛脱。今據删。

〔六七〕西淮郡　温校：「隋志（卷三〇春陵郡湖陽縣）作『西淮安郡』。」

〔六八〕清陰　下原有注「一本作『清丘』」，今删。

〔六九〕南郢州　楊校云：「前已有南郢州，治赤石關。此州在郢州之西，當作『西郢州』。隋志（卷三〇淮安郡比陽縣）『比陽故城置西郢州，西魏改曰鴻州』，即此也。」

〔七〇〕永安郡　錢大昕考異卷三〇云：「南郢州所領十二郡，今刊本殘闕，失其二。又有兩永安郡，所領縣各不同，而不加東、南、西、北以别之。六朝郡縣僑置，雖多重複，然一州領郡若干，未有同名者，獨南廣州有兩襄城，與此兩永安，皆可疑也。」

魏書卷一百七上

律曆志三上第八

大聖通天地之至理，極生民之能事，體妙繫於神機，作範留於器象。然則制物成法，故冥賾可尋；推變有因，而化生以驗。昔黃帝採竹昆崙之陰，聽鳳岐陽之下，斷自然之物，寫自然之音。音既協矣，黃鍾以立；數既生矣，氣亦徵之。於是乎備數、和聲、審度、嘉量、權衡之用，皆出於茲矣。三古所共行，百王不能易。漢孝武置協律之官，元帝時京房明六十律，事爲密矣。王莽世，徵天下通鍾律之士，劉歆總而條奏之，最爲該博，故班固取以爲志。後漢待詔嚴嵩頗爲知律，至其子宣不傳，遂罷。魏世杜夔亦以通樂制律，晉中書監荀勗持夔律校練八音，以謂後漢至魏尺長古尺四分有餘。又得古玉律，勗以新律命之，謂其應合，遂改晉調，而散騎侍郎阮咸譏其聲高。永嘉以後，中原喪亂，考正鍾律，所未聞焉。其存於夷裔，聲器而已。

魏氏平諸僭僞，頗獲古樂。高祖慮其永爽，太和中詔中書監高閭脩正音律，久未能定。閭出爲相州刺史。十八年，閭表曰：「書稱『同律度量衡』，論云『謹權量，審法度』。此四者乃是王者之要務，生民之所由。四者何先？以律爲首。豈不以取法之始，求天地之氣故也。孔子曰：『移風易俗，莫尚於樂。』然則樂之所感，其致遠矣。今調音制樂，非律無以克和，然則律者樂之本也。臣前被敕理樂，與皇宗博士孫惠蔚、太樂祭酒公孫崇等考周官、國語及後漢律曆志，案京房法作準以定律，吹律以調絲，案律寸以孔竹，八音之別，事以粗舉。書既三奏，備在前文。臣年垂七十，日就衰頽，恐一朝先犬馬，竟無絲髮之益，使律法長絶，遺恨没世，是以慺慺惓惓，不敢忘怠。近在鄴見崇，臣先以其聰敏精勤，有挈瓶之智，雖非經國之才，頗長推考之術，故臣舉以教樂，令依臣先共所論樂事，自作鍾磬志議二卷，器數爲備，可謂世不乏賢。今崇徒教樂童書學而已，不恭樂事，臣恐音律一曠，精賞實難，習業差怠，轉乖本意。今請使崇參知律呂鍾磬之事，觸類而長之，成益必深。求持臣先所奏三表勘後漢律曆志，陛下親覽，以求厥衷，俱然易了。又著作郎韓顯宗博聞彊識，頗有史才，粗解音律，亦求令時往參知。臣雖在外官，竊慕古人舉善之義，愚意所及，不能自已，雖則越分，志在補益，願不以言廢人。」詔許之。

景明四年，并州獲古銅權，詔付崇以爲鍾律之準。永平中，崇更造新尺，以一黍之長，累爲寸法。尋太常卿劉芳受詔脩樂，以秬黍中者一黍之廣即爲一分，而中尉元匡以一黍之廣度黍二縫，以取一分。三家紛競，久不能決。太和十九年，高祖詔，以一黍之廣，用成分體，九十黍之長，以定銅尺。有司奏從前詔，而芳尺同高祖所制，故遂典修金石。迄武定末，未有諳律者〔一〕。

曆者數之用，探靈測化，窮微極幽之術也。所以上齊七政，下授萬方。自軒轅以還，迄於三代，推元革統，厥事不一也。秦世漢興，曆同顓頊，百有餘年〔二〕，始行三統。後漢孝章世改從四分，光和中易以乾象，魏文時用韓翊所定，至明帝行楊偉景初，終於晉朝，無所改作。司天測象，今古共情，啓端歸餘，爲法不等，協日正時，俱有得失。太祖天興初，命太史令晁崇脩渾儀以觀星象，仍用景初曆。歲年積久，頗以爲疎。世祖平涼土，得趙歐所脩玄始曆，後謂爲密，以代景初。真君中，司徒崔浩爲五寅元曆，未及施行，浩誅，遂寢。高祖太和中，詔祕書鍾律郎上谷張明豫爲太史令，修綜曆事，未成，明豫物故。遷洛，仍歲南討，而宮車晏駕。

世宗景明中，詔太樂令公孫崇、太史令趙樊生等同共考驗〔三〕。正始四年冬，崇表曰：「臣頃自太樂，詳理金石，及在祕省，考步三光，稽覽古今，研其得失。然四序遷流，五行變易，帝王相踵，必奉初元，改正朔，殊徽號、服色，觀于時變，以應天道。故易，湯武革命，治曆明時。是以三五迭隆，曆數各異。伏惟皇魏紹天明命，家有率土，戎軒仍動，未遑曆事，因前魏景初曆，術數差違，不協晷度。世祖應期，輯寧諸夏，乃命故司徒、東郡公崔浩錯綜其數。浩博涉淵通，更修曆術，兼著五行論。是時故司空、咸陽公高允該覽羣籍，贊明五緯，并述洪範。然浩等考察未及周密，高宗踐祚，乃用敦煌趙歐甲寅之曆，然其星度，稍爲差遠。臣輒鳩集異同，研其損益，更造新曆。以甲寅爲元，考其盈縮，晷象周密，又從約省。起自景明，因名景明曆。然天道盈虛，豈曰必協，要須參候是非，乃可施用。太史令辛寶貴職司玄象，頗閑祕數；祕書監鄭道昭才學優贍，識覽該密；長兼國子博士高僧裕乃故司空允之孫，世綜文業；尚書祠部郎中宋景博涉經史〔四〕；前兼尚書郎中崔彬微曉法術：請此數人在祕省參候。而伺察晷度，要在冬夏二至前後各五日，然後乃可取驗。臣區區之誠，冀效萬分之一。」詔曰：「測度晷象，考步宜審，可令太常卿芳率太學、四門博士等依所啓者，悉集詳察。」

延昌四年冬，侍中、國子祭酒領著作郎崔光表曰：「易稱『君子以治曆明時』；書云『曆象日月星辰』，『迺同律度量衡』；孔子陳後王之法，曰『謹權量，審法度』；春秋舉『先王之正時也，履端於始』，又言『天子有日官』。是以昔在軒轅，容成作曆；逮乎帝唐，羲和察影。皆所以審農時而重民事也。太和十一年，臣自博士遷著作，忝司載述，時舊鍾律郎張明豫推步曆法，治己丑元，草捌未備。及遷中京，轉爲太史令，未幾喪亡，所造致廢。臣中脩史，景明初奏求奉車都尉、領太史令趙樊生，著作佐郎張洪，給事中、領太樂令公孫崇等造曆，功未及訖，而樊生又喪，洪出除涇州長史，唯崇獨專其任。暨永平初，云已略舉〔五〕。時洪府解停京，又奏令重修前事，更取太史令趙勝、太廟令龐靈扶、明豫子龍祥共集祕書，與崇等詳驗，推建密曆。然天道幽遠，測步理深，候觀遷延，歲月滋久，而崇及勝前後並喪。洪所造曆爲甲午、甲戌二元，又除豫州司馬。靈扶亦除蒲陰令。洪至豫州，續造甲子、己亥二元。唯龍祥在京，獨修前事，以皇魏運水德，爲甲子元。兼校書郎李業興本雖不預，亦和造曆，爲戊子元。三家之術並未申用。故貞靜處士李謐私立曆法〔六〕，言合紀次，求就其兄瑒追取，與洪等所造，遞相參考，以知精麤。臣以仰測晷度，寔難審正，又求更取諸能筭術兼解經義者前司徒司馬高綽、駙馬都尉盧道虔、前冀州鎮東長史祖瑩、前并州秀才王延業、謁者僕射常景等日集祕書，與史官同檢疏密。并朝貴十五日一臨，推驗得失，擇其善者奏聞施用。限至歲終。但世代推移，軌憲時改，上元今古，考準或異，故三代課步，始卒各别。臣職預其事，而朽憧已甚，既謝運籌之能，彌愧意筭之藝，由是多歷年世，茲業弗成，公私負責，俯仰慚靦。」靈太后令曰：「可如所請。」

延昌四年冬，太傅、清河王懌，司空、尚書令、任城王澄，散騎常侍、尚書僕射元暉，侍中、領軍、江陽王繼奏：「天道至遠，非人情可量；曆數幽微，豈以意輒度。而議者紛紜，競起端緒，爭指虛遠，難可求衷，自非建標準影，無以驗其真僞。頃永平中雖有考察之利，而不累歲窮究，遂不知影之至否，差失少多。臣等參詳，謂宜今年至日，更立表木，明伺晷度，三載之中，足知當否。令是非有歸，爭者息競，然後採其長者，更議所從。」

神龜初，光復表曰：「春秋載『天子有日官，諸侯有日御』，又曰『履端于始』，『歸餘于終』，皆所以推二氣，考五運，成六位，定七曜，審八卦，立三才，正四序，以授百官于朝，萬民于野。陰陽剛柔，仁義之道，罔不畢備。繇是先代重之，垂於典籍。及史遷、班固、司馬彪著立書志，所論備矣。謹案曆之作也，始自黃帝，辛卯爲元。迄于大魏，甲寅紀首。十有餘代，歷祀數千，軌憲不等，遠近殊術。其消息盈虛，晲步疏密，莫得而識焉。去延昌四年冬，中堅將軍、屯騎校尉張洪，故太史令張明豫息盪寇將軍龍祥，校書郎李業興等三家並上新曆，各求申用。臣學缺章程，藝謝籌運，而竊職觀閣，謬忝厥司，奏請廣訪諸儒，更取通數兼通經義者及太史，並集祕書，與史官同驗疏密，并請宰輔羣官臨檢得失，至於歲終，密者施用。奉詔聽可。時太傅、太尉公、清河王臣懌等以天道至遠，非卒可量，請立表候影，期之三載，乃採其長者，更議所從。又蒙敕許。於是洪等與前鎮東府長史祖瑩等研窮其事，爾來三年，再歷寒暑，積勤構思，大功獲成。謹案洪等三人前上之曆，并駙馬都尉盧道虔、前太極採材軍主衞洪顯、殄寇將軍太史令胡榮及雍州沙門統道融、司州河南人樊仲遵、定州鉅鹿人張僧豫所上，總合九家，共成一曆，元起壬子，律始黄鍾，考古合今，謂爲最密。昔漢武帝元封中治曆，改年爲太初，即名太初曆；魏文帝景初中治曆，即名景初曆。伏惟陛下道唯先天，功邈稽古，休符告徵，靈蔡炳瑞。壬子北方，水之正位；龜爲水畜，實符魏德；脩母子應，義當麟趾。請定名爲神龜曆。今封以上呈，乞付有司重加考議。事可施用，并藏祕府，附於典志。」肅宗以曆就，大赦改元，因名正光曆，班於天下。其九家共修，以龍祥、業興爲主。

壬子元以來，至魯隱公元年歲在己未，積十六萬六千五百七，筭外；入甲申紀來，至隱公元年己未，積四萬五千三百七，筭外。

壬子元以來，至今大魏正光三年歲在壬寅，積十六萬七千七百五十，筭外；壬子歲入甲申紀以來，至今孝昌二年歲在丙午，積四萬六千五百五十四〔七〕，筭外。從壬子元以來，至今大魏孝昌三年歲次丁未，積十六萬七千七百五十六，筭上；壬子歲入甲申紀以來〔八〕，至今大魏孝昌三年歲次丁未，積四萬六千五百五十六，筭上。

章歲，五百五。古十九年七閏，閏餘盡爲章。積至多年，月盡之日，月見東方，日蝕先晦，輒復變曆，以同天象。二百年多一日，三百年多一日半，晦朔失。故先儒及緯文皆言「三百年斗曆改憲」。候天滅閏，五百五年滅閏餘一，九千五百九十五年滅一閏月，則從僖公五年至今，日蝕不失晦與二日，合朔者多。閏餘成月，餘盡爲章。

章閏，一百八十六。五百五年閏月之數，其中滅舊十九分之一。

章月，六千二百四十六。五百五年所有月之數并閏月。

蔀法，六千六十。十二章爲一蔀，至此年小餘成日，爲度法。

斗分，一千四百七十七。四分度法得一千五百一十五，爲古法。今滅三十八者，從僖公五年以來減七日有奇，謂爲最近。一百一十三歲減□日〔九〕，減之太深，是以三十餘年改從四子也。

紀法，六萬六百。十蔀成紀，大餘十也。

統法，十二萬一千二百。二紀成統，大餘二十。

元法，三十六萬三千六百。三統成元，大餘盡。

日法，七萬四千九百五十二。十二乘章月爲日法。章月，一年之閏分。

周天分，二百二十一萬三千三百七十七。以度法通三百六十五度，内斗分。

氣法，二十四。歲中十二，一年一十二次〔一〇〕。次有初中，分爲二十四。

經月，大餘二十九，小餘三萬九千七百六十九。日法除周天分得之。日法者一蔀之月數，周天分者一蔀之日數。以蔀月除蔀日〔一一〕，得一月二十九及餘，是周天分即爲月通。

會數，百七十三，餘二萬三千二百八。五月二十三分月之二十爲一會。以二十三乘五月，内二十，得一百三十五，以乘周天分。以二十三乘日法除之，得一百七十三及餘。

會通，一千二百九十八萬九千九百四。以日法乘會數，内會餘。

周日，二十七，餘四萬一千五百六十二。以月一日行除周天，得二十七日及餘。

通周，二百六萬五千二百六十六。日法乘周日二十七，内周餘。

小周，六千七百五十一。月一日行十三度，乘章歲，内章閏也。

月周，八萬一千一十二。以十二乘小周即得，與度同。

推月朔術第一

推積月　術曰：置入紀年，筭外，以章月乘之，如章歲爲積月，不盡爲閏餘。閏餘滿三百一十九以上，其歲有閏。

推朔積日　術曰：以通數乘積月，爲朔積分，分滿日法爲積日，不盡爲小餘。六旬去積日，不盡爲大餘。命以紀，筭外，則所求年天正十一月朔日。

推上下弦望　術曰：加朔大餘七、小餘二萬八千六百八十、小分一，小分滿四，從小餘;小餘滿日法,從大餘一;大餘滿六十,去之,即上弦日。又加,得望;又加,得下弦;又加,得後月朔。

推二十四氣術第二

推二十四氣 術曰:置入紀年以來,筭外,以餘數乘之爲實。以蔀法除之,所得爲積没,不盡爲大餘。命以紀,筭外,所求年天正十一月冬至日。求次氣,加大餘十五、小餘一千三百二十四、小分一,小分滿氣法二十四,從小餘一;小餘滿蔀法,從大餘一;大餘滿六十,去之,命如上,即次氣日。

推閏 術曰:以閏餘減章歲五百五,餘以歲中十二乘之。滿章閏一百八十六,得一月;餘半法已上,亦得一月。數從天正十一月起,筭外,閏月月也。閏有進退,以無中氣爲正。

冬至十一月中	小寒十二月節	大寒十二月中
立春正月節	雨水正月中	驚蟄二月節
春分二月中	清明三月節	穀雨三月中
立夏四月節	小滿四月中	芒種五月節
夏至五月中	小暑六月節	大暑六月中
立秋七月節	處暑七月中	白露八月節
秋分八月中	寒露九月節	

霜降九月中　立冬十月節　小雪十月中　大雪十一月節

推交會術第三〔一二〕

推合朔交會月蝕去交度　術曰：置入紀朔積分，又以交會差分并之，今用甲申紀，差分七百四十一萬八千七百八十四也。以會通去之，所得爲積交，餘不盡者，以日法除之，所得爲度餘，即所求年天正十一月朔却去交度及餘。

求次月去交度　術曰：加度二十九日、度餘三萬九千七百六十九，除如上，則次月去交度及分。

求望去交度　術曰：加度十四日、度餘五萬七千三百六十半，度餘滿日法從度，滿會數去之，亦除其餘；餘若不足減者，減度一，加會虛，則望去交度及分。朔望去交度分如朔望合數十四度、度餘五萬七千三百六十半已下，入交限數一百五十八度、度餘四萬七百九十九半以上者，朔則交會，望則月蝕。

甲子紀合朔日月如合璧，交中。

甲戌紀合朔月在日道裏。　交會差四十九度　度餘三萬六千七百四十四

甲申紀合朔月在日道裏。　交會差九十八度　度餘七萬三千四百八十八

甲午紀合朔月在日道裏。　交會差一百四十八度　度餘三萬五千二百二十八〔一三〕

甲辰紀合朔月在日道裏〔一四〕。　交會差二十四度　度餘四萬八千八百一十六

甲寅紀合朔月在日道裏〔一五〕。　交會差七十四度　度餘一萬六百八

求交道所在月：以十一月朔却去交度及餘，減會數及餘，餘若不足減者，減一度，加日法〔一六〕，乃減之。乃以十一月朔小餘加之，滿日法，除去之，從日一，餘爲日餘。命起往年十一月，如曆月大小除之，不滿月者爲入月，筭外，交道日。交在望前者，其月朔則交會，望則月蝕；交在望後者亦其月月蝕，後月朔則交會。交正在望者，其月月蝕既〔一七〕，前後朔皆交會；交正在朔者，日蝕既，前後望皆月蝕。

求後交月及日：以會數及餘加前入月日及餘，餘滿日法，從日一，如曆月大小除之，命起前蝕月，得後交月及餘。

推月在日道表裏　術曰：置入紀朔積分，又以紀交會差分加之，今用甲申紀〔一八〕交會差分七百四十一萬八千七百八十四。倍會通，去之。餘不滿會通者：紀首裏者，則天正十一月合朔，月在日道裏；紀首表者，則月在表。若滿會通者：紀首表者，則月在裏；紀首裏者，則月在表。黄道南爲表，北爲裏。其滿會通者去之，餘如日法而一，即往年天正十一月朔却交度及餘〔一九〕。以却去交度及餘減會數及會餘，會餘若不足減者，減一度，加日法乃減。餘爲前去度及餘〔二〇〕。又以十一月朔小餘加之，滿日法從度一。命起十一月，如曆月大小

除之，不滿月者爲入月日及餘，筭外，交道日。若十一月朔月在日道裏者，此交爲出外，後交爲入內；十一月朔在表者，此交爲入內，後交爲出外。一出一入，常法也。其交在朔後望前者，朔，月在日道表裏與十一月同，望則反矣。若交在望後朔前者，望與十一月同，後月朔則異矣。若先交會後月蝕者，朔，月在日道裏；望，在表。朔在表，則望在裏。其先月蝕後交會者，望在表則朔在裏也。望在裏則朔在表矣。

推交會起角　術曰：其月在外道，先會後交者，虧從東南角起；先交後會者，虧從西南角起。其月在内道，先會後交者，虧從東北角起；先交後會者，虧從西北角起[二一]。合交中者，蝕之既。其月蝕在日之衝，起角亦如之。凡日月蝕，去交十五爲限，十以下是蝕也，十以上，虧蝕微少，光影相接而已。

推蝕分多少　術曰：置入交限十五度，以朔望去交日數減之，餘則蝕分。

推合朔入曆遲疾盈縮第四

推合朔入曆遲疾　術曰：置入紀以來朔積分[二二]，又以紀遲疾差分并之。今用甲申紀，遲疾差分一百八十二萬千七百九十二[二三]。以通周如一爲積周，不盡者以日法約之，爲日，不盡爲日餘。命日筭外，即所求年天正十一月合朔入曆日。

甲子紀　遲疾差二十四日　日餘六萬三千五百六十八

甲戌紀　遲疾差二十四日　日餘四萬二千二百五十六

甲申紀　遲疾差二十四日　日餘二萬九百四十四

甲午紀　遲疾差二十三日　日餘十萬四千五百八十四[二四]

甲辰紀　遲疾差二十三日　日餘五萬三千二百七十二

甲寅紀　遲疾差二十三日　日餘三萬一千九百六十

求次月入曆日　術曰：加一日、日餘七萬三千一百五十九，日餘滿日法從日，日滿二十七去之；亦除餘如周日餘；日餘若不足，減一日，加周虛。日滿二十七而餘不滿周日日餘者，爲入曆值，周日法滿去之，爲入曆一日。

求望入曆　術曰：加十四日、日餘五萬七千三百六十半。又加，得後月曆日。

月行遲疾度及分	損益率	盈縮并	盈縮積分
一日十四度二百六十一分[二五]	益六百八十	盈初	
二日十四度三百分	益六百一十九	盈六百八十	盈積分七千五百五十
三日十四度二百四十六分[二六]	益五百五十五	盈一千二百九十九	盈積分一萬四千四百二十二

四日十四度一百七十一分	益四百九十	盈一千八百五十四	盈積分二萬五百八十四
五日十四度九十九分	益四百一十八	盈二千三百四十四	盈積分二萬六千二十四
六日十三度四百七十一分	益二百八十五	盈二千七百六十二	盈積分三萬六百六十五
七日十三度二百六十六分	益八十	盈三千四十七	盈積分三萬三千八百二十九〔二七〕
八日十三度六十一分	損一百二十五	盈三千一百二十七	盈積分三萬四千七百一十七
九日十三度四百一十九分〔二八〕	損二百五十二	盈三千二	盈積分三萬三千三百二十九
十日十二度三百三十八分	損三百五十三	盈二千七百五十	盈積分三萬五百三十一
十一日十二度二百三十	損五百五十四〔二九〕	盈二千三百九十七	盈積分二萬六千六百

七分			一十二
十二日十二度一百三十六分	損五百五十五	盈一千九百四十二〔三〇〕	盈積分二萬一千五百七十二
十三日十二度三十五分	損六百五十六	盈一千三百八十八	盈積分一萬五千四百一十
十四日十一度四百六十四分	損七百三十一〔三一〕	盈七百三十二	盈積分八千一百二十七
十五日十二度三十六分	益六百五十五	縮初	
十六日十二度二百九分〔三二〕	益五百八十二	縮六百五十五	縮積分七千一百七十二〔三三〕
十七日十二度一百八十九分	益五百二	縮一千二百三十七	縮積分一萬三千七百三十四
十八日十二度二百九十分	益四百一	縮一千七百三十七〔三四〕	縮積分一萬九千三百七
十九日十二度二百九十	益二百九十九	縮二千一百四十	縮積分二萬三千七百

二分〔三五〕			五十九
二十日十二度四百九十六分	益一百九十五	縮二千四百三十九	縮積分二萬七千七十九
二十一日十三度一百一十八分	益六十八	縮二千六百三十四	縮積分二萬九千一百四十四〔三六〕
二十二日十三度二百三十三分〔三七〕	損五十七	縮二千七百二	縮積分二萬九千九百九十九
二十三日十三度三百八十八分	損二百二	縮二千六百四十五	縮積分二萬九千三百六十六
二十四日十四度二十九分	損三百四十八	縮二千四百四十三	縮積分二萬七千一百二十三
二十五日十四度一百七十四分	損四百九十三	縮二千九十五	縮積分二萬三千二百五十九
二十六日十四度三百八十七分〔三八〕	損六百六	縮一千六百二	縮積分一萬七千七百八十六

二十七日十四度三百一十一分〔三九〕　損六百三十一　縮九百九十六　縮積分一萬五十八〔四〇〕

周日十四度三百三十九分小分九千六百八十四　損六百五十小分九千六百八十四分　縮三百六十五　縮積分四百五十二〔四二〕

推合朔交會月蝕定大小餘〔四一〕　術曰：以入曆日餘乘所入曆下損益率，以小周六千七百五十一除之，所得以損益盈縮積分，爲定積分〔四三〕。值盈者，以減本朔望小餘；值縮者，加之。加之滿日法者〔四四〕，交會加時在後日。減之，不足減者，減上一日，加下日法乃減之，交會加時在前日。月蝕者，隨定大小餘爲定日加時。

推加時　術曰：以時法六千二百四十六除定小餘，所得命以子起，筭外。朔望加時有餘不盡者，四之，如法得一爲少〔四五〕，二爲半，三爲太半。又有餘者，三之，如法得一爲彊，半法以上排成之，不滿半法棄之。以彊并少爲少彊，并半爲半彊，并太爲太彊，得二彊者爲少弱，以之并少爲半弱〔四六〕，以之并半爲太弱，以之并太爲一弱〔四七〕。隨所在辰命之，則其彊弱〔四八〕。日之衝爲破，月常在破下蝕。

入曆值周日者　術曰：以周日日餘乘損率〔四九〕，以周日度小分并。又以入曆日餘乘之爲實，以小周乘周日日餘爲法，實如法得一，以減縮積分〔五〇〕。有餘者，以加本朔望小餘，小餘滿日法從大餘一，是爲蝕後日。推加時如上法。

推日月合朔弦望度術第五

推日度　術曰：置入紀朔積日，以日度法乘之，滿周天去之〔五一〕，餘滿日度法爲度，不盡爲餘。命度起牛前十二度，牛前十二度，在斗十五度也。宿次除之，不滿宿者，筭外，即天正十一月朔夜半日所在度。

推日度又法　術曰：置周天三百六十五度、斗分一千四百七十七，以冬至去朔日數減一，餘以減周天度，冬至小餘減斗分，不足減者，減度一，加日度法，乃減之。命起如上，即所求年天正十一月朔日夜半日所在度。

求次月日所在度　術曰：月大加三十度，月小加二十九度，求次日加一度，宿次除之，逕斗去其分一千四百七十七。

推合朔日月共度　術曰：以章歲乘朔小餘，以章月除之，所得爲大分，不盡小分〔五二〕，以加夜半日度分，分滿日度法從度，命起如前，即所求年天正十一月合朔日月共度。

求次月合朔共度　術曰：加度二十九、大分三千二百一十五、小分二千四百五十五，小分滿章月從大分，大分滿日度法從度，宿次除之，逕斗除其分，則次月合朔日月共度。

推月度　術曰：置入紀朔積日，以月周八萬一千一十二乘之，滿周天去之〔五三〕，餘以日度法約之爲度，不盡爲度分。命度起牛前十二度，宿次除之，不滿宿者，筭外，即所求年天正十一月朔夜半月所在度及分〔五四〕。

推月度又一法　術曰：以小周乘朔小餘爲實，以章歲乘日法爲法，實如法得一爲度；不滿法者，以章月除之，爲大分，不盡爲小〔五五〕。所得以減合朔度及分，餘即所求年天正十一月朔夜半月所在度及分。

求次月度　術曰〔五六〕：小月加度二十二、分二千六百五十一，大月加度三十五、分四千八百八十三，分滿日度法從度，宿次除之，不滿宿者，筭外，即月次月所在度〔五七〕。

求次日月行度　術曰：加度十三、分二千二百三十二，分滿日度法從度，宿次除之，逕斗去其分。

求弦望日所在度　術曰：加合朔度七、大分二千三百一十八、小分五千二百九十八、微分一，微分滿四從小分，小分滿章月從大分，大分滿日度法從度，命如上，則上弦日所在度。又加得望、下弦、後月合朔〔五八〕。

斗二十六度〔五九〕　牛八度　女十二度　虛十度

危十七度　室十六度　壁九度

北方玄武七宿：九十八度一千四百七十七分

奎十六度　婁十二度　胃十四度　昴十一度

畢十六度　觜二度　參九度

西方白虎七宿：八十度

井三十三度　鬼四度　柳十五度　星七度

張十八度　翼十八度　軫十七度

南方朱鳥七宿：一百一十二度

角十二度　亢九度　氐一十五度〔六〇〕　房五度

心五度　尾十八度　箕十一度

東方倉龍七宿：七十五度

周天三百六十五度、六千六十分度之一千四百七十七。通分，得二百二十一萬三千三百七十七〔六一〕，名曰周天分。

五行没滅易卦氣候上朔術第六

推五行用事日：水、火、木、金、土各王七十三日、小餘二百九十五、小分九、微分三，春木、夏火、秋金、冬水四立即其用事。始求土者，置立春大小餘及分，以木王七十三日、小餘二百九十五、小分九、微分三加之，微分滿五從小分一，小分滿氣法二十四從小餘一，小餘滿蔀法從大餘一，大餘滿六十去之，命以紀，得季春土王日。又加土王十八日、小餘一千五百八十八、小分二十、微分二，滿從命如上，即得立夏日。求次如法。又一法求土王用事日：各置四立大小餘及分，各減大餘十八、小餘一千五百八十八、小分二十、微分二，命以紀，筭外，即四立土王日。若大餘不足減者，加六十而後減之；小餘不足減者，減取大餘一，加蔀法乃減之。

推没滅　術曰：因冬至積没有小餘者，加積一，以没分乘之，如没法而一，爲積日，不盡爲没餘。以六旬去積日，餘爲没日，命以紀，筭外，即所求年天正十一月冬至後没日。

求次没　術曰：加没日六十九、没餘二萬七百六十四，没餘滿没法三萬一千七百七從没日一〔六二〕，没日滿六十去之，命以紀，筭外，即次没日〔六三〕。一歲常有五没或六没，小餘盡者爲滅日。

又，以冬至去朔日加没日，冬至小餘滿蔀法從没日，命日起天正十一月，如曆月大小除之，不足除者入月筭，命以朔，筭外，即冬至後没日。求次没：加没日六十九〔六四〕，没餘三千九百五十九、没分二萬四千六百九十七，分滿没法從没餘，没餘滿蔀法從没日〔六五〕，命起前没月，曆月大小除之〔六六〕，即後没日及餘。

推四正卦　術曰：因冬至大小餘，即坎卦用事日；春分，即震卦用事日；夏至，即離卦用事日；秋分，即兌卦用事日。

求中孚卦：加冬至小餘五千五百三十、小分九、微分一，微分滿五從小分，小分滿氣法從小餘，小餘滿蔀法從大餘，命以紀，筭外，即中孚卦用事日。其解加震，咸加離，賁加兌，亦如中孚加坎。

求次卦：加坎大餘六、小餘五百二十九、小分十四、微分四，微分滿五從小分，小分滿氣法從小餘，小餘滿蔀法從大餘，命以紀，筭外，即復卦用事日。大壯加震，姤加離，觀加兌，如中孚加坎。

十一月，未濟、蹇、頤、中孚、復；十二月，屯、謙、睽、升、臨；正月，小過、蒙、益、漸、泰；二月，需、隨、晉、解、大壯；三月，訟、豫、蠱、革、夬〔六七〕；四月，旅、師、比、小畜、乾；五月，大有、家人、井、咸、姤〔六八〕；六月，鼎、豐、渙、履、遯；七月，恒、節、同人、損、否；八月，巽、萃、大畜、賁、觀；九月，歸妹、无妄、明夷、困、剥；十月，艮、既濟、噬嗑、大過、坤。

四正爲方伯，中孚爲三公，復爲天子，屯爲諸侯，謙爲大夫，睽爲九卿，升還從三公，周而復始。

九三應上九，清淨、微温、陽風；九三應上六，絳赤、決温、陰雨。六三應上六，白濁、微寒、陰雨，六三應上九，麴塵、決寒、陽風。諸卦上有陽爻者，陽風；上有陰爻者，陰雨。

推七十二候　術曰：因冬至大小餘，即虎始交日，加大餘五、小餘四百四十一、小分八、微分一，微分滿三從小分，小分滿氣法從小餘，小餘滿蔀法從大餘〔六九〕，命以紀，算外，所候日。

冬至	虎始交	芸始生	荔挺出
小寒	蚯蚓結	麋角解	水泉動
大寒	雁北向	鵲始巢	雉始雊
立春	鷄始乳	東風解凍	蟄蟲始振
雨水	魚上冰	獺祭魚	鴻雁來
驚蟄	始雨水	桃始華	倉庚鳴
春分	鷹化鳩	玄鳥至	雷始發聲
清明	電始見	蟄蟲咸動	蟄蟲啓户
穀雨	桐始花	田鼠化爲鴽〔七〇〕	虹始見
立夏	萍始生	戴勝降於桑	螻蟈鳴
小滿	蚯蚓出	王瓜生	苦菜秀

芒種	靡草死	小暑至	螳蜋生
夏至	鵙始鳴	反舌無聲	鹿角解
小暑	蟬始鳴	半夏生	木槿榮
大暑	温風至	蟋蟀居壁	鷹乃學習
立秋	腐草化螢	土潤溽暑	涼風至
處暑	白露降	寒蟬鳴	鷹祭鳥
白露	天地始肅	暴風至	鴻雁來
秋分	玄鳥歸	羣鳥養羞	雷始收聲
寒露	蟄蟲附户	殺氣浸盛	陽氣始衰
霜降	水始涸	鴻雁來賓	雀入大水化爲蛤
立冬	菊有黄華	豺祭獸	水始冰
小雪	地始凍	雉入大水化爲蜃	虹藏不見
大雪	冰益壯	地始坼	鶡旦不鳴

術曰：因冬至虎始交後，五日一候。

推上朔法：置入紀年減一，加八，以六律乘之，以六十去之〔七一〕，餘爲大餘，以甲子筭外，上朔日。

推五星六通術第七

上元壬子以來至春秋隱公元年己未，積十六萬六千五百七，筭外；至今大魏熙平二年，歲次丁酉，積十六萬七千七百四十五，筭外。

木精曰歲星，其數二百四十一萬六千六百六十。

火精曰熒惑〔七二〕，其數四百七十二萬五千八百四十八。

土精曰鎮星，其數三百二十九萬一千二十一〔七三〕。

金精曰太白，其數三百五十三萬八千一百三十一。

水精曰辰星，其數七十萬二千一百八十二。

推五星：置上元以來盡所求年，減一，以周天二百二十一萬三千三百七十七乘之，名爲六通之實。以蔀法除之，所得爲冬至積日，不盡爲小餘。以六旬去積日〔七四〕，不盡爲大餘，命以甲子，筭外，即冬至日。以章歲五百五除冬至小餘，所得命子，筭外，即律氣加時。

五星各以其數爲法，除六通實，所得爲積合，不盡爲合餘。以合餘減法，餘爲入歲度分，以日度約之，所得即所求天正十一月冬至後晨夕合度算及餘。其金、水，以一合日數及合餘減合度算及餘，得一者爲夕見，無所得爲晨見。若度餘不足減，減合度算一，加日度法乃減之。命起牛前十二度，宿次除之，不滿宿者，筭外，即天正十一月冬至後晨夕合度及餘。

求星合月及日：置冬至去朔日數減一〔七五〕，以加合度筭，以冬至小餘加度餘，度餘滿日度法去之，加度一，合度筭變成合日筭，餘爲日餘。命起天正十一月，如曆月大小除之，不滿月者，筭外，星合月及日，有閏計之。

求後合月及日：以合終日數及餘加前入月筭及餘〔七六〕，餘滿日度從日，曆月大小除之，起前合月，筭外，即後合月及日。其金、水，以一合日數及餘，加晨得夕，加夕得晨。

求後合度：以行星度及餘加前合度筭及餘，餘滿日度從度，命起前合度，宿次除之，不滿宿者，筭外，即後合度及餘。逕斗去其分一千四百七十七。

歲星：合終日數三百九十八，合終日餘四千七百八十，行星三十三度，度餘三千三百三，周虛一千二百八十。

歲星：晨與日合，在日後伏，十六日、餘二千三百九十，行星二度、餘四千六百八十一半。去日十三度半，晨見東方，順，疾，日行五十七分之十一，五十七日行十一度。順，遲，日行九分，五十七日行九度而留。不行，二十七日而旋。逆，日行七分之一，八十四日退十二度〔七七〕。復留二十七日。復順，遲，日行九分，五十七日行九度。復疾，日行十一分，五十七日行十一度，在日前，夕伏西方。順，遲，十六日、日餘二千三百九十，行星二度、餘四千六百八十一半，與日合。凡一見三百六十六日，行星二十八度；在日前後伏三十二日、餘四千七百八〔七八〕，行星五度、度餘三千三百三，復終於晨見。

熒惑：合終日數七百七十九，合終日餘五千一十八〔七九〕，周虛九百五十二，行星四十九度，度餘二千一百五十四。

熒惑：晨與日合，在日後伏，七十一日、餘五千五百八十四，行星五十五度、餘四千八百四十五半。去日十六度，晨見東方，順，疾，日行二十三分之十四，一百八十四日行一百一十二度。順，遲，日行二十三分之十二，九十二日行四十八度而留。不行，十一日而旋。逆，日行六十二分之十七，六十二日退十七度〔八〇〕。復留十一日〔八一〕。復順，疾，日行十四分，一百八十四日行一百一十二度。在日前，夕伏西方，順，七十一日、餘五千五百八十四，行星五十五度、度餘四千八百四十五半，而與日合。凡一見六百三十六日，行星三百三度；在日前後伏一百四十三日、餘五千一百八，行星一百一十一度、餘三千六百四十一〔八二〕，過周四十九度、度餘二千一百五十四，復終於晨見。

鎮星：合終日數三百七十八日、餘三百四十一，行星十二度、餘四千九百二十四，周虛五千七百一十九。

鎮星：晨與日合，在日後伏，十八日、日餘一百七十半，行星二度、餘二千四百六十二，去日十五度半，晨見東方。順，日行十二分之一，八十四日行七度而留。不行，三十六日而旋。逆，行十七分之一〔八三〕，一百二日退六度。復留三十六日。復順，日行十二分之一，八十四日行七度，在日前，伏西方。順，十八日、日餘一百七十半，行星二度、餘二千四百六十二，而與日合。凡見三百四十二日，行星八度；在日前後，伏三十六日、日餘三百四十一，行星四度、度餘四千九百二十四，復終於晨見。

太白，金：再合終日數五百八十三日、日餘五千一百五十一，周虛九百九，行星二百九十一度、亦曰一合日數。度餘五千六百五半。亦曰一合日餘。

太白：晨與日合，在日後伏，六日，退四度，去日十度，晨見東方。逆，日行三分之二，九日退六度。留，不行八日。順，遲，日行十五分之十一，四十五日行三十三度。順，疾，日行一度〔八四〕、十三分之二，九十一日行一百五度。大疾，日行一度、十三分之三，九十一日行一百一十二度，在日後，晨伏東方。順，四十一日、餘五千六百五半，行星五十一度、度餘五千六百五半，而與日合。凡見東方二百四十四日，行星二百四十度〔八五〕，在日後伏，四十一日、餘五千六百五半，行星五十一度、餘五千六百五半〔八六〕，而與日合。見西方亦如之。夕與日合，在前，伏四十一日、餘五千六百五半，行星五十一度、餘五千六百五半，去日十度，夕見西方。順，疾，日行一度、十三分之三，九十一日行一百一十二度。順，遲，日行一度、十三分之二，九十一日行一百五度。順，遲，日行十五分之十一，四十五日行三十三度而留。不行，八日而旋。逆，日行三分之二，九日退六度，在日前，夕伏西方。六日退四度，而與日合。凡再見四百八十日，行星四百八十度〔八七〕；在日前後，伏八十三日、餘五千一百五十一，行星一百三度〔八八〕、度餘五千一百五十一，過周二百一十八度、度餘三千六百七十四，復終於晨見〔八九〕。

水星：辰星再合終日數一百一十五、餘五千二百八十二，行星五十七度、亦曰一合日數。餘五千六百七十一，亦曰一合日餘。周虛七百七十八。

辰星：與日合，在日後，伏十一日，退六度，去日十七度，晨見東方而留。不行，四日。順，遲，日行七分之五，七日行五度。順，疾，日行一度〔九〇〕、三分之一，十八日行二十四度，在日後，晨伏東方。順，十七日、餘五千六百七十一，行星四十四度〔九一〕、餘五千六百六十一，而與日合。凡見東方二十九日，行星二十二度〔九二〕，在日後，伏二十八日、餘五千六百七十一，行星三十四度、餘五千六百七十一〔九三〕，而與日合。見西方亦然。

辰星：夕與日合，在日前，伏十七日、餘五千六百七十一，行星三十四度、餘五千六百七十一，去日十七度，夕見西方。順，疾，日行一度、三分之一，十八日行二十四度。順，遲，日行七分之五，七日行五度，而留四日，在日前，夕伏西方。逆，十一日退六度，而晨與日合。凡再見五十八日，行星四十六度〔九四〕；在日前後，伏五十七日、餘五千二百八十二，行星六十九度〔九五〕、餘五千二百八十二，復終於晨見。

斗一至牛五，星紀，丑。　牛五至危五，玄枵，子。
危五至壁三，陬訾，亥。　壁三至婁八，降婁，戌。
婁八至畢二，大梁，酉。　畢二至井五，實沈，申。
井五至鬼三，鶉首，未。　鬼三至張七，鶉火，午。
張七至軫一，鶉尾，巳。　軫一至亢三，壽星，辰。
亢三至心四，大火，卯。　心四至斗一，析木，寅。

校勘記

〔一〕未有諳律者　「諳」，原作「諸」，據南監本、殿本、局本改。

〔二〕百有餘年　「餘」，原作一字空格，據他本改。

〔三〕太史令趙樊生　「太史令」，原作「太樂令」。按上已見太樂令公孫崇，同時不當有二太樂令。

下延昌四年崔光表見「領太樂令公孫崇」、「領太史令趙樊生」。公孫崇時爲太樂令，亦見於卷一〇九樂志。此太樂令承上而訛，今據改。

〔四〕尚書祠部郎中宋景博涉經史　「宋景」，原作「宗景」。按本書卷八八良吏宋世景傳，景「博覽羣言，尤精經義」，以秀才對策入仕，至尚書祠部郎，正在景明年間。宋世景官職、學識與此「宗景」無不合。傳名「世景」，此作「景」，或是雙名單稱。「宗」必是「宋」字之形訛，今據改。

〔五〕云已略舉　「云」，三朝本、南監本、北監本、殿本作「亦」。

〔六〕貞靜處士李謐　「李謐」，原作「李諡」，據南監本、殿本、局本改。按本書卷九〇有李謐傳，詔謚貞靜處士。

〔七〕壬子歲入甲申紀以來至今孝昌二年歲在丙午積四萬六千五百五十四　「孝昌二年」，原作「孝昌一年」，據南監本、北監本、殿本、局本改。按年號首年例作「元年」，不作「一年」，且孝昌二年正是丙午年。

〔八〕入甲申紀以來　「甲申紀」，原作「甲寅紀」。按從壬子元至魏孝昌三年，係入第三紀甲申紀。上稱魯隱公元年、魏正光三年並入甲申紀，可證。今據改。

〔九〕一百一十三歲減□日　「□」，原作一字空格，三朝本、南監本、殿本注「闕」，汲本作墨釘，疑所闕爲「一」字。按此謂較「古法」四分曆一五九歲減一日，正光曆一百一十三歲減一日，所減過多，故下云「減之太深」。

〔一〇〕歲中十二一年一十二次　「十二一年」，原作「十三年」。錢大昕考異卷三〇云：「『歲中十三年一十二次』，當云『歲中十二，一年一十二次』，誤併『二一』爲『三』字。」錢説是，今據改。

〔一一〕以蔀月除蔀日　「蔀月」，原作「用月」；「蔀日」，原作「衆日」。按上文云「日法者一蔀之月數」，當簡稱「蔀月」；「周天分者一蔀之日數」，當簡稱「蔀日」。「用月」、「衆日」顯誤，今據改。

〔一二〕推交會術第三　此標題原闕。按錢大昕考異卷三〇云：「案正光術凡七篇，推月朔術第一，推二十四氣術第二，推合朔入曆遲疾盈縮第四……獨不見第三。蓋『推合朔交會去交度』以下，本别爲一篇，當云『推交會術第三』，列於此行之前。轉寫遺脱爾。」錢説是，今據補。

〔一三〕度餘三萬五千二百二十八　「二百二十八」，當作「二百八十」。按於甲申紀交會差九十八度、度餘七萬三千四百八十八，加一紀交會差四十九度、度餘三萬六千七百四十四，度餘滿日法進度一，得甲午紀交會差一百四十八度、度餘三萬五千二百八十。

〔一四〕甲辰紀合朔月在日道裏　「裏」，疑爲「表」之訛。按校算顯示月在黄道南，即「日道表」。

〔一五〕甲寅紀合朔月在日道裏　「裏」，疑爲「表」之訛。按校算顯示月在黄道南，即「日道表」。

〔一六〕加日法　原作「加入法」。按滿日法成一度，今退一度，則於度餘當加日法。「入」字顯誤，今據改。

〔一七〕交正在望者其月月蝕既　「其」字原闕，據他本補。按文義當有此字。

〔一八〕甲申紀　原作「甲申如」。按上文云「以紀交會差分加之」，此所用者當爲甲申紀交會差分。「如」顯爲「紀」字之誤，今據改。

〔一九〕即往年天正十一月朔却交度及餘　「却」，按本曆法前後語例，當作「却去」，疑下脱「去」字。

〔二〇〕餘爲前去度及餘　「及」，原作「乃」，顯訛，據本志文例改。

〔二一〕其月在内道先會後交者虧從東北角起先交後會者虧從西北角起　「東北角」，原作「西北角」，南監本作「西南角」。按若「先會後交」「先交後會」，蝕俱「從西北角起」，則不必分列。宋書卷一二律曆志中載求日蝕虧起角術，云：「其月在内道，先交後會者，虧食西北角起。先會後交者，虧食東北角起。」晉書卷一八律曆志下同。是此處首「西北」乃「東北」之訛，南監本以意改「西南」，亦誤。今據改。

〔二二〕置入紀以來朔積分　「朔積分」，原作「朔日積分」。按本志上文推朔積日術云：「以通數乘積月，爲朔積分。」推合朔交會月蝕去交度術、推月在日道表裏術俱云「置入紀朔積分」，此處顯衍「日」字，今據删。

〔二三〕遲疾差分一百八十二萬千七百九十二　此數有誤。按以甲申紀遲疾差二十四日乘日法七萬四千九百五十二，并日餘二萬九百四十四，得遲疾差分一百八十一萬九千七百九十二。

〔二四〕日餘十萬四千五百八十四　「十萬」，疑爲「七萬」之訛。按各紀間遲疾差之差率爲日餘二萬一千三百十二。從甲申紀遲疾差二十四日、日餘二萬九百四十四減此差率，日餘不足減，退一日，加日法再減，即得甲午紀遲疾差二十三日、日餘七萬四千五百八十四。

〔二五〕二百六十一分　汲本、局本作「二百六十二分」，校算得數爲三百六十一分。按本表各項數字訛誤甚多，今依下述方法加以校算：（一）月行遲疾度及分：以月日平行分六千七百五十一加減本日損益率（損減、益加），以章歲五百五約之爲度，餘爲分。（二）損益率：以各日月實行度分化成分，減以月日平行六千七百五十一（即小周），即得。（三）盈縮并：將本日前各日損益率累加得之。（四）盈縮積分：盈縮并乘日法七萬四千九百五十二，約以小周六千七百五十一，即得。以下疑本表數字訛誤者，未詳是原本之誤，抑或是轉寫版刻訛誤，若別無參證，則徑指出校算得數，不予改正，具體演算如上述。

〔二六〕二百四十六分　校算得數爲二百三十六分。

〔二七〕盈積分二萬三千八百二十九　校算得數爲三萬三千八百二十九。

〔二八〕十三度四百一十九分　校算得數爲十二度四百三十九分。

〔二九〕損五百五十四　校算得數爲四百五十四。

〔三〇〕盈一千九百四十二　校算得數爲一千九百四十三。

〔三一〕損七百三十一　校算得數爲七百三十二。

〔三二〕二百九分　校算得數爲一百九分。

〔三三〕縮積分七千一百七十二　校算得數爲七千二百七十二。

〔三四〕縮一千七百三十七　校算得數爲一千七百三十九。

〔三五〕二百九十二分　校算得數爲三百九十二分。

〔三六〕縮積分二萬九千一百四十四　校算得數爲二萬九千二百四十四。

〔三七〕二百三十三分　校算得數爲二百四十三分。

〔三八〕三百八十七分　校算得數爲二百八十七分。

〔三九〕三百一十一分　校算得數爲三百一十二分。

〔四〇〕縮積分一萬五十八　校算得數爲一萬一千五十八。

〔四一〕損六百五十　校算得數爲六百五十八。

〔四二〕縮積分四百五十二　校算得數爲四千五十二。

〔四三〕爲定積分　此上原有「加之」二字，據本志下所載興和曆，宋書卷一二律曆志中所載景初曆、卷一三律曆志下所載元嘉曆推合朔交會月蝕定大小餘刪。按上既云「所得以損益盈縮積分」，則下不當再云「加之」。

〔四四〕加之滿日法者　「加之」二字原闕，據本志下所載興和曆，宋書卷一二律曆志中所載景初曆、卷一三律曆志下所載元嘉曆推合朔交會月蝕定大小餘補。

〔四五〕如法得一爲少　「如」，原作「加」。錢大昕考異卷三〇云：「『加』當作『如』。」今據本志下所載興和曆推加時、宋書卷一二律曆志中所載景初曆推加時改。

〔四六〕以之并少爲半弱　原作「以定并少爲半彊」，據本志下所載興和曆、宋書卷一二律曆志中所載景初曆推加時改。按錢大昕考異卷三〇云：「『定』當作『之』。」錢説是。又，上已云「并半爲半彊」，此句上言「少弱」，下言「太弱」，知此「半彊」乃「半弱」之訛。

〔四七〕以之并太爲一弱　「一弱」，本志下所載興和曆、宋書卷一二律曆志中所載景初曆推加時並作「一辰弱」，疑此處脱去「辰」字。

〔四八〕則其彊弱　此句宋書卷一二律曆志中所載景初曆推加時作「則各得其少太半及彊弱也」。按此句總上而言，據文義，當作「則各得其彊弱」。然本志下所載興和曆亦作「則其彊弱」。

〔四九〕以周日日餘乘損率　「日餘」，原作「月餘」，顯訛，據上下文改。

〔五〇〕以減縮積分　「積」字原重。按本志例作「縮積分」，此處顯衍一「積」字，今據删。

〔五一〕滿周天去之　「周天」，當作「周天分」。按正光曆有周天度、周天分之別，此處無「分」字，易生歧義。

〔五二〕不盡小分　據文義，當作「不盡爲小分」。

〔五三〕滿周天去之　「周天」，當作「周天分」。參見本卷校記〔五一〕。

〔五四〕半月所在度及分　「度」，原作「衆」，據殿本、局本及下「推月度又一法」改。

〔五五〕不盡爲小　據文義，當作「不盡爲小分」。

〔五六〕求次月度術　「次月」上或下疑脱一「月」字。按本志下興和曆此術作「求月次月度術」，可證。

〔五七〕不滿宿者筭外即月次月所在度　「外即月」三字原闕，據本志下所載興和曆推日月合朔弦望度術第五求次月度術補。按「外」字必脱，無「即月」二字，則文義不明。

〔五八〕後月合朔　「後」字原闕，據本志下興和曆推日月合朔弦望度術第五求弦望日所在度術補。

〔五九〕斗二十六度　「度」下疑有脱文。按校算得數爲二十六度一千四百七十七分。

〔六〇〕氐一十五度　據此宿度表前後語例及本志下興和曆宿度表，疑此處衍「一」字。

〔六一〕通分得二百二十一萬三千三百七十七　「三百」，原作「七百」，據本志正光曆首所載周天分之數及校算得數改。

〔六二〕没餘滿没法三萬一千七百七　校算得數爲三萬一千七百七十七。

〔六三〕即次没日　「没日」，原作「没月」，據本志下興和曆推土王滅没卦候上朔術第六求次滅術改。

〔六四〕加没日六十九　「没」字原重。按「加没没日」不可解，此爲「求次没術」之又一法，上求次没術、本志下載興和曆推土王滅没卦候上朔術第六求次滅術及求次没術，「没」字俱不重，知衍一「没」字，今據删。

〔六五〕没餘滿蔀法從没日　原作「滿蔀從没日」，闕「没餘」及「法」三字，不可通，據本志下興和曆推土王滅没卦候上朔術第六求次没術補。

〔六六〕曆月大小除之　「月」，原作「日」，據本志下興和曆推土王滅没卦候上朔術第六求次没術改。

〔六七〕三月訟豫蠱革夬　「訟豫」疑誤倒。按本志下興和曆、新唐書卷二八曆志四上大衍曆，「豫」俱在「訟」前。

〔六八〕大有家人井咸姤　「姤」，原作「始」，據他本及本志下所載興和曆推四正卦術改。按各月所列俱是卦名，「始」非卦名，乃「姤」字之形訛。

〔六九〕小餘滿蔀法從大餘　「法」字原闕，據南監本、局本補。

〔七〇〕田鼠化爲鴽　「化」字原闕，據本志下興和曆推七十二候補。按語出禮記月令。

〔七一〕以六十去之　「六十」，原作「六千」。殿本考證云：「『千』字疑『十』字之訛。又下卷作『以六旬去之』。」按考證説是，今據改。

〔七二〕火精曰熒惑　「熒惑」下原有「星」字，據本志下興和曆推五星見伏術删。按下「太白」亦不稱星，知此「星」字衍。

〔七三〕其數三百二十九萬一千二十一　「三百」，疑是「二百」之訛。按以鎮星合終日數三百七十八日乘蔀法六千六十，并以餘三百四十一，得二百二十九萬一千二十一。

〔七四〕以六旬去積日　「六旬」，原誤倒作「旬六」，據本志下興和曆推上朔術、宋書卷一三律曆志下元嘉曆推二十四氣術乙正。

〔七五〕置冬至去朔日數減一　「去」字原闕，據本志前文推日度又法、本志下興和曆求次没術又法補。

〔七六〕以合終日數及餘加前入月筭及餘　「加」，原作「如」，據本志下興和曆求星合月及日術改。

〔七七〕八十四日退十二度　「十二度」，原作「十三度」。按日行七分之一，以七約八十四，得十二度。知「二」爲「三」字之訛，今據改。

〔七八〕餘四千七百八　「八」下疑脱「十」字。按歲星在日後伏十六日、餘二千三百九十，在日前伏十六日、餘二千三百九十，則在日前後共伏三十二日、餘四千七百八十。

〔七九〕合終日餘五千一十八　「一十八」，當作「一百八」。按熒惑數四百七十二萬五千八百四十八約以蔀法，得合終日數七百七十九，合終日餘五千一百八。

〔八〇〕六十二日退十七度　「七」字原闕。按日行六十二分之十七，則六十二日應行十七度。今據補。

〔八一〕復留十一日　按術文，熒惑「凡一見六百三十六日，行星三百三度」，然自「晨見東方」至「夕伏西方」，所敍見日、行度相加，不合。參本志下興和曆同術，此句下疑脱「復順，遲，日行十二分，九十二日行四十八度」。

〔八二〕餘三千六百四十一　「四十一」，疑爲「三十一」之訛。按熒惑在日後，伏，行星五十五度、餘四千八百四十五半；在日前，伏，行星五十五度、餘四千八百四十五半，則日前後伏時共行星一百一十一度、餘三千六百三十一。

〔八三〕行十七分之一　據文義，當作「日行十七分之一」。

〔八四〕日行一度　「度」，原作「疾」，顯訛，據局本改。

〔八五〕行星二百四十度　「四十」下疑脱「四」字。按依太白於東方所見各日行星度，順加、逆減，共計行星度當爲二百四十四。

〔八六〕在日後伏四十一日餘五千六百五半行星五十一度餘五千六百五半　「後伏四十一日」當作「後伏四十七日」，「行星五十一度」當作「行星四十七度」。按太白在日後先伏六日，退四度；次伏四十一日、餘五千六百五半，順，行星五十一度、度餘五千六百五半。共伏四十七日，行星四十七度。疑原文未將先伏之六日、退四度計算在内，以致錯誤。下前後伏總計數同誤。

〔八七〕凡再見四百八十日行星四百八十度　兩「八十」下疑並脱「八」字。按太白見東方二百四十四日，行星二百四十四度，見西方亦二百四十四日，行星二百四十四度，凡再見共四百八十八日，行星四百八十八度。

〔八八〕在日前後伏八十三日餘五千一百五十一行星一百三度　「八十三日」當作「九十五日」，「一百三度」當作「九十五度」，原計算錯誤。參見本卷校記〔八六〕。

〔八九〕復終於晨見　「終」字原重，據北監本、殿本、局本删其一。

〔九〇〕順疾日行一度　「疾」，原作「度」，據本志下興和曆同條改。

〔九一〕行星四十四度　按下辰星在日前伏時行星度數作「三十四度」，參照伏時總行星度，「四十四度」疑爲「三十四度」之訛。

〔九二〕行星二十二度　「二十二度」，當作「二十九度」。按辰星晨見東方，先行五度，次行二十四度，共行星二十九度。

〔九三〕行星三十四度餘五千六百七十一　「三十四」，當作「二十八」。按辰星在日後，先伏十一日，退六度，次伏十七日、餘五千六百七十一，順，行星三十四度、餘五千六百七十一，共伏二十八日、餘五千六百七十一，行星二十八度、餘五千六百七十一。疑原計算未將先伏退行度數減去，致總日數未誤，而總行星度數誤。下前後伏總行星度數亦同誤。

〔九四〕行星四十六度　當作「行星五十八度」。按辰星見東方，共行星二十九度，見西方，亦行星二十九度，再見共行星五十八度。

〔九五〕行星六十九度　「六十九」，當作「五十七」。參見本卷校記〔九三〕。

魏書卷一百七下

律曆志三下第九

孝靜世，壬子曆氣朔稍違，熒惑失次，四星出伏，曆亦乖舛。興和元年十月，齊獻武王入鄴，復命李業興，令其改正，立甲子元曆。事訖，尚書左僕射司馬子如、右僕射隆之等表曰：

自天地剖判，日月運行，剛柔相摩，寒暑交謝，分之以氣序，紀之以星辰，弦望有盈缺，明晦有脩短。古先哲王則之成化，迎日推筴，各有司存，以天下之至王，盡生民之能事，先天而天弗違，後天而奉天時。及卯金受命，年曆屢改，當塗啓運，日官變業，分路揚鑣，異門馳鶩，回互靡定，交錯不等。豈是人情淺深，苟相違異？蓋亦天道盈縮，欲止不能。

正光之曆既行於世，發元壬子，置差令朔〔一〕。測影清臺，懸炭之期或爽；候氣重室，布灰之應少差。伏惟陛下當璧膺符，大橫協兆，乘機虎變，撫運龍飛，苞括九隅，牢籠萬寓，四海來王，百靈受職。大丞相、勃海王降神挺生，固天縱德，負圖作宰，知機成務，撥亂反正，決江疏河，效顯勤王，勳彰濟世。功成治定，禮樂惟新，以履端歸餘，術數未盡，乃命兼散騎常侍執讀臣李業興，大丞相府東閤祭酒、夷安縣開國公臣王春，大丞相府户曹參軍臣和貴興等，委其刊正。但回舍有疾徐，推步有疎密，不可以一方知，難得以一途揆。大丞相主簿臣孫搴，驃騎將軍、左光禄大夫臣曄，前給事黄門侍郎臣季景，勃海王世子開府諮議參軍事、定州大中正臣崔暹，業興息國子學生、屯留縣開國子臣子述等，並令參豫，定其是非。

臣等職司其憂，猶恐未盡。竊以蒙戎爲飾，必藉衆腋之華；輪奂成宇，寧止一枝之用。必集名勝，更共修理。左光禄大夫臣盧道約，大司農卿、彭城侯臣李諧，左光禄大夫、東雍州大中正臣裴獻伯，散騎常侍、西兗州大中正臣温子昇，太尉府長史臣陸操，尚書右丞、城陽縣開國子臣盧元明，中書侍郎臣李同軌，前中書侍郎臣邢子明，中書侍郎臣宇文忠之，前司空府長史、建康伯臣元仲悛，大丞相法曹參軍臣杜弼，尚書左中兵郎中、定陽伯臣李溥濟，尚書起部郎中臣辛術，尚書祠部郎中臣元長和，前青州驃騎府司馬、安定子臣胡世榮，太史令、盧鄉縣開國男臣趙洪慶，太史令臣胡法通，應詔左右臣張喆，員外司馬督臣曹魏祖，太史丞郭慶，太史博士臣胡仲和等，或器標民譽，或術兼世業，並能顯微闡幽，表同録異，詳考古今，共成此曆。甲爲日始，子實天正，命曆置元，宜從此起。運屬興和，以年號爲目，豈獨太初表於漢代，景初冠於魏曆而已。謹以封呈，乞付有司，依術施用。

詔以新曆示齊獻武王田曹參軍信都芳，芳關通曆術，駁業興曰：「今年十二月二十日，新曆歲星在營室十三度〔二〕，順，疾；天上歲星在營室十一度。今月二十日，新曆鎮星在角十一度，留；天上鎮星在亢四度，留。今月二十日，新曆太白在斗二十五度，晨見，逆行；天上太白在斗二十一度，逆行。便爲差殊。」

業興對曰：

歲星行天，伺候以來八九餘年，恒不及二度。今新曆加二度。至於夕伏晨見，纖毫無爽。今日仰看，如覺二度，及其出没，還應如術。鎮星，自造壬子元以來，歲常不及，故加壬子七度，亦知猶不及五度〔三〕，適欲并加，恐出没頓校十度、十日，將來永用，不合處多。太白之行，頓疾頓遲，取其會歸而已。近十二月二十日，晨見東方，新舊二曆推之，分寸不異。行星三日，頓校四度。如此之事，無年不有，至其伏見，還依術法。

又芳唯嫌十二月二十日星有前却。業興推步已來，三十餘載，上筭千載之日月星辰有見經史者，與涼州趙畋、劉義隆廷尉卿何承天、劉駿南徐州從事史祖沖之參校，業興甲子元曆長於三曆一倍。考洛京已來四十餘歲，五星出沒，歲星、鎮星、太白，業興曆首尾恒中，及有差處，不過一日二日、一度兩度；三曆之失，動校十日十度。熒惑一星，伏見體自無常，或不應度。祖沖之曆多甲子曆十日六度，何承天曆不及三十日二十九度；今曆還與壬子同，不有加增。辰星一星，沒多見少，及其見時，與曆無舛，今此亦依壬子元不改。太白、辰星，唯起夕合爲異。業興以天道高遠，測步難精，五行伏留，推考不易，人目仰闚，未能盡密，但取其見伏大歸，略其中間小謬，如此，曆便可行。若專據所見之驗，不取出沒之效，則曆數之道其幾廢矣。夫造曆者，節之與朔貫穿於千年之間，閏餘斗分推之於毫氂之內。必使盈縮得衷，間限數合，周日小分不殊錙銖，陽曆陰曆纖芥無爽，損益之數驗之交會，日所居度考之月蝕，上推下減，先定衆條，然後曆元可求，猶甲子難值。又雖值甲子，復有差分，如此踳駁，參錯不等。今曆發元甲子，七率同遵，合璧連珠，其言不失。法理分明，情謂爲可。如芳所言，信亦不謬。但一合之裏星度不驗者，至若合終必還。依術，鎮星前年十二月二十日見差五度，今日差三度；太白前差四度，今全無差。以此準之，見伏之驗，尋效可知，將來永用，大體無失。

芳又云，以去年十二月中筭新曆，其鎮星以十二月二十日在角十一度留，天上在亢四度留，是新曆差天五度；太白、歲星並各有差。校於壬子舊曆，鎮星差天五度，太白、歲星亦各有差，是舊曆差天爲多，新曆差天爲少。凡造曆者，皆須積年累日，依法候天，知其疎密，然後審其近者，用作曆術。不可一月兩月之間，能正是非。若如熒惑行天七百七十九日，一遲、一疾、一留、一逆、一順、一伏、一見之法，七頭一終；太白行天五百八十三日，晨夕之法，七頭一終；歲星行天三百九十八日，七頭一終；鎮星行天三百七十八日，七頭一終；辰星行天一百一十五日，晨夕之法，七頭一終。造曆者必須測知七頭，然後作術。得七頭者造曆爲近，不得頭者其曆甚疎，皆非一二日能知是非。自五帝、三代以來及秦、漢、魏、晉，造曆者皆積年久測，術乃可觀。其倉卒造者，當時或近，不可久行。若三四年作者，初雖近天，多載恐失。今甲子新曆，業興潛構積年，雖有少差，校於壬子元曆，近天者多。若久而驗天，十年二十年間，比壬子元曆，三星行天，其差爲密。

獻武王上言之，詔付外施行。

上元甲子以來，至春秋魯隱公元年歲在己未，積二十九萬二千七百三十六，筭上。

甲子之歲入甲戌紀已來，積十二萬四千一百三十六，筭上。

上元甲子以來，至大魏興和二年歲在庚申，積二十九萬三千九百九十七，筭上。

甲子之歲入甲戌紀至今庚申，積十二萬五千三百九十七，筭上。

元法，一百一萬一千六百。三統之數。

統法，三十三萬七千二百。二紀之數。

紀法，十六萬八千六百。十蔀成紀〔四〕，日數至十。

蔀法，一萬六千八百六十。三十乘章歲，得日月餘皆盡之年數。

度法，一萬六千八百六十。三十乘章歲，得此數。

日法，二十萬八千五百三十。三十乘章月，得此數。

氣時法，一千四百五。十二分度法〔五〕，得一時之數。

章歲，五百六十二。二十九章、十一年減閏餘一，一萬六百七十八年減一閏月〔六〕。

章閏，二百七。五百六十二年之間月數〔七〕。

章月，六千九百五十一。五百六十二年之月數并閏。

章中，六千七百四十四。五百六十二年月除閏月數。

周天，六百一十五萬八千一十七。度法通度，内斗分之數。

通數，六百一十五萬八千一十七。日法通二十九日，内經月餘之數。

没分，六百一十五萬八千一十七。餘數通經没六十九，内分五萬七千一百八十四得此數〔八〕。

餘數，八萬八千四百一十七。度法通一年下五，内斗分之數。

没法，八萬八千四百一十七。一年之内成甲之外分數〔九〕。

斗分，四千一百一十七。從斗量周天至此，不成度之分。

虚分，九萬七千八百八十三。經月二十九日外少此，不滿三十日。

小分法，二十四。二十四氣除周天分之數也。

歲中，十二。十二月之中氣。

會數，一百七十三。月一出一入黄道之日數，五月、二十三分月之二十也〔一〇〕。

會餘，六萬七千一百一十七。百七十三日外不成日之分〔一一〕。

會通，三千六百一十四萬二千八百七。以日法通百七十三〔一二〕，内會餘之數。

會虚，十四萬一千四百一十三。會餘之外不成度之數。

周日，二十七。周天用一日月行數除〔一三〕。

周餘，十一萬五千六百三十一。周天用日外及本處之分數。

通周，五百七十四萬五千九百四十一。日法通二十七，内分。

周虛，九萬二千八百九十九。用餘外不成日之數〔一四〕。

小周，七千五百一十三。月一日行之數。

月周，二十二萬五千三百九十。通小周，内度數。

朔望合數，十四。半經月日數。

度餘，十五萬九千五百八十八半。半經月日餘。

入交限數，一百五十八度。月出入黄道減半月之數。

度餘，十一萬六千五十八半。減半月小餘之外〔一五〕。

推月朔弦望術第一

推積月　術曰：置入紀以來盡所求年，減一，以章月乘之，章歲如一，所得爲積月，不盡爲閏餘。閏餘三百五十五以上，其年有閏。餘五百一十五以上，進退在天正十一月前後〔一六〕，以冬至定之。

推積日　術曰〔一七〕：以通數乘積月，爲朔積分，日法如一，爲積日，不盡爲小餘。以六旬去積日，不盡爲大餘。命大餘以紀，今命以甲戌紀〔一八〕。筭外，即所求年天正十一月朔日。

求次月朔　術曰：加大餘二十九、小餘十一萬六百四十七，滿除如上，命以紀，筭外，即次月朔日。其小餘滿虛分九萬七千八百八十三者，其月大；減者，其月小。

求上下弦望　術曰：加朔大餘七、小餘七萬九千七百九十四、小分一。小分滿四，從小餘；小餘滿日法，從大餘；大餘滿六十，去之，命以紀，筭即上弦日[一九]。又加，得望、下弦、後月朔。

推二十四氣閏術第二

推二十四氣　術曰：置入紀以來盡所求年，減一，以餘數乘之，蔀法如一，爲積没，不盡爲小餘。以六旬去積没，不盡爲大餘，命以紀，筭外，即所求年天正十一月冬至日。

求次氣術　術曰[二〇]：加大餘十五、小餘三千六百八十四、小分一，小分滿小分法二十四，從小餘；小餘滿蔀法，從大餘一，命如上[二一]，筭外，即次氣日。

推閏　術曰：以閏餘減章歲，餘以歲中十二乘之，滿章閏二百七得一，月餘半法以上亦得一月，數起天正十一月，筭外，即閏月。閏月有進即[二二]，以無中氣定之。

推閏又法　術曰：以歲中乘閏餘，加章閏得一，盈章中六千七百四十四，數起冬至，筭外，中氣終閏月也。盈中氣在朔若二日，即前月閏。

冬至十一月中　小寒十二月節　大寒十二月中　立春正月節

雨水正月中	驚蟄二月節	春分二月中	清明三月節
穀雨三月中	立夏四月節	小滿四月中	芒種五月節
夏至五月中	小暑六月節	大暑六月中	立秋七月節
處暑七月中	白露八月節	秋分八月中	寒露九月節
霜降九月中	立冬十月節	小雪十月中	大雪十一月節

推合朔却去度表裏術第三[二三]

推合朔却去交度　術曰：置入紀以來朔積分，又以所入紀交會差分并之，甲戌紀交會差分二千六百五十二萬二千六百四十九。以會通去之，所得爲積交；不盡者，以日法約之，爲度，不盡者爲度餘，即所求年天正十一月朔却去交度及度餘。

甲子紀紀首合朔，日月合璧，交中。

甲戌紀紀首合朔，月在日道表[二四]。	交會差一百二十七度	度餘三萬九千三百三十九[二五]
甲申紀紀首合朔，月在日道裏。	交會差八十一度	度餘一萬一千五百六十一
甲午紀紀首合朔，月在日道裏。	交會差三十四度	度餘十九萬二千三百一十三
甲辰紀紀首合朔，月在日道表。	交會差一百六十二度	度餘二萬三千一百二十二
甲寅紀紀首合朔，月在日道表。	交會差一百一十五度	度餘二十萬三千八百七十四

求次月却去交度　術曰：加度二十九、度餘十一萬六百四十七，度餘滿日法從度，度滿會數去之，亦除其會餘，即次月朔却去交度及度餘。

求望却去交度　術曰：加度十四、度餘十五萬九千五百八十八半，滿除如上，即望却去交度及度餘。

推月在日道表裏　術曰：置入紀以來朔積分，又以紀交會差分并之，倍會通去之，餘以會通減之，得一減者，爲月在日道裏；無所得者，爲月在日道表。

求次月表裏　術曰：加次月度及度餘，加表滿會數及會數餘，則在裏；加裏滿會數及會餘，則在表。

推交道所在日　術曰：以十一月朔却去交度及餘減會數及會餘，會餘若不足減者，減一度，加日法乃減之；又以十一月朔小餘加之，滿日法從度，餘爲度餘，即是天正十一月朔前去交度及餘。如曆月大小除之，起天正月十一月，不滿月者爲入月，筭外，交道所在日。又以歲中乘入月小餘，日法除之，所得命以子，筭即交道所在辰[二六]。其交在望前者，其月朔則交道[二七]，望則月蝕。交在望後者，其月月蝕，後朔交會。交正在望者，其月月蝕既，前後朔交會。交正朔者，日蝕既，前後月望皆月蝕。

求後交月及日　術曰：以會數及會餘加前入月筭及餘，餘滿日法從日，日如曆月大小除之〔二八〕，起前交月，筭外，即後交月及日。以次放之。

推交會起角　術曰：其月在外道，先會後交者，虧從東南角起；先交後會者，虧從西南角起。其月在内道，先會後交者，虧從東北角起〔二九〕，先交後會者，虧從西北角起〔三〇〕，合交中者，蝕之既。其月蝕在日之衝，起角亦如之。

推蝕分多少　術曰：其朔望去交度及度餘如入交限數一百五十八度、度餘十一萬六千五十八半以上者，以減會數及會數餘，餘爲不蝕度。若朔望去交度如朔望合數十四度、度餘十五萬九千五百八十八半以下者，即是不餘度〔三一〕。皆以減十五，餘爲餘蝕分〔三二〕。朔望去交度盡者，蝕之既。

推合朔月蝕入遲疾曆盈縮術第四

推合朔入遲疾曆　術曰：置入紀以來朔積分，又以所入紀遲疾差分并之，甲戌紀遲差分二百三十五萬二千一百九十一〔三三〕。以通周去之，所得爲積周〔三四〕；不盡者，以日法約之，爲日，不盡者爲日餘。命日，筭外，即所求年天正月十一月合朔入曆日。

求次月入曆日　術曰：加一日、日餘二十萬三千五百四十六，日餘滿日法從日〔三五〕，日滿周日及周餘去之，命如上，筭外，即次月入曆日。

求望入曆　術曰：加十四日〔三六〕、餘十五萬九千五百八十八半，滿除如上，算外，即望入曆日。

	月行遲疾度及分〔三七〕	損益率	盈縮并率	盈縮積分
一日	十四度四百二分	益七百五十七	盈初	
二日	十四度三百三十四分〔三八〕	益六百八十九	盈七百五十七〔三九〕	盈積分二萬一千一十一
三日	十四度二百六十一分〔四〇〕	益六百一十七〔四一〕	盈一千四百三十六〔四二〕	盈積分四萬一百三十五
四日	十四度一百九十分	益五百四十五	盈二千六十二	盈積分五萬七千二百三十二〔四三〕
五日	十四度一百一十一分	益四百六十六	盈二千六百七	盈積分七萬二千三百六十
六日	十三度五百二十二分	益三百一十五	盈三千七十三	盈積分八萬五千二百九十四
七日	十三度二百九十六分	益八十九	盈三千三百八十八	盈積分九萬四千三百七

八日十三度六十八分	損一百三十九	盈三千四百七十七	盈積分九萬六千五百七
九日十二度四百八十六分	損二百八十三	盈三千三百三十八	盈積分九萬二千六百四十九
十日十二度三百七十九分	損三百九十	盈三千五十五	盈積分八萬四千七百九十四
十一日十二度三百六十七分〔四四〕	損五百二	盈二千六百六十五	盈積分七萬三千九百六十九
十二日十二度一百五十一分	損六百一十八	盈二千一百六十三	盈積分六萬三十六
十三日十二度四十分	損七百二十九	盈一千五百四十五	盈積分四萬二千八百八十三
十四日十一度五百一十五分	損八百一十六	盈八百一十六	盈積分二萬二千六百四十九
十五日十二度三十八	益七百三十一	縮初	

分

十六日十二度一百二十三分	益六百三十六〔四五〕	縮七百三十一	縮積分二萬二百九十
十七日十二度二百一十一分	益五百五十八	縮一千三百七十七	縮積分三萬八千二百二十
十八日十二度二百二十四分〔四六〕	益四百四十五	縮一千九百三十五	縮積分五萬三千七百〔四七〕
十九日十二度四百三十五分	益三百三十四	縮二千三百八十	縮積分六萬六千五百五十九
二十日十二度五百五十五分	益二百一十四	縮二千七百一十四	縮積分七萬五千三百二十九
二十一日十三度一百二十八分	益七十九	縮二千九百二十八	縮積分八萬一千二百六十九
二十二日十二度〔四八〕二百七十分	損六十三	縮三千七	縮積分八萬三千四百六十二

二十三日十三度四百三十二分	損二百二十五	縮二千九百四十四	縮積分八萬一千七百一十三
二十四日十四度三十三分	損三百八十八	縮二千七百一十九	縮積分七萬五千四百六十八
二十五日十四度一百九十四分	損五百四十九	縮二千三百三十一	縮積分六萬四千六百九十九
二十六日十四度三百一十九分	損六百七十四	縮一千七百八十二	縮積分四萬九千四百六十一
二十七日十四度三百三十六分〔四九〕	損七百一	縮一千一百八	縮積分三萬七百五十四
周日十四度三百七十九分	損七百三十四	縮四百七	縮積分一萬一千二百九十七

推合朔交會月蝕定大小餘〔五〇〕　術曰：以入曆日餘乘所入曆下損益率，以小周七千五百一十三除之，所得損益盈縮積分爲定積分。積分盈者〔五一〕，以減本朔望小餘；縮者，加之。加之滿日法者，交會加時在後日；減之，不足減者，減一日，加日法乃減之，交會加

時在前日。月蝕者，隨定大小餘爲定日加時〔五二〕。

推加時　術曰：以歲中乘定小餘，日法除之，所得命以子，筭外。朔望加時有餘不盡者，四之，如法得一爲少，二爲半，三爲太半。又有餘者，三之，如法得一爲彊，半法以上排成一，不滿半法棄之。以彊并少爲少彊，并半爲半彊，并太爲太彊。得二彊者爲少弱，以之并少爲半弱，以之并半爲太弱，以之并太爲一辰弱。隨所在辰而命之，即其彊弱。日之衝爲破，月常在破下蝕。

推日月合朔弦望度術第五〔五三〕

推日度　術曰：置入紀以來朔積日，以日度法一萬六千八百六十乘之，滿周天去之，餘以日度法約之爲度，不盡爲餘〔五四〕。命起牛前十二度，宿次除之，不滿宿者，筭外，即所求年天正十一月朔夜半日所在度及分。

推日度又法　術曰：置周天三百六十五度、斗分四千一百一十七，以冬至去朔日數減一，以減周天度，冬至小餘減斗分；斗分不足減者，減一度，加日度法乃減之。命起如上，筭外，即所求年天正十一月朔夜半日所在度及分。

求次月次日日所在度　術曰〔五五〕：月大者加度三十，月小者加度二十九，次日者加度一，宿次除之，逕斗除其分〔五六〕。

推合朔日月共度　術曰：以章歲五百六十二乘朔小餘，以章月六千九百五十一除之，所得爲大分，不盡爲小分。以加夜半日度分，分滿日度法從度，命如上，筭外，即所求年天正十一月合朔日月共度。

求次月合朔日月共度〔五七〕　術曰：加度二十九、大分八千九百四十五、小分六千九百一十九，小分滿章月從大分，大分滿日度法從度，宿次除之，逕斗去其分，筭外，即次月合朔日月共度。

推月度　術曰：置入紀以來朔積日，以月周二十二萬五千三百九十乘之〔五八〕，滿周天去之。餘以日度法約之爲度，餘爲度分，命起牛前十二度，宿次除之，不滿宿者，筭外，即所求年天正十一月朔夜半月所在度及分。

推月度又法　術曰：以小周乘朔小餘爲實，章歲乘日法爲法，實如法得一爲度；不滿法者，以章月除之爲大分，餘爲小分。所得以減合朔度及度分，筭外，即所求年天正十一月朔夜半月所在度及分。

求月次月度　術曰：月小，加度二十二、分七千三百七十三，月大，加度三十五、分一萬三千五百八十三，分滿日度法從度，宿次除之，不滿宿者，筭外，即月次月所在度。

求月次日度　術曰：加度十三、分六千二百一十，分滿日度法從度，除如上，筭外，即月次日所在度。

求弦望日所在度　術曰：加合朔度七、大分六千四百五十一、小分三千四百六十一〔五九〕、微分二，微分滿四從小分，小分滿章月從大分，大分滿日度法從度，命如上，筭外，即上弦日所在度。又加，得望〔六〇〕、下弦、後月合朔。

求弦望月所在度　術曰：加合朔度九十八、大分一萬一千六百九十五、小分五千二百二十五、微分一，滿除如上，筭外，即上弦日月所在度。又加，得望、下弦、後月合朔。

斗二十六度〔六一〕　牛八度　女十二度　虛十度

危十七度　室十六度　壁九度

北方玄武七宿：九十八度分四千一百一十七

奎十六度　婁十二度　胃十四度　昴十一度

畢十六度　觜二度　參九度

西方白虎七宿：八十度

井三十三度　鬼四度　柳十五度　星七度

張十八度　翼十八度　軫十七度

南方朱鳥七宿：一百一十二度

角十二度　亢九度　氐十五度　房五度
心五度　尾十八度　箕十一度

東方倉龍七宿：七十五度

周天三百六十五度、一萬六千八百六十分度之四千一百一十七，通之，得六百一十五萬八千一十七，名曰周天。

推土王滅没卦候上朔術第六

推土王日　術曰：置四立大小餘，各減其大餘十八、小餘四千四百二十、小分十八、微分二，大餘不足減者，加六十乃減之；小餘不足減者，減一日，加蔀法乃減之；小分不足減者，減小餘一，加小分法二十四乃減之；微分不足減者，減小分一，加五，然後皆減之。命以紀，筭外，即四立前土王日。

推土王又法　術曰：加冬至大餘二十七、小餘六千六百三十一、小分六、微分三，微分滿五從小分，小分滿小分法從小餘，小餘滿蔀法從大餘一，命以紀，筭外，即季冬土王日。

求次季土王日　術曰：加大餘九十一、小餘五千二百四十四、小分六，小分滿小分法從小餘，小餘滿蔀法從大餘，大餘滿六十去之，命以紀，筭外，即次季土王日。

推滅没　術曰：因冬至積没有小餘者，加積没一，以没分乘之，以没法八萬八千四百一十七除之，所得爲積日，不盡爲没餘。六旬去積日，不盡爲没日，命以紀，筭外，即所求天正十一月冬至後没日。

求次没　術曰：加没日六十九、没餘五萬七千二百四十四，没餘滿没法從没日，没日滿六十去之，命以紀，筭外，即次没日。餘盡者爲滅。

求次没　術曰：加没日六十九、没餘一萬九百一十五、没分六萬二千二百八十五，没分滿没法從没餘，没餘滿蔀法從没日。命起前没月，曆月大小除之，不滿月者，即後没日及没餘、没分。命日如上，筭外，即次没日。

推四正卦　術曰：因冬至大小餘即坎卦用事日，春分即震卦用事日，夏至即離卦用事日，秋分即兑卦用事日。中孚因坎卦。

求次卦　術曰：加坎卦大餘六，小餘一千四百七十三、小分十四、微分四，微分滿五從小分，小分滿小分法從小餘，小餘滿蔀法從大餘，大餘滿六十去之，命以紀，算外，即復卦用事日。

十一月，未濟、蹇、頤、中孚、復。

十二月，屯、謙、睽、升、臨。

正月，小過、蒙、益、漸、泰。

二月，需、隨、晉、解、大壯。

三月，豫、訟、蠱、革、夬。

四月，旅、師、比、小畜、乾。

五月，大有、家人、井、咸、姤。

六月，鼎、豐、渙、履、遯。

七月，恒、節、同人、損、否。

八月，巽、萃、大畜、賁、觀。

九月，歸妹、无妄、明夷、困、剥。

十月，艮、既濟、噬嗑、大過、坤。

四正爲方伯，中孚爲三公，復爲天子，屯爲諸侯，謙爲大夫，睽爲九卿，升還從三公，周而復始。

九三應上九，清淨、微温、陽風；九三應上六，降赤、決温、陰雨〔六二〕。六三應上六，日澤、寒、陰雨〔六三〕；六三應上九，麴塵、決寒、陽風。諸卦上有陽爻者陽風，上有陰爻者陰雨。

推七十二候術曰：因冬至大小餘即虎始交日，加大餘五、小餘一千二百二十八、微分一，微分滿三從小分，小分滿小分法從小餘，小餘滿蔀法從大餘〔六四〕，大餘滿六十去之，命以紀，筭外，依次候日。

冬至	虎始交	芸始生	荔挺生
小寒	蚯蚓結	麋角解	水泉動
大寒	雁北向	鵲始巢	雉始雊
立春	鷄始乳	東風解凍	蟄蟲始振
雨水	魚上負冰	獺祭魚	鴻雁來
驚蟄	始雨水	桃始華	倉庚鳴
春分	鷹化爲鳩	玄鳥至	雷始發聲
清明	電始見	蟄蟲咸動	蟄蟲啓户
穀雨	桐始華	田鼠化爲鴽	虹始見
立夏	萍始生	戴勝降桑	螻蟈鳴
小滿	蚯蚓出	王瓜生	苦菜秀
芒種	靡草死	小暑至	螗蜋生
夏至	鶪始鳴	反舌無聲	鹿角解

小暑	蟬始鳴	半夏生	木槿榮
大暑	温風至	蟋蟀居壁	鷹乃學習
立秋	腐草化爲螢	土潤溽暑	涼風至
處暑	白露降	寒蟬鳴	鷹祭鳥
白露	天地始肅	暴風至	鴻雁來
秋分	玄鳥歸	羣鳥養羞	雷始收聲
寒露	蟄蟲附户	殺氣浸盛	陽氣日衰
霜降	水始涸	鴻雁來賓	雀入大水化爲蛤
立冬	菊有黄華	豺祭獸	水始冰
小雪	地始凍	雉入大水爲蜃	虹藏不見
大雪	冰益壯	地始坼	鶡旦不鳴〔六五〕

推上朔術曰：置入紀以來盡所求年，減一，以六律乘之，以六旬去之，不盡者命以甲子，筭外〔六六〕，即上朔日。

推五星見伏術第七

上元甲子以來至春秋魯隱公元年，歲在己未，積二十九萬二千七百三十六筭。

上元甲子以來至今大魏興和二年，歲在庚申，積二十九萬三千九百九十七筭。

木精曰歲星，其數六百七十二萬三千八百八十八。

火精曰熒惑，其數一千三百一十四萬九千八十三。

土精曰鎮星，其數六百三十七萬四千六十一。

金精曰太白，其數九百八十四萬三千八百八十二。

水精曰辰星，其數一百九十五萬三千七百一十七〔六七〕。

推五星　術曰：置上元以來盡所求年，減一，以周天乘之，爲五星之實，各以其數爲法，除之，所得爲積合，不盡爲合餘。以合餘減法，餘爲入歲度分。以日度法約之，所得即所求年天正十一月冬至後晨夕合度筭及度餘。其金、水，以一合日數及合餘減合度筭及度餘，得一者爲晨，無所得者爲夕；若度餘不足減者，減合度筭一，加日度法乃減之。命起牛前十二度，宿次除之，不滿宿者，筭外，即所求年天正十一月冬至後晨夕合度及度餘。

徑推五星　術曰：置上元以來盡所求年，減一，如法筭之。合度餘滿日度法，加合度筭一，合度筭滿合終日數去之。亦以合終日餘減合度〔六八〕，若不足減者，減合度筭一，加周虛積年盡〔六九〕。所得即所求年天正十一月冬至後晨夕合度筭及度餘。其求金、水及命度〔七〇〕，皆如上法。

求星合月及日 術曰：置冬至去朔日數減一，加合度筭。冬至小餘以加合度餘，合度餘滿日度法去之，加合度筭一。合度筭變成合日筭，合度餘爲日餘，命日起天正十一月，如曆月大小除之，不滿月者，筭外，即星合月及日。有閏以閏計之。

求後合月及日 術曰：以合終日數及合終日餘加前入月筭及餘，餘滿日度法後日一日〔七一〕，如曆月大小除之，起前合月，筭外，即後合月及日。其金、水以一合日數及合日餘加之〔七二〕，加夕得晨，加晨得夕也。

求後合度 術曰：以行星度餘加前合度及度餘，度餘滿日度法從度，命起前合度，宿次除之，不滿宿者，筭外，即後合度餘。逕斗除其分，其分四千一百一十七。

歲星：合終日數三百九十八，合終日餘一萬二千六百八〔七三〕，周虛三千二百五十二，行星三十三度，度餘九千四百九十一。

歲星：晨與日合，在日後伏，十六日、日餘六千八百四，行星二度、度餘一萬三千一百七十五。晨見東方，順，疾，日行五十八分之十一，五十八日行十一度。順，遲，日行九分，五十八日行九度而留。不行，二十五日而旋。逆，日行七分之一，八十四日退十二度。復留，二十五日。復順，遲，日行九分，五十八日行九度。復順，疾，日行十一分，五十八日行十一度。在日前，夕伏西方，順，十六日、日餘六千八百四，行星二度、度餘一萬三千一百七十六，而與日合。

熒惑：合終日數七百七十九，合終日餘一萬五千一百四十三，周虛一千七百一十七，行星四十九度，度餘六千九百九。

熒惑：晨與日合，在日後伏，七十一日、日餘一萬六千一，行星五十五度、度餘一萬三千九百四十三。晨見東方，順，疾，日行二十三分之十四，一百八十四日行一百一十二度。順，遲，日行十二分，九十二日行四十八度而留〔七四〕。不行，十一日而旋。逆，日行六十二分之十七，六十二日退十七度。復留，十一日。復順，遲，日行十二分，九十二日行四十八度。復順，疾，日行十四分，一百八十四日行一百一十二度。在日前，夕伏西方，順，七十一日、日餘一萬六千一，行星五十五度〔七五〕、度餘一萬三千九百四十三，而與日合。

鎮星：合終日數三百七十八，合終日餘九百八十一，周虛一萬五千八百七十九，行星十二度，度餘一萬三千七百二十四。

鎮星：晨與日合，在日後伏，十八日、日餘四百九十，行星二度、度餘六千八百六十二。晨見東方，順，日行十二分之一，八十四日行七度而留。不行，三十六日而旋。逆，日行十七分之一，一百二日退六度。復留，三十六日。復順，日行十二分之一，八十四日行七度。在日前，夕伏西方，順，十八日、日餘四百九十一，行星二度、度餘六千八百六十二而與日合。

太白：合終日數五百八十三，合終日餘一萬四千五百二，周虛二千三百五十八，行星二百九十一度，亦曰一合日數。度餘一萬五千六百八十一〔七六〕。亦曰一合日數。

太白：夕與日合，在日前伏，四十一日、日餘一萬五千六百八十一，行星五十一度、度餘一萬五千六百八十一。夕見西方，順，疾，日行一度十三分之三，九十一日行一百一十二度〔七七〕。順，遲，日行一度十三分之二，九十一日行一百五度〔七八〕。順，大遲，日行十五分之十一〔七九〕，四十五日行三十三度而留。不行，八日而旋。逆，日行三分之二，九日退六度。在日前，夕伏西方，伏六日，退四度，而與日晨合。

太白：晨與日合，在日後，伏六日，退四度。晨見東方，逆，日行三分之二，九日退六度而留。不行，八日。順，日行十五分之十一，四十五日行三十三度。順，疾，日行一度十三分之二，九十一日行一百五度。順，大疾，日行一度十三分之三〔八〇〕，九十一日行一百一十二度。在日後，晨伏東方，順，四十一日、日餘一萬五千六百八十一，行星五十一度、度餘一萬五千六百八十一，而與日夕合。

辰星：合終日數一百一十五，合終日餘一萬四千八百一十六〔八一〕，周虛二千四百四十四，行星五十七度，亦曰一合日數。度餘一萬五千八百三十八〔八二〕。亦曰一合日數。

辰星：夕與日合，在日前伏，十七日、日餘一萬五千八百三十八，行星三十四度、度餘一萬五千八百三十八〔八三〕。夕見西方，順，疾，日行一度三分之一，十八日行二十四度。順，遲，日行七分之五，七日行五度而留。不行，四日。在日前，夕伏西方，逆，十一日退六度，而與日晨合。

辰星：晨與日合，在日後伏，十一日，退六度。晨見東方而留，不行，四日。順，遲，日行七分之五，七日行五度。順，疾，日行一度三分之一〔八四〕，十八日行二十四度。在日後，晨伏東方，順，十七日、日餘一萬五千八百三十八，行星三十四度、度餘一萬五千八百三十八〔八五〕，而與日夕合。

五星曆步　術曰：以術法伏日度及餘加星合日度及餘，餘滿日度法一萬六千八百六十得一，從全命之如前〔八六〕，得星見日度及餘。以星行分母乘見度分，日度法如一得一分，不盡半法以上亦得一，以加所行分，分滿其母得一度。逆順母不同，以當行之母乘故分，故母如一，爲當行分。留者承前，逆則減之，伏不書度〔八七〕，除斗分，以行母爲率，分有損益，前後相御〔八八〕。

求五星行所在度術曰：以行分子乘行日數，分母除之，所得即星行所在度。

校勘記

〔一〕置差令朔　「令朔」不可解，「令」疑爲「合」字之訛。

〔二〕新曆歲星在營室十三度　「歲星」二字原闕，據下文鎮星、太白例補。

〔三〕亦知猶不及五度　「五度」，原作「王度」，據南監本、殿本、局本改。

〔四〕十蔀成紀　原作「千蔀成紀」。按下蔀法一萬六千八百六十，十蔀成十六萬八千六百，正爲一紀之數。「千」爲「十」字之訛，今據改。

〔五〕十二分度法　「十」，原作「小」。按以十二除度法一萬六千八百六十，得一千四百五，乃爲一氣時法之數。「小」爲「十」字之形訛，今據改。

〔六〕二十九章十一年減閏餘一一萬六百七十八年減一閏月　原作「二十九章十一年減閏餘二萬一百七十八年減右一閏月」。按興和曆一章歲等於古法（十九年一章）之二十九章加十一年，而閏餘減一；積十九章歲，即一萬六百七十八年則減一閏月。傳本將「閏餘一」「一萬」之兩「一」字誤併成「二」字，「六百」誤爲「一百」，又衍「右」字，今據改。

〔七〕閒月數　「閒」，據上下文義，疑爲「閏」字之訛。

〔八〕内分五萬七千一百八十四　此數字有誤。按以没法八萬八千四百一十七除没分六百一十五萬八千一十七，得經没六十九、分五萬七千二百四十四。

〔九〕一年之内成甲之外分數　「甲」，疑當作「甲子」。

〔一○〕五月二十三分月之二十也　「五月」，原作「周髀六」。按本志上壬子曆釋會數云：「五月二十三分月之二十爲一會。」此「周髀六」三字當衍，又脱「五月」二字。今據改。

〔一一〕百七十三日　原作「百七十二日」。按此數即上會數，「二」字訛，今據改。

〔一二〕百七十三　原作「百七十二」。按此數亦即上會數，「二」字訛，今據改。

〔一三〕周天用一日月行數除　「日」上「一」字、「數」下「除」字原闕。按周日爲小周（一日月行數）除周天所得之整數。原文脱漏，今據補。

〔一四〕用餘　據上下文義，疑爲「周餘」之訛。

〔一五〕減半月小餘之外　此句語意不明。按入交限數爲會通減通數之半，除以日法，即得一百五十八度。其餘數爲十一萬六千五十八半。依術當作「一百五十八度外不成度之數」。

〔一六〕餘五百一十五以上進退在天正十一月前後　「五百一十五」，疑爲「五百四十五」之誤。按以十二月除閏餘得二百七，得月閏分，約十七。月閏分減章歲五百六十二，得五百四十五，閏餘過此數，則天正十一月或爲閏月。

〔一七〕推積日術　「積日」上疑脱「朔」字。按此術末云：「即所求年天正十一月朔日」，本志上正光曆同術即作「推朔積日」。

〔一八〕今命以甲戌紀　「甲戌紀」，原作「甲成紀」，據汲本、局本改。按曆法，言某「紀」例著干支，「成」字顯訛。

〔一九〕箅即上弦日　按參上下各術術文，「箅」下疑脱「外」字。

〔二〇〕求次氣術術曰　按據正光曆各術語例，疑衍一「術」字。

〔二一〕命如上　「上」，原作「止」，不可通。按上下文例，顯是「上」字之訛，今據改。

〔二二〕閏月有進即　「即」，據上下文義，疑是「退」字之訛。

〔二三〕推合朔却去度表裏術第三　按據下相關術文，「度」上疑脱「交」字。

〔二四〕甲戌紀紀首合朔月在日道表　「表」，疑爲「裏」之訛。按校算顯示月在黄道北，即「日道裏」。

〔二五〕度餘三萬九千三百三十九　「三十九」，原作「四十九」。按甲戌紀交會差二千六百五十二萬二千六百四十九除以日法二十萬八千五百三十，得交會差一百二十七度、度餘三萬九千三百三十九。「四十」乃「三十」之訛，今據改。

〔二六〕箅即交道所在辰　據上下文義，「箅」下疑脱「外」字。

〔二七〕其月朔則交道　「交道」，據上下文義，疑當作「交會」。

〔二八〕餘滿日法從日日如曆月大小除之　按參據上下術文，「如」上不當重「日」字，疑衍一「日」字。

〔二九〕其月在内道先會後交者虧從東北角起　「東北角」，原作「西北角」，南監本作「西南角」，據宋書卷一二律曆志中景初曆求日蝕虧起角術改。參見本志上校記〔二二〕。

〔三〇〕先交後會者虧從西北角起　此十一字原闕，據南監本、本志上正光曆推交會起角術、宋書卷一二律曆志中載求日蝕虧起角術補。

〔二一〕即是不餘度　「餘」，據上下文義，疑爲「蝕」之訛。

〔二二〕餘爲餘蝕分　「爲」下「餘」字，據上下文義，疑衍。

〔二三〕甲戌紀遲差分二百三十五萬二千一百九十一　「二百」，原作「二日」；「二千」，原作「三千」。按以一紀月數二百八萬五千三百乘通數六百一十五萬八千一十七，以通周五百七十四萬五千九百四十一去之，得甲戌紀遲差分二百三十五萬二千一百九十一。知南監本作「二百」是，且「三千」爲「二千」之訛，今據改。

〔二四〕所得爲積周　「爲積周」，原作「日餘周」，於文義不合，據本志上正光曆例改。

〔二五〕日餘滿日法從日　原作「日蝕滿日從日法」，據本志上正光曆同術、宋書卷一二律曆志中景初曆推合朔交會月蝕入遲疾曆術改。

〔二六〕加十四日　「十四日」，原作「日十四」，參據上下術文乙正。

〔二七〕月行遲疾度及分　「分」，原作「合」，據本志上正光曆例改。

〔二八〕十四度三百三十四分　「三十四分」，原重「十」字，今刪其一。按本表各項數字，今依下列方法加以校算：（一）月行遲疾度及分：以月日平行分七千五百一十三（即小周）加減本日損益率（損減、益加），以章歲五百六十二約之爲度，餘爲分。（二）損益率：以各日月實行度分化爲分，減以月日平行分七千五百一十三即得。（三）盈縮并率：將本日前各日損益率累加得之。（四）盈縮積分：盈縮并率乘日法二十萬八千五百三十，約以小周七千五百一十三，即得。以下至校記〔四九〕，徑指出傳本訛誤所在，具體演算如上述。

〔三九〕盈七百五十　校算得數爲七百五十七。

〔四〇〕二百六十一分　「二百」下原有「四十」兩字。按十位數字不當有二，校算得數爲「二百六十一」，知「四十」衍，今據删。

〔四一〕益六百一十七　校算得數爲六百一十六。

〔四二〕盈一千四百三十六　校算得數爲一千四百四十六。

〔四三〕盈積分五萬七千二百三十二　校算得數爲五萬七千二百三十三。

〔四四〕三百六十七分　校算得數爲二百六十七分。

〔四五〕益六百三十六　校算得數爲六百四十六。

〔四六〕二百二十四分　校算得數爲三百二十四分。

〔四七〕縮積分五萬三千七百　校算得數爲五萬三千七百八。

〔四八〕十二度　校算得數爲十三度。

〔四九〕三百三十六分　校算得數爲三百四十六分。

〔五〇〕定大小餘　「餘」，原作「蝕」，據本志上正光曆例改。

〔五一〕積分盈者　「盈」，原作「盛」。按本志上正光曆同術作「值盈者」，「盛」字顯訛，今據改。

〔五二〕隨定大小餘　「小」下原有「蝕」字，據本志上正光曆同術删。

〔五三〕推日月合朔弦望度術第五　「度」下「術」字原闕，據南監本補。按依本術前後各標題，當有。

〔五四〕不盡爲餘　「不盡爲」三字原闕，據本志上正光曆同術補。

〔五五〕求次月次日日所在度　「次月次日」，原作「日次月次」。按依術文，先求次月日所在度，次求次日日所在度，傳本誤倒，今據改。

〔五六〕逕斗除其分　「逕」，原作「遥」，據汲本、局本、本志上正光曆求次月日所在度術改。

〔五七〕求次月合朔日月共度　此九字原闕，北監本、汲本、殿本、局本作「推合朔日月共度又法」，南監本作「求次月合朔共度」。按下云「即次月合朔日月共度」，則南監本近似，今據補，並補「日月」二字。

〔五八〕月周　「月」字原闕，據本志上正光曆同術補。

〔五九〕小分三千四百六十一　「六十一」，疑爲「六十七」之訛。按以四除一經月度數：度二十九、大分八千九百四十五、小分六千九百一十九。得上弦度數：度七、大分六千四百五十一、小分三千四百六十七。

〔六〇〕又加得望　「加」，原作「如」。殿本考證云「『如』字當作『加』」，今據本志上正光曆同術改。

〔六一〕斗二十六度　「度」下疑有脱文。按校算得數爲二十六度四千一百一十七分。

〔六二〕降赤決温陰雨　「降赤」，本志上正光曆作「絳赤」，疑是。

〔六三〕日澤寒陰雨　本志上正光曆作「白濁微寒陰雨」，疑此「日澤」乃「白濁」之訛，又脱「微」字。

〔六四〕小餘滿蔀法從大餘　「蔀」字原重，據南監本、殿本、局本删其一。

〔六五〕鶡旦不鳴　「不」字原闕，據本志上正光曆、禮記月令補。

〔六六〕筭外　原作「筭上」，據本志上正光曆推上朔法改。

〔六七〕其數一百九十五萬三千七百一十七　「一十七」，當作「一十六」。按辰星合終日數一百一十五乘以度法一萬六千八百六十，并以合終日餘一萬四千八百一十六（此數末位尾數「六」原文誤作「八」，參見本卷校記〔八二〕），得一百九十五萬三千七百一十六。

〔六八〕以合終日餘減合度　據上下文義，「合度」下疑脱「餘」字。

〔六九〕積年盡　此三字與上下文義不合，疑衍。

〔七〇〕其求金水及命度　「金」字原闕。按上推五星術於求得冬至後晨夕合度筭及度餘後，述求金、水冬至後晨夕合度及度餘術，則此處不當單求水一星，今據補。

〔七一〕餘滿日度法後日一日　按此句於文義不可通，疑「後」爲「從」字之訛，「一日」兩字衍，原文當作「餘滿日度法從日」。

〔七二〕以一合日數及合日餘加之　原作「以合日數及一合日餘加之」，「一」字錯簡，不可通，今據文義改。

〔七三〕合終日餘一萬二千六百八　校算得數爲一萬三千六百八。

〔七四〕九十二日行四十八度而留　「九十二日」，原作「九十一日」。按熒惑日行二十三分之十二分，則九十二日行四十八度，不當爲九十一日。「一」顯爲「二」字之訛，今據改。

〔七五〕行星五十五度　原作「行星五十度」。按熒惑在日前後，伏行星度當相等，上文在日後伏作「行星五十五度」。依其伏、行、留、逆之總行度計，當以此數爲是，知傳本「五十」下脱「五」字，今據補。

〔七六〕度餘一萬二千六百八十一　「度餘一萬」，原作「度一餘萬」，顯是錯簡，據文義改。

〔七七〕九十一日行一百一十二度　「一百」，原作「二百」。按太白日行一度十三分之三，乘以九十一，則得一百一十二度。「二」字訛，今據改。

〔七八〕九十一日行一百五度　「一百五度」，原作「五度」。按太白日行一度十三分之二，乘以九十一日，應行一百五度；下太白在日后，以同速運行九十一日，正作「一百五度」。知「五」上脱「一百」二字，今據補。

〔七九〕順大遲日行十五分之十一　「遲」，原作「疾」。按太白日行十五分之十一爲最遲，不當爲大疾，今據改。

〔八〇〕日行一度十三分之三　「之三」，原作「之二」。按以九十一除一百一十二度，得日行一度十三分之三。「二」爲「三」字之訛，今據改。

〔八一〕合終日餘一萬四千八百一十六　「一十六」，原作「一十八」。按以度法一萬六千八百六十除辰星數一百九十五萬三千七百一十七，得合終日數一百一十五，合終日餘一萬四千八百一十六；而以周虚二千四十四減度法一萬六千八百六十，所得日餘亦同。知「八」爲「六」字之訛，今據改。

〔八二〕度餘一萬五千八百三十八　「三十八」，原作「四十八」。按以二除辰星合終日數一百一十五、日餘一萬四千八百一十六，得行星度五十七、度餘一萬五千八百三十八。「三十」爲「四十」之訛，今據改。

〔八三〕日餘一萬五千八百三十八行星三十四度度餘一萬五千八百三十八　「日餘」末兩位數「三十八」，原作「四十八」，「行星三十四度度餘一萬五千八百三十八」十七字原闕。按辰星在日前後之伏行留逆互爲對稱。下文在日後晨伏東方項下作：「十七日、日餘一萬五千八百三十八」，其下有「行星三十四度度餘一萬五千八百三十八」十七字。其在日前後伏行留逆之總日數各爲五十七日、日餘一萬五千八百三十八，總行度各爲五十七度、度餘一萬五千八百三十八。今據改補。

〔八四〕日行一度三分之一　「度」，原作「疾」，據南監本、殿本、局本改。

〔八五〕度餘一萬五千八百三十八　「三十八」，原作「四十八」，今據改。參見本卷校記〔八二〕。

〔八六〕從全命之如前　「全」，原作「令」，不可通，據晉書卷一七律曆志中載景初曆五星曆步術改。

〔八七〕伏不書度　「書」，原作「盡」。按李鋭四分術注謂「伏不書度」，云「謂不以所在宿度書於術」。李説是，於此亦然，今據改。

〔六八〕前後相御　「相御」下原有「十四」二字，不可通，據晉書卷一七律曆志中載景初曆五星曆步術删。